湖北省公益学术著作
Hubei Special Funds 出版专项资金
for Academic and Public-interest
Publications

—— 中国人民大学 ——
习近平新时代中国特色社会主义思想研究院

马克思主义在中国

王向明　著

扫描二维码
进入《马克思主义在中国》数字空间

長江出版傳媒 | 崇　文　書　局

图书在版编目（CIP）数据

马克思主义在中国 / 王向明著. -- 武汉 : 崇文书局, 2024.3（2024.11 重印）
ISBN 978-7-5403-7225-5

Ⅰ. ①马… Ⅱ. ①王… Ⅲ. ①马克思主义－发展－研究－中国 Ⅳ. ①D61

中国国家版本馆 CIP 数据核字（2024）第 020486 号

图书策划 胡心婷 李佩颖
责任编辑 程可嘉 叶 芳
责任校对 陈 燕
封面设计 甘淑媛
责任印制 李佳超

马克思主义在中国
MAKESIZHUYI ZAI ZHONGGUO

出版发行 长江出版传媒 | 崇文书局
地 址 武汉市雄楚大街 268 号 C 座 11 层
电 话 (027)87679712 邮政编码 430070
印 刷 武汉中科兴业印务有限公司
开 本 700mm×1000mm 1/16
印 张 20.5
字 数 280 千
版 次 2024 年 3 月第 1 版
印 次 2024 年 11 月第 2 次印刷
定 价 68.00 元

《马克思主义在中国》序

由中国人民大学习近平新时代中国特色社会主义思想研究院研究员王向明教授撰写的《马克思主义在中国》一书，即将由崇文书局正式出版。在此，作为同行，我谨向向明教授表示祝贺，也很高兴借此机会在此谈点读后感。

习近平总书记在党的二十大报告中深刻指出："马克思主义是我们立党立国、兴党兴国的根本指导思想。实践告诉我们，中国共产党为什么能，中国特色社会主义为什么好，归根到底是马克思主义行，是中国化时代化的马克思主义行。"回望历史，自19世纪末20世纪初马克思主义传入中国以来，在历经无数艰辛与挫折后，中国共产党人坚定地选择了马克思主义作为指导思想，不断推动把马克思主义基本原理同中国具体实际、同中华优秀传统文化相结合，带领中国人民走上了实现中华民族伟大复兴的康庄大道。马克思主义在中国大地上传播、运用和发展的百年历程，不仅推动了中国的现代化进程，而且也不断丰富和发展着马克思主义理论本身。

那么，马克思主义是怎样传入中国的？马克思主义为什么"行"？"行"在哪里？怎样"行"？这些问题，相信读者都能够通过这本书的阅读找到答案。作为一名有着40余年教龄的高校思想政治理论课教师，向明教授以他对马克思主义的坚定信仰和真挚情感，以他积一生心力学习研究马克思主义所积淀的深厚学养，以他40余年不遗余力传播、教授马克思主义理论所积累的丰富经验，在查阅大量历史资料基础上，对马克思主义在中国百年流变波澜壮阔的历史进程进行了回顾，全面系统地阐述了马克思主义中国化时代化的历史进程及其理论成果，完成了这本兼具思想高度、历史深度、情感温度和知识广度，又文笔流畅优美、生动易读的通俗理论专著。

向明教授是一名优秀的高校思想政治理论课教师，曾两次入选教育部全国高校思想政治理论课“精彩一课”教学示范片，曾获评由中宣部教育部授予的全国高校首届百名思想政治理论课优秀教师，获评全国高校思想政治理论课年度影响力人物标兵，北京市师德标兵，北京市优秀教师等荣誉称号。其教学和讲座深受学生和听众欢迎。中央电视台《新闻联播》、《光明日报》、《经济日报》等中央媒体曾以《点亮思想灯塔 担当青年导师》《他的课有一种魔力》《系好人生的第一粒扣子》等为题报道过他的教学事迹。“以坚定的信仰引领人，以真理的力量感召人，以人格的魅力感染人，以真挚的情感打动人，以生动的形式吸引人”，不仅是向明教授一生的教学追求，也深刻地体现在本书的写作中。作为一本通俗理论读物，他在谨守理论的准确性和深刻性的同时，又以大量生动的历史故事、翔实的历史史料，通俗流畅的生动语言、引人思考的独到评论，史诗般地展现了马克思主义中国化时代化的历史进程，是一本值得一读的好书。

从本书的阅读中，读者可以知晓马克思主义在中国传播、运用和发展雄关漫道的万里征程；深入思考马克思主义在当代中国的现实意义和价值，更好地理解和运用马克思主义理论；真切感受实现马克思主义“两个结合”的伟大实践，深刻领会从毛泽东思想到中国特色社会主义理论体系、再到习近平新时代中国特色社会主义思想创立的历史性飞跃，激发为以中国式现代化全面推进中华民族伟大复兴而奋斗的豪情壮志，从而使读者更加深入地理解马克思主义在中国的历史发展、精髓要义、历史地位、现实意义和未来前景，更加坚定我们对马克思主义的信仰，坚定中国特色社会主义的道路自信、理论自信、制度自信和文化自信。

秦　宣

（作者系中国人民大学马克思主义学院教授，博士生导师，中央马克思主义理论研究和建设工程首席专家。）

前　言

“中国共产党为什么能，中国特色社会主义为什么好，归根到底是马克思主义行，是中国化时代化的马克思主义行。拥有马克思主义科学理论指导是我们党坚定信仰信念、把握历史主动的根本所在。”习近平总书记在党的二十大报告中的这一重大论断，科学地阐明了马克思主义是我们党一切奋斗和一切成就的源头。正如党的十九届六中全会通过的《中共中央关于党的百年奋斗重大成就和历史经验的决议》中所深刻概括的：“党的百年奋斗展示了马克思主义的强大生命力……马克思主义的科学性和真理性在中国得到充分检验，马克思主义的人民性和实践性在中国得到充分贯彻，马克思主义的开放性和时代性在中国得到充分彰显。”一百年来，我们党始终“坚持把马克思主义基本原理同中国具体实际相结合、同中华优秀传统文化相结合”，不断推进马克思主义中国化时代化，创造了彪炳史册的百年辉煌。

在人类历史的长河中，没有任何一个人能够像马克思那样深刻地改变了人类社会发展的历史进程，也没有任何一种哲学思想能够超越马克思主义。对于中国人民来说，这个影响就更为深刻、更为巨大！回首峥嵘岁月：从列宁领导的十月革命给我们送来马克思列宁主义，到中国共产党的诞生；从毛泽东点燃井冈山的星星之火，到 1949 年 10 月 1 日天安门广场上“风展红旗如画”；从毛泽东思想指导带领中国人民站起来，到邓小平理论引领中国人民富起来，再到今天在习近平新时代中国特色社会主义思想指引下迎来了实现中华民族伟大复兴“强起来”的新时代。马克思主义正是指引中国革命、建设、改革胜利前进的思想武器，并始终作为一个不断发展、开放的思想体系保持着盎然的生机。

中国共产党为什么能，能够在短短百年的奋斗中，把一个积贫积弱、备受帝国主义欺凌压迫的半殖民地半封建的中国改造成为一个欣欣向荣、阔步走向伟大复兴的社会主义新中国？就是因为中国共产党是一个以马克思主义为根本指导原则建立和武装起来的无产阶级革命政党。中国特色社会主义为什么好？就是因为它既坚持了马克思主义的科学社会主义原则，又根据时代条件赋予其鲜明的中国特色，从而推动中国社会不断进步发展。树有根、水有源，归根到底，马克思主义是中国共产党人不懈奋斗和中国特色社会主义不断发展的真理源头。

一百多年来，马克思主义在中国大地上生根、开花、结果。在中国共产党走过百年征途的今天，马克思主义在党的旗帜上更加鲜艳夺目，继续指引中国走向全面建设社会主义现代化国家的新征程。那么，中国大地上马克思主义为什么行？就让我们升腾于历史的星空，去探寻马克思主义在中国大地上的百年流变和其成功的内在密码吧！

目 录

第一篇　壮丽日出满天红——马克思主义的诞生

第一节　莱茵河畔起风雷：时代风云中诞生的马克思主义

一、马克思主义实在是时代的产物

> 一切划时代的体系的真正的内容都是由于产生这些体系的那个时期的需要而形成起来的。
>
> ——马克思、恩格斯

1848 年 2 月 21 日，由马克思和恩格斯创作完成的理论巨著《共产党宣言》，以单行本的形式在英国伦敦出版，标志着马克思主义的诞生。

中国共产党的卓越领袖、主要创始人之一李大钊，在 1919 年发表了他的著名文章《我的马克思主义观》。这篇 2 万多字的文章是在中国出现的第一篇系统深刻地向中国读者介绍马克思主义的重磅文章。所以李大钊同志也被公认为是“中国第一位马克思主义者”。文中，李大钊提出了一个耐人寻味的思考题：为什么马克思主义产生于 19 世纪中叶，而不是 18 世纪，也不是 20 世纪？为什么马克思主义非得在欧洲产生，而不是亚洲、非洲、拉丁美洲呢？经过深刻细致的分析，李大钊给出了他的经典答案：马克思主义实在是一个时代的产物。

其实，早在 1845—1846 年间由马克思和恩格斯合著的重要文章《德意志意识形态》中，他们就曾深刻指出：“一切划时代的体系的真正的内容都是由于产生这些体系的那个时期的需要而形成起来的。”[①] 这句话的关键有两点：一是“划时代的体系”，一是“那个时期的需要”。也就是

---

①《马克思恩格斯全集》第三卷，人民出版社 1960 年版，第 544 页。

说，一切科学理论都不是天上掉下来的，也不是靠某个天才人物拍脑袋就能想出来的。一切伟大的理论一定是根植于时代的基础之上，一定是时代的呼唤。这是根据唯物史观揭示出的历史发展的必然规律。马克思主义为何诞生于19世纪中叶的欧洲，就是因为马克思主义作为无产阶级革命和解放的学说，必然也只能产生于最早出现无产阶级这一新兴阶级的资本主义时代。

从南非立法首都开普敦往南60公里，大西洋和印度洋的交汇之处，就是著名的“好望角”。好望角“好望”不好过啊！常年狂风巨浪、惊涛拍岸，曾有无数过往船只在此遇难，因此原名“风暴角”。但这个让无数水手“谈角色变”的惊险之地，却在1497年改名为听起来颇为浪漫的“好望角”（寓意美好希望的海角），内中缘由恰恰与资本主义的兴起有关。

与自给自足的封建自然经济不同，15世纪以后，欧洲率先出现了以商品销售和获取利润为目的、以生产资料私人占有和雇佣劳动（将劳动力作为商品进行买卖）为特征的资本主义生产方式的萌芽。为了实现资本输出和商品输出，在欧洲文艺复兴运动所倡导的冒险进取精神的鼓舞下，欧洲新兴资产阶级开始对外寻找通往中国和印度的新航海通道。著名的意大利旅行家马可·波罗在《马可·波罗游记》中，以夸张的笔法描写了东方各国“黄金遍地”，客观上为欧洲新兴资产阶级不惜铤而走险开辟新航路提供了方向。历经迪亚士、哥伦布、麦哲伦、达·伽马等人的探索后，冒险家们最终找到了通往亚洲的通道。为了鼓励更多的冒险家通过新航道去谋取财富，葡萄牙国王若奥二世将“风暴角”改为“好望角”（Cape of Good Hope）。

大航海时代的到来和资本主义生产方式的崛起，给新兴资产阶级带来了巨额财富，实现了对外获得原始积累的目的。1566年到1609年间爆发的尼德兰革命，使北欧的荷兰成为人类历史上第一个建立资产阶级政权的国家。当时的欧洲还普遍处于封建专制统治的时期，荷兰共和国的出现具有重要意义，它为人类展现了资本主义的第一个发展模板。1688年，英国爆发了所谓的“光荣革命”（Glorious Revolution）。这实际是英国资产阶级和一些新贵族发动的推翻封建君主詹姆士二世的统治，防止天主教复辟的一次资产阶级革命。因为没有发生大规模流血冲突，后来的英国历史理论界将其标榜为“光荣革命”。1689年英国议会通过了限制王权的《权利法案》，奠定了资产阶级国家统治的基础，使国家的权力由君主逐渐转移到议会，为英国随后实行君主立宪制为代表的政治体制奠定了基础。进入18世纪，率先步入资本主义时代的英国，迎来了一个飞速发展的时期，在政治制度、科学技术、工农业生产等方方面面都走到了世界的前列。

而1789年爆发的法国大革命，是世界近代史上一次规模最大、范围最广的资产阶级革命，它不但结束了法国1000多年的封建统治，还震撼了整个欧洲大陆的封建秩序。拿破仑早期战争又捍卫和发展了大革命的成果，进一步打击了欧洲封建主的统治。法国资产阶级革命的彻底性为此后各国的革命树立了榜样。

法国资产阶级革命所开辟的资产阶级革命时代，已成为势不可当的历史潮流。进入19世纪，整个欧洲基本上从封建主义过渡到资本主义了。

应该承认，资本主义代替封建主义的确是历史的巨大进步。简单讲，它至少有三个方面的进步意义：一是用资产阶级的普选制代替了地主阶级的世袭制；二是用资产阶级的内部民主代替了封建主义的专制；三是用人权代替了神权和皇权。而这些社会进步带来的最终效应必然是社会生产力的巨大发展。1733年，机械师凯伊发明了“飞梭”，大大提高了织布的速度；1765年，织工哈格里夫斯发明了“珍妮纺纱机”，它的出现引发了机器发明的热潮，揭开了工业革命的序幕；1785年，瓦特制成改良型蒸汽机，人类社会由此进入了“蒸汽时代”；1814年，斯蒂芬孙发明了“蒸汽机车”，随后，他亲自驾驶着一列拖有34节小车厢的火车试车成功，从此人类的交通运输业进入一个以蒸汽为动力的时代……

资本主义时代的到来还带来了人类思想的极大解放，使得科学、教育、文化的发展达到了前所未有的高度。17、18世纪的欧洲兴起了一股以法国为中心，以孟德斯鸠、伏尔泰、狄德罗、卢梭等为代表人物，以“理性崇拜”为核心思想的运动——启蒙运动。这是继文艺复兴后又一次伟大的反封建的思想解放运动。这次运动覆盖了诸如自然科学、哲学、伦理学、政治学、经济学、历史学、文学、教育学等知识领域，有力批判了封建专制主义、宗教愚昧及特权主义，宣传了自由、民主和平等的思想，甚至出现了社会主义思想（空想社会主义），这场运动促进了人类思想的解放，成为欧洲资产阶级革命的思想基础。

马克思、恩格斯在《共产党宣言》中非常客观地肯定了资产阶级的历史进步性。他们指出："资产阶级在它的不到一百年的阶级统治中所创造的生产力，比过去一切世代创造的全部生产力还要多，还要大。自然力的征服，机器的采用，化学在工业和农业中的应用，轮船的行驶，铁路的通行，电报的使用，整个整个大陆的开垦，河川的通航，仿佛用法术从地下呼唤出来的大量人口——过去哪一个世纪料想到在社会劳动里蕴藏有这样的生产力呢？"①"资产阶级在历史上曾经起过非常革命的作用。"②资本主义时代的到来，确实是人类历史在近代以来的一次飞跃。

二、资本是从头到脚都滴着血和肮脏的东西

> 资本来到世间，从头到脚，每个毛孔都滴着血和肮脏的东西。
>
> ——马克思

资本主义代替封建制度，无疑是人类历史的巨大进步。但从本质上看，资本主义依然是一个人剥削人、人压迫人的不平等制度。尽管资产阶级革命最先举起的旗帜就是平等、自由、人权等，但在真实的资本主义世界中，这些表达其实完全不符合当时广大人民的真实生活。资本主义不过是用资本家的资本剥削代替了封建地主阶级的封建压迫，甚至从经济角度看，资本剥削的残酷程度丝毫不亚于封建的剥削。以至于19世纪上半叶的欧洲，被许多西方历史学家公认为"饥饿的欧洲"。

①《马克思恩格斯选集》第一卷，人民出版社2012年版，第405页。
②《马克思恩格斯选集》第一卷，人民出版社2012年版，第402页。

> 天冷极了，下着雪，又快黑了。这是一年的最后一晚——大年夜。在这又冷又黑的晚上，一个赤着脚的小女孩在街上走着。……第二天早晨，人们看到这个小女孩仍然坐在那个墙角边；她的脸颊红红的，嘴角露出幸福的微笑，她已死了——就在这旧年的除夕之夜被冻死了。

这是大家非常熟悉的安徒生童话《卖火柴的小女孩》的片段。但这段让我们泪崩的悲惨文字，在当时的欧洲却并非童话，而是那个时代劳动人民生活的真实写照。或许大家会感到困惑，为什么资本主义在不到一百年间创造了巨大的物质财富，劳动人民的生活状况却依然那么悲惨呢?

马克思主义的另一位创始人恩格斯在他撰写的《英国工人阶级状况》中曾经非常细致地刻画了工人阶级的悲惨境遇。甚至，大家只要读一读那个时代的一些文学著作，譬如英国作家狄更斯的《雾都孤儿》《双城记》；英国作家亨利·菲尔丁的《弃儿汤姆·琼斯的历史》《阿米莉亚》；法国文豪雨果的《悲惨世界》；法国戏剧家小仲马的《茶花女》等等，我们就能看到一个真实悲惨的“饥饿的欧洲”。在资本主义生产力获得巨大发展的同时，劳动人民却坠入水深火热的苦难深渊。正如英国作家狄更斯在他的《双城记》开篇所言：“这是一个最好的时代，这是一个最坏的时代。”从 17 世纪到 18 世纪，正是欧洲资产阶级革命的前夜，一方面是社会的巨大进步，另一方面则是相伴而生的种种社会冲突和矛盾下劳动人民饥寒交迫的生活境遇。

资本主义的发展离不开资本的原始积累，这一积累过程在西欧大致是从 15 世纪末开始的，一直延续到 19 世纪初。而这种积累过程往往通过暴力的手段实现。“这种剥夺的历史是用血和火的文字载入人类编年史的。”15 世纪末，资本主义工场手工业开始在欧洲出现。16 世纪，这种工场手工业有了发展，其中毛纺织业是当时发展最快的一个部门。英国是羊毛原料的最大供应者，养羊业比耕作更有利可图。如此一来，贵族、地主争相经营养羊业。为了得到更多养羊的土地，他们除了把自己的土地变成牧场以外，还用暴力手段掠夺农民的土地，把农民从土地上赶走，拆除和烧毁农舍、村庄，用栅栏和篱笆把大片土地围起来，在土地的周围挖上壕沟，把耕地变为牧场。英国著名的人文主义者托马斯·莫尔在他的名著《乌托邦》里写道："你们的绵羊本来那么驯服，吃一点点就满足，现在据说变得很贪婪、很蛮横，甚至要把人吃掉……"说的就是英国历史上有名的"羊吃人"的"圈地运动"。

暴力占有农民的土地还不能满足资本家的需求，他们还需要大量没有任何生产资料的劳动力进行劳作。大量失去土地的农民被迫流浪，他们不可能一下子被新兴的工场手工业所吸收，受环境所迫大批地转化为乞丐、盗贼、流浪者。于是15世纪末期和16世纪，西欧一些国家实施了惩治流浪者的"血腥立法"。在英国，这种法令是在亨利七世时期开始的，规定身强力壮的流浪者要受到鞭打和监禁，直到他们发誓回到原籍或最近三年所居住的地方去"从事劳动"。到了亨利八世，这种法令更为苛刻，如果在流浪时第二次被捕，就要再受鞭打并被割去半只耳朵；如果第三次被捕，就要处以绞刑。这就逼迫大量的人不得不出卖自己的劳动给资本家，即使备受剥削也无可奈何。

新兴资产阶级不仅对国内的农民如此无情，他们为了争夺原材料、扩增资本原始积累，还不惜对外发动战争，对殖民地人民进行残酷剥削和统治。大航海时期，葡萄牙皇室用武力取得了撒哈拉地区的控制权，并开始在现今的塞内加尔地区进行黄金与奴隶贸易。哥伦布作为欧洲人在美洲的第一个殖民者，起初用废物、玻璃碎片、扑克牌等廉价物品，换取了印第安人的大量贵重物品。后来甚至不再满足于这种不平等贸易，开始赤裸裸地抢夺。他们把欧洲的先进武器——大炮和火枪带到了岛上，开始对当地人进行疯狂的掠夺。而这些西班牙和葡萄牙的殖民者又用掠夺来的黄金到世界各地购买商品，客观上又促进了他国资本主义经济的发展。为了争夺海上霸权和殖民地，逐渐强大起来的英国与西班牙进行了一系列的战争。1588年，西班牙无敌舰队被英国歼灭，失去了海上霸权。16世纪末，英国成立东印度公司，逐步扩大对印度的侵略。法国殖民者于1664年成立法国东印度公司，与英国展开角逐。最后英国凭借军事和商业优势，逐步在印度取得统治地位。欧洲殖民者把非洲的黑人贩卖到美洲充当奴隶，据资料统计，在400年的奴役过程中，非洲黑人被杀了上千万；圣多明各岛在18世纪上半叶共输入奴隶280万人，而到1776年仅剩下65000多人，平均每年要死亡4万多人；按照每运至美洲一个奴隶，最少要牺牲10个左右非洲黑人的计算方法，奴隶贸易使非洲损失一亿人口，这个数字相当于1800年非洲人口总和。美国作家斯托夫人的名著《汤姆叔叔的小屋》就细致地描写了这一残酷的事实。

以上种种就正如马克思所尖锐指出的："一旦有适当的利润，资本就胆大起来。如果有10%的利润，它就保证到处被使用；有20%的利润，它就活跃起来；有50%的利润，它就铤而走险；为了100%的利润，它就敢践踏一切人间法律；有300%的利润，它就敢犯任何罪行，甚至冒绞首的危险。"[①]"当资本来到世间，从头到脚，每个毛孔都滴着血和肮脏的东西。"

经过资本主义数百年的发展，今天表面上光鲜亮丽的欧美发达国家，自诩为"文明的灯塔"，沉浸于"历史终结"的梦幻中。但历史永远不会忘记，灯红酒绿的繁华背后，是多少奴隶的白骨；高耸的摩天大楼，是靠枪炮和奴役支撑起来的。

三、哪里有压迫，哪里就有反抗

至今一切社会的历史都是阶级斗争的历史。

——马克思、恩格斯

人们不禁要问，资本原始积累的巨大财富哪儿去了？马克思在他的《资本论》中为我们揭示了其中的奥秘，这就是他所深刻阐述的"资本积累绝对规律"——两极分化。马克思指出，随着资本主义的发展，必然一极是资本家财富的积累，另一极是劳动人民贫困的积累，这是资本主

① 《马克思恩格斯选集》第二卷，人民出版社2012年版，第297页。

义发展过程中必然出现的绝对规律。“朱门酒肉臭，路有冻死骨”，一千多年前中国唐代诗人杜甫的名句，真真切切地描绘出了千年后资本主义发端时的社会真实。

在资本主义制度产生之前，是没有所谓的“无产阶级”的。这是因为在过去的时代里，尽管广大劳动人民也长期处在被剥削被压迫的境遇中，但他们多少还拥有一点少得可怜的生产资料（如封建社会中的农民一般也拥有少量的土地）。但资本主义的兴起，却无情地剥夺了许多农民仅有的一点生产资料，如英国的“圈地运动”。当这些人群丧失了所有的生产资料，他们能够出卖的只有自己的劳动力时，一个新型的社会阶级——无产阶级也就出现在历史的舞台上。所以马克思才说，无产者是由资产者一手锻造出来的。但颇有讽刺意味的是，正是这个新兴的阶级，成了资产阶级最后的掘墓人。

马克思、恩格斯在《共产党宣言》的第一章中对必然要发生的革命作了深刻的阐述。《共产党宣言》第一章《资产者与无产者》开篇，马克思、恩格斯就开宗明义地指出：“至今一切社会的历史都是阶级斗争的历史。自由民和奴隶、贵族和平民、领主和农奴、行会师傅和帮工，一句话，压迫者和被压迫者，始终处于相互对立的地位，进行不断的、有时隐蔽有时公开的斗争。”① 这段言简意赅的语言，正是对马克思主义阶级斗争学说的精辟概括。对于它所揭示的历史规律，毛泽东主席后来用最通俗的语言概括为“哪里有压迫，哪里就有反抗！”

历史的事实正是这样。19 世纪 30 至 40 年代，随着无产阶级队伍的迅速壮大和集中，无产阶级反对资产阶级的斗争在欧洲国家逐步发展到有组织的、大规模的、独立的政治斗争阶段。1831 年 11 月 21 日，法国里昂工人以提高工人工资为要求举行罢工和示威游行，却遭到反动政府的镇压，工人们在“做工不能生活，毋宁战斗而死”的口号中被迫发动武装起义，最后以失败告终。1834 年 4 月 9 日，法国里昂再次爆发工人武装起义，工人们由提高工人工资的经济要求发展到“建立共和国”的

---

①《马克思恩格斯选集》第一卷，人民出版社 2012 年版，第 400 页。

政治要求，得到了巴黎、马赛等城市工人的积极响应，但结果还是失败了。马克思曾高度评价里昂起义的革命意义："里昂的工人以为自己追求的只是政治的目的，以为自己只是共和国的战士，而事实上他们是社会主义的战士。"①1838年，英国工人为争取普选权和其他民主权利发起了长达12年之久的宪章运动。虽然这一运动最后也归于失败，但是在工人运动史上具有重大的历史意义。恩格斯指出："在宪章运动旗帜下起来反对资产阶级的是整个工人阶级，他们首先向资产阶级的政权进攻，向资产阶级用来保护自己的法律围墙进攻。"②1844年6月，德国西里西亚发生两次纺织工人反对资产阶级剥削的起义，把斗争矛头直接对准资本主义私有制。虽然起义失败了，却唤醒了无产阶级的政治觉悟。马克思高度赞扬西里西亚起义，认为"法国和英国的工人起义没有一次像西里西亚织工起义那样具有如此的理论性和自觉性"③。

法国里昂工人的两次武装起义，英国工人的"宪章运动"，德国西里西亚纺织工人的两次武装起义，是国际共产主义运动永载史册的三大工人运动。运动表明，只有无产阶级才能承担推翻资本主义旧世界、建设社会主义新世界、解放全人类的伟大历史使命。但三大工人运动也留下了深刻教训：首先是没有有组织的无产阶级政党的坚强领导，工人革命呈现出一种自发的状态，仅仅是一种"揭竿而起，逼上梁山"式的自发行为。同时，也没有科学的理论武装，工人阶级还不能自觉地认识到自己的历史地位和历史使命，不清楚革命的前途目标、领导力量和依靠力量、革命的方法和路径等。但三大工人运动的历史经验也昭示了只有创立科学的革命理论，创建先进的革命政党，无产阶级才能真正获得彻底解放。

走到了这一时刻的欧洲，时代在呼唤指导无产阶级革命的组织和理论，一道新的曙光即将从历史的地平线升起。

---

①《马克思恩格斯全集》第三卷，人民出版社2002年版，第393页。

②《马克思恩格斯选集》第一卷，人民出版社2012年版，第119页。

③《马克思恩格斯全集》第三卷，人民出版社2002年版，第389—390页。

四、冲破黑暗的壮丽日出

马克思的思想理论源于那个时代又超越了那个时代，既是那个时代精神的精华又是整个人类精神的精华。

——习近平

在时代风云的变幻中，在最早发生无产阶级革命的欧洲大地上，两位思想的巨匠诞生了。

在德国莱茵省南部风景如画的摩泽尔河畔，有一座具有悠久历史的文化古城——特里尔。1818 年 5 月 5 日，世界无产阶级的革命导师、科学社会主义的创始人卡尔·马克思就出生在特里尔的一个富裕犹太家庭中。马克思的父亲亨利希·马克思是当地一位有名望的律师，曾担任过特里尔律师公会会长；母亲罕丽达·马克思是一位能干的家庭妇女。亨利希夫妇一生育有九个孩子，卡尔是他们的第三子。父亲曾希望这个聪慧过人的儿子能继承他的衣钵也成为一名律师。马克思从小就接受了良好的教育，他本科毕业于著名的波恩大学，后又进入柏林大学继续学习法律，但事实上他大部分的学习焦点都放在了哲学和历史上。1841 年，23 岁的马克思在耶拿大学申请博士答辩，其论文《德谟克利特的自然哲学与伊壁鸠鲁的自然哲学之区别》以卓越的学术水平得到学位委员会的一致认同，最终以无答辩方式获得博士学位。随后，马克思为当时在德国颇有影响的《莱茵报》工作，并担任主编。这是《莱茵报》历史上最年轻的主编。故事说到这里，马克思本可以像欧洲许多富家子弟那样一辈子锦衣玉食，成为上流社会的一员终其一生。但如果真的如此，我们今天就不会知道这个伟大的名字了。

耐人寻味的是，年轻的马克思却最终走上了一条伟大而艰辛的人生道路——为人类解放而斗争。这当然不是偶然的，它是马克思在时代影响的大背景下做出的人生选择。马克思并非出生于无产阶级家庭，但在那个“饥饿的欧洲”，马克思却亲眼见到了种种人间的苦难，近距离地观察到了工人阶级的悲惨生活。这促使马克思开始关注和研究欧洲资产阶级与无产阶级的阶级关系，试图找到一条人类实现公平自由的正义之路。

马克思的这一志向，其实在他的青少年时期就已见端倪。1835 年，17 岁的马克思完成了他的高中毕业作文《青年在选择职业时的考虑》，他这样陈述了自己的职业理想："如果我们选择了最能为人类而工作的职业，那么，重担就不能把我们压倒，因为这是为大家作出的牺牲；那时我们所享受的就不是可怜的、有限的、自私的乐趣，我们的幸福将属于千百万人，我们的事业将悄然无声地存在下去，但是它会永远发挥作用，而面对我们的骨灰，高尚的人们将洒下热泪。"① 青年马克思这段感人肺腑的话语，为我们诠释了他伟大一生的思想逻辑。

在《莱茵报》任职期间，马克思遇到了对其思想和人生发展产生重大影响的"林木盗窃问题"。而这一问题的由来恰恰反映了资本主义在欧洲发展的本质——在经济发展的同时却加剧了底层人民的赤贫化。饥饿的贫民不得不到森林里捡拾枯枝，采摘野果，也因此造成一些林场和牧场的破坏。普鲁士当局制定的《普鲁士刑法典》对此类行为进行严厉惩处。但讽刺的是，这类事件却有增无减。究其原因，竟然是许多无家可归的赤贫者为了被送去拘留以勉强获得一份充饥的口粮而为之。这种荒诞的现实促使马克思从深层次上思考资本主义制度的罪恶本质。1841 年 10 月，马克思以犀利的文笔在《莱茵报》上发表了《关于林木盗窃法的辩论》，尖锐地抨击普鲁士反动政府对林木拥有者的偏袒，同时极力为贫民阶级争取合法利益。这标志着马克思已经自觉地站到了劳动人民一边。

恼羞成怒的普鲁士反动政府查封了《莱茵报》，继而又以卑劣的手段将马克思驱逐出德国。此后，马克思开始了他颠沛流离的人生。从法国到比利时再到伦敦，面对各国反动政府的威逼或利诱，马克思都毫不动摇，将毕生献给了无产阶级的革命事业。他在客居英国的 40 年间，遭到了英国当局的全面封杀，不让大学等相关机构录用马克思。终其一生，马克思几乎是在一种生活无着的状态下进行研究和工作的。极为繁重的革命工作和得不到保障的生活条件，严重损害了马克思的健康。1883 年，年仅 65 岁的马克思以一个无国籍者的身份于贫病交加中在伦敦去世，

① 《马克思恩格斯全集》第一卷，人民出版社 1995 年版，第 459—460 页。

他去世时没有留下任何的物质遗产，却留下了属于全人类的永恒精神财富。

在马克思出生后两年，1820年11月28日，马克思主义的另一位杰出的创始人弗里德里希·恩格斯出生在德国莱茵省工业城市巴门市一个带有普鲁士贵族血统的工厂主家庭。与马克思相似，富家子弟的恩格斯同样在那个风云激荡的欧洲，选择了与自己家庭完全背道而驰的人生道路。1844年8月28日，24岁的恩格斯与26岁的马克思相约在巴黎街区雷让斯咖啡馆见面，两人相谈甚欢直至深夜，痛斥当时社会的种种不公，他们发现“在一切理论领域当中意见都完全一致”，由此开始了他们彼此终身合作的伟大友谊。

恩格斯对马克思主义的贡献是无比卓越的。无论是他与马克思合著的《神圣家族》《德意志意识形态》《共产党宣言》等，还是他独立著作的《共产主义原理》《反杜林论》《路德维希·费尔巴哈和德国古典哲学的终结》等，都是马克思主义理论宝库中不可或缺的重要组成部分。特别在1883年马克思逝世后，恩格斯只能独自承担起理论研究的重担，至1895年去世，在这12年间恩格斯继续创作了大量马克思主义的理论经典，并为马克思完成了《资本论》第二卷和第三卷的整理工作。尽管如此，恩格斯却坚决认为，马克思主义的一些最重要思想的萌芽都是出自马克思，他自己不过是“沿着马克思开辟的道路前进的”，因而，他甘愿做“第二小提琴手”，坚持只用马克思一个人的名字来命名这个伟大的思想。但作为后人的我们则必须有清晰的认知：马克思主义是由马克思和恩格斯两个人共同创立的，他们是不可分割的整体。而像马克思和恩格斯这样为了共同的理想并肩奋斗一生的伟大友谊，实在是世所罕见。诚如中国古语所说“人生得一知己足矣，斯世当以同怀视之”。对于马克思和恩格斯的伟大友谊，习近平总书记作了这样的评价：“马克思、恩格斯的革命友谊长达40年。正如列宁所说，‘古老传说中有各种非常动人的友谊故事’，但马克思、恩格斯的友谊‘超过了古人关于人类友谊的一切最动人的传说’。马克思无私资助革命事业，即使在自己生活极度困难的情况下仍然尽最大努力帮助革命战友。”[①]这是人世间最令人感动的友谊！

1847年，在马克思和恩格斯的参与下，全世界历史上第一个具有科学社会主义纲领的无产阶级政党组织——欧洲共产主义者同盟创立了。1847年末，欧洲共产主义者同盟在伦敦召开第二次代表大会，委托马克思和恩格斯为大会起草党纲，这份党纲就是今天我们非常熟悉的《共产党宣言》。《共产党宣言》实际上创作于1847年，而在1848年2月21日以单行本在伦敦公开出版。《共产党宣言》是马克思主义走向成熟的标志，它不但是马克思和恩格斯撰写的一篇经典文献，也是一个历史性的文件。用后来列宁的话讲，它是全世界第一个无产阶级政党周详而完备的党纲。两名当时还不满30岁的年轻人，以一篇《共产党宣言》，宣告了马克思主义的诞生！《共产党宣言》是马克思主义经典中的经典，有着最重大的历史意义。它像冲破暗夜的壮丽日出，照亮了人类发展的未来道路！

诚如习近平总书记所评价的：“马克思的一生，是胸怀崇高理想、为人类解放不懈奋斗的一生。马克思的一生，是不畏艰难险阻、为追求真理而勇攀思想高峰的一生。马克思的一生，是为推翻旧世界、建立新世界而不息战斗的一生。……马克思给我们留下的最有价值、最具影响力的精神财富，就是以他名字命名的科学理论——马克思主义。”[②]

---

① 习近平：《在纪念马克思诞辰200周年大会上的讲话》，《人民日报》2018年5月5日第2版。

② 习近平：《在纪念马克思诞辰200周年大会上的讲话》，《人民日报》2018年5月5日第2版。

第二节　须求真理定乾坤：马克思主义是被充分证明的科学和真理

一、让真理之光点亮历史的星空

有两种东西，我对它们的思考越是深沉和持久，它们在我心灵中唤起的惊奇和敬畏就会日新月异，不断增长，这就是我头上的星空和心中的道德定律。

——康德

歌德曾经有一句诗这样写道："生活之树是常青的，而理论总是灰色的。"这或许就是不少人对理论的认识，总以为理论是抽象的、远离我们生活的很高远的东西。其实，这是一个误解。根植于现实生活而产生的理论，一定是随着时代跳动的脉搏而同样充满生命力的鲜活创造。更重要的是，正是这种创造，能够推动人类历史的发展，也能给我们的人生带来智慧和力量——这就是真理和科学。

真理和科学，在我们的日常语境中常常是可以相互诠释的。人类区别于自然界和动物界的一个根本特征，就是人类能够能动地认识和改造世界，能够有目的、有意识地创造历史。在这一过程中，人们作为认识行为的发出者也就是认识主体，如果其思想认识能够客观反映出被认识对象的本质和规律，这种认识的成果就可以形容为"科学的真理"。

千百年来，人类社会能够从远古走到今天、从荒茫走向文明，就是因为人们在实践中不断发现真理，并在实践中检验真理和发展真理，又以此指导新的实践从而在真理之光照耀下不断前行。回望历史的沧桑岁月，历史经验一再启示我们：思想理论的进步往往是社会进步的先导，科学的理论指导是人类文明发展的指南。

数千年来东西方文明发展之路有着不同的历史特征，但又有着一个不约而同的相似之处，凡是在人类史上可以称为伟大文明的国家，无不是以伟大的思想创造为先导的。20 世纪著名的德国哲学家雅斯贝尔斯曾把公元前800年到公元200年这一千年左右的人类历史，称为人类文明发展的“轴心期”，他认为正是在这一历史阶段，人类迎来了具有史诗意义的伟大进步。其最有代表性的两大事件，就是以古希腊为代表的西方文明和以中国为代表的东方文明的崛起。而这种崛起的标志，莫不是以思想理论的大繁荣为特征的。

我们不难推断，远在两三千年前的世界，无论东方还是西方，其整体的社会生产力水平都是比较低下的。而且那个时代，东西方甚至是没有沟通的。可以设想，中国的孔子是断然不知道希腊的苏格拉底的。但奇妙的是，在这个人类文明发展的“轴心期”，两大文明几乎同时呈现出了伟大的思想爆发。

约在公元前800年至公元前150年左右，在秀丽的爱琴海畔，涌现出一大批伟大的思想家，如苏格拉底、亚里士多德、柏拉图、赫拉克利特、毕达哥拉斯、希罗多德、泰勒斯等等，他们以自己高远而深邃的思考，提出了一系列人文的、哲学的理论论述，并由此奠定了整个西方哲学发展的基础。当时的人们把他们称之为“仰望星空的人”。

无独有偶，几乎就是在同时，遥远东方的华夏大地上也同样出现了一大批伟大的思想家，如老子、孔子、庄子、墨子、荀子、孟子等等，这就是先秦诸子百家争鸣的时代。这些伟大的思想家，同样以他们“仰望星空”的远见与卓识，为悠久的中华文明奠定了坚实的基础。后来，汉代董仲舒提出“废黜百家，独尊儒术”并被当时及以后的封建统治阶级所采纳，以孔孟学说为核心的儒家思想体系就逐渐成为中国封建社会的“正统”思想。在漫长的历史过程中，儒家思想经由从孔子到宋明理学的不断丰富和积淀，最终形成了维系整个中国封建社会两千年发展的不可或缺的社会意识形态，并由此创造出了世界历史上空前繁荣的封建文化。

在其后的历史演变中，人类在思想理论领域的每一个突破必然引发社会的巨大变革。譬如从14世纪欧洲文艺复兴运动开始发端，以18世纪法国启蒙思想家卢梭、伏尔泰、孟德斯鸠等人以及19世纪的黑格尔和费尔巴哈等为代表的西方资产阶级学者所创立的资产阶级思想体系，就成为资本主义发生发展的思想基础。

今天，当我们站在新的历史地平线上回望历史的苍穹，一个无可置疑的历史结论摆在我们面前，这就是，正是这些伟大思想家们的创造，极大地推进了人类文明的进步，并且时至今日依然是人类不可或缺的最宝贵的精神财富。所以，18 世纪德国古典哲学的创始人康德才会意味深长地说："有两种东西，我对它们的思考越是深沉和持久，它们在我心灵中唤起的惊奇和敬畏就会日新月异，不断增长，这就是我头上的星空和心中的道德定律。"康德充分表达了对"仰望星空"的敬意。另一位伟大的德国古典哲学家黑格尔也由衷赞叹：如果没有这些仰望星空的思想家们以他们的高远的思想光芒照亮人类两千多年的发展历程，我们就可能还在黑暗中徘徊。而这些评价，其实都是说明科学和真理是推动人类进步的巨大力量。所以，习近平总书记才深刻指出："文化是一个国家、一个民族的灵魂。文化兴国运兴，文化强民族强。没有高度的文化自信，没有文化的繁荣兴盛，就没有中华民族伟大复兴。"

二、真理的味道非常甜

> 没有能比攀登于真理的高峰之上，然后俯视来路上的层层迷障、烟雾和曲折更愉快了！
>
> ——提图斯·卢克莱修·卡鲁斯

正因为真理具有无穷的力量，千百年来人们从未停止过对真理的不懈追求。尽管这种追求是无比艰辛的，但一旦感受到其内在的真理力量时，追求者必定是甘之若饴，从中体会到无比的幸福。

1920 年 8 月，一本薄薄的小册子在上海出版发行。这就是第一本中文全译本的《共产党宣言》。从 1848 年后整整过了 72 年，这个徘徊于欧洲大地上的共产主义"幽灵"，终于来到了古老的东方大国——中国。《共产党宣言》中译本的发行，是马克思主义在中国传播的一个里程碑。毛泽东后来在一次与他的老朋友、美国记者埃德加·斯诺的谈话中特别提到，自己从一个民主主义者转变为一名共产主义者，一个重要的缘由就是读到了《共产党宣言》。毛泽东曾说：“有三本书特别深刻地铭记在我心中，建立起我对马克思主义的信仰……其中一本是《共产党宣言》，陈望道译，这是用中文出的第一本马克思主义的书……”[①] 而这本划时代著作的翻译者，正是中国共产党的早期党员陈望道。

陈望道是浙江义乌人。所谓自古江南多才俊，陈望道自小就聪慧过人，曾到日本留学，后来成了著名的教育家（曾担任复旦大学校长），语言学家（新中国建立后曾担任鸿篇巨制《辞海》主编），翻译家。在中国革命的洪流中，陈望道选择了马克思主义作为自己的信仰。作为中国共产党的早期党员，他以极大的热情着手翻译《共产党宣言》。其间，还有一段佳话流传至今。一天，陈望道正在家里奋笔疾书。看着昼夜辛劳、日渐消瘦的儿子，母亲心疼地准备了儿子爱吃的粽子和红糖送到儿子房中。过了一阵，母亲在门外喊道：“你吃粽子要蘸红糖，蘸了吗？”望道回答：“蘸了蘸了，甜极了。”结果老太太进门一看，正在埋头翻译的儿子嘴上全是黑墨水，而他旁边的一碗红糖却一口没动。把墨水当作红糖吃，当真是“真理的味道非常甜”啊！

这种真理的“甜味”，其实就是它所蕴含的科学性。追求客观事物的本真面貌、探究事物之间的内在联系、把握其发展变化的奥秘机理，是人类千百年来近乎本能的追求。即使这种追求千辛万苦，也依然是痴心不改。马克思就是这样的人。

马克思进入大学原本是学习法律的，但对真理的追求使他改变了这一选择。他在 1837 年 11 月 10 日写给父亲的一封信中解释说：“因为我应该研究法学，而且首先渴望专攻哲学。”“这又一次使我明白了，没有哲学我就不能前进。这样我就必须怀着我的良知重新投入她的怀抱。”[②] 这时的马克思自称是“不知疲倦的旅行者”，表现出强烈的求知欲和顽强探求真理的战斗精神。

---

① 吴黎平：《毛泽东一九三六年同斯诺的谈话》，人民出版社 1979 年版，第 24 页。
② 《马克思恩格斯全集》第四十卷，人民出版社 1982 年版，第 13 页。

当资本主义的欧洲正弹冠相庆，标榜已经建立起所谓“永恒理性的社会”时，马克思却以无情的事实揭开了资本主义虚伪的面纱。在《莱茵报》担任主编时，他就因对普鲁士反动政府的批判和对贫民阶级的同情，遭到当局的迫害而被迫流亡巴黎。在这里遇到志同道合的恩格斯，开始了他们共同追求真理的一生。但即使马克思当时已经离开德国，普鲁士政府依然视马克思为洪水猛兽，以卑劣的手段让法国政府赶走了马克思这个资产阶级共同的敌人。马克思不得不携妻带子来到比利时布鲁塞尔。尽管生活艰难，马克思却矢志不渝地坚持对资本主义的批判，探寻无产阶级革命的正确道路。正是在布鲁塞尔，他与恩格斯共同完成了标志着马克思主义诞生的划时代巨著《共产党宣言》。此时，已经结成了围剿共产主义“神圣同盟”的欧洲反动势力，再次驱逐了在比利时的所有外国共产党人。马克思不得不开始了他的第三次流亡。此后直至1883年马克思逝世，无论是生活上的颠沛流离，还是身体上的病痛疾苦，终其一生他都从未停止过对真理的追求，写下了包括《资本论》在内的数千万字的手稿，为全世界无产阶级留下了最为宝贵的精神财富。

探求真理的过程是幸福的，更是艰辛的。马克思主义不是从天而降的神圣理论，而是根植于社会现实土壤中的思想创造。19世纪中叶之所以在欧洲诞生了马克思主义，有两个直接的推动力量。一是欧洲无产阶级和资产阶级斗争的实践；二是两千多年来人类文明不断发展积淀而在这一时期从自然科学到哲学社会科学的巨大爆发。马克思和恩格斯正是在这样的时代条件下，以自身的实践和观察，批判地继承了过去及当时时代的一切文明成果，才创立了马克思主义。

从1848年马克思和恩格斯写下第一个全世界无产阶级政党的党纲《共产党宣言》到现在，马克思主义已经走过了170多年的发展历程。170多年来，在马克思主义旗帜的引领下，全世界的无产阶级为了推翻资产阶级的统治，建立社会主义制度，前赴后继、英勇斗争，谱写了人类历史进步的不朽篇章。当人类进入21世纪，面对历史的复杂变迁，不管你愿意不愿意、承认不承认，一个不可置疑的铁的事实是：在人类近千年来的历史中，没有任何一个人能够像马克思那样深刻地改变人类社会，也还没有任何一种思想能够像马克思主义那样被视为“我们时代的不可超越的哲学”。

三、义理钻研到粹精

马克思在他所研究的每一个领域，甚至在数学领域，都有独到的发现，这样的领域是很多的，而且其中任何一个领域他都不是浅尝辄止。[①]

——恩格斯

1883年3月14日，积劳成疾的马克思在贫病中走完了他65年的伟大人生，在一张安乐椅上静静地睡着了，永远地睡着了。在马克思的葬礼上，他最亲密的战友、马克思主义共同的创始人恩格斯发表了一篇极为经典的演说——《在马克思墓前的讲话》。这是留给后人的对马克思最精辟的评价和最深沉的悼念。在这篇讲话中，恩格斯全面回顾了马克思的卓越贡献，更深刻地指出这些重要贡献是作为科学家的马克思细致观察、勤勉研究、深入思考，倾尽毕生心血才得到的成果。的确，马克思主义在其形成过程中，马克思和恩格斯都付出了超出常人想象的努力和艰辛，他们以极为开阔的视野，吸收了当时人类在自然科学和社会科学领域取得的一系列最新成果，最终创立了划时代的伟大学说。

马克思以无与伦比的勤奋思考和研究，取得了丰硕的理论成果。据悉，由中共中央马克思、恩格斯、列宁、斯大林著作编译局编译，人民出版社出版的《马克思恩格斯全集》，即将出版发行至第100卷。如果按照平均每卷40万字计算，100卷就是4000万字。但这还不是马克思和恩格斯的全部著作。目前已经收集到的马克思和恩格斯的全部手稿，大概还可以再出70多卷。也就是说《马克思恩格斯全集》如果全部出版的话，大概是170余卷，将近7000万字。这组让人惊叹的数字，这些闪耀

① 《马克思恩格斯选集》第三卷，人民出版社2012年版，第1003页。

着真理光芒的伟大著作，是马克思和恩格斯用鹅毛笔蘸着墨水一个字一个字呕心沥血写出来的。

马克思也特别善于学习，他以极大的热情关注着当时自然科学和社会科学的一切进步。19世纪，自然科学、社会科学都有了很大的发展。自然科学三大发现，即细胞学说、能量守恒和转化定律、达尔文的生物进化论的提出，以及19世纪50年代以后，地质学、考古学、人类学、民族学、社会学等相继创立，都为马克思主义的发展提供了科学基础。

1859年11月24日，达尔文的《物种起源》一书在伦敦问世。马克思对其给予了高度的评价："它为我们的观点提供了自然史的基础。"到了19世纪70年代至80年代，为了加强唯物辩证法的科学基础，马克思如饥似渴地学习和研究自然科学：他十分重视德国化学家、生理学家特劳白的人造细胞试验，指出这种试验对唯物地解释地球上生命的起源具有重要意义；研究了施莱登和海尔曼关于生理学方面的许多著作，进一步证明了人的心理现象的生理基础。这期间，他还研究化学、地质学和物理学，进一步论证了自然规律的客观性。从1882年起，马克思又悉心钻研代数学，阅读了许多数学家的论文，写了大量札记和评论，继续探讨60年代已经开始的数学分析，撰写了《微分学简史》。即使在肝病、头疼病、神经炎严重折磨的情况下，马克思仍坚持学习和研究数学家、哲学家莱布尼茨和笛卡尔的物理学和数学方面的著作，以及其他许多自然科学家的著作。甚至在生命的最后时刻，马克思还密切关注德普勒所做的远距离输电的试验。他最后阅读的自然科学书籍是奥斯皮塔利埃的《电的基本应用》，他认为电的广泛应用这件事后果是不可估量的，能够促进社会的革命。正如恩格斯在马克思墓前的讲话中所指出的："马克思在他所研究的每一个领域，甚至在数学领域，都有独到的发现，这样的领域是很多的，而且其中任何一个领域他都不是浅尝辄止。"

恩格斯与马克思志同道合，也对自然科学有着浓厚的兴趣。19世纪50年代初，他开始研究生理学。达尔文的《物种起源》一出版，恩格斯就写信给马克思推荐这本书，他说："我现在正在读达尔文的著作，写得简直好极了。"19世纪50年代末，恩格斯开始研究细胞理论和能量转化理论等自然科学。恩格斯在其《自然辩证法》中提出的驳倒形而上学自然观的五个突破口，分别是以康德“星云假说”为代表的天文学领域取得的成就，赖尔等人在地质学、古生物学领域取得的成就，维勒等人在有机化学领域的成就，迈尔、焦耳等人在物理学领域取得的成就，以及达尔文在生物学领域取得的成就。这些成就为论证辩证法的自然观提供了武器。19 世纪 60 年代至 70 年代出现了一批关于古代社会的文化学和人类学文献，特别是摩尔根的《古代社会》开辟了原始社会史研究的新时代，以实证的方式阐述了人类和未来社会发展的趋势，为恩格斯深化唯物史观的研究提供了有力的学术资源。

马克思主义还充分吸收了人类在社会科学领域的一切宝贵遗产。列宁曾经指出：马克思主义有三个直接的理论来源——德国古典哲学、英国古典政治经济学和法英两国的空想社会主义。其实，所谓德国古典哲学并非来自远古，而是与马克思主义新哲学相对的旧哲学。其主要代表人物有康德、黑格尔、费尔巴哈等人。尤其是黑格尔哲学，将辩证法提升到一个集大成的高度。但不幸的是，黑格尔的辩证法是建立在唯心主义基础之上的，黑格尔认为一切都在永恒的运动变化中，这就使他的学说充满着一种激越的革命热情；但同时黑格尔又认为一切变化又会有一个终点——终结于所谓的“绝对理性”或“绝对精神”，这就陷入了自身发展的一个巨大悖论，他唯心主义的立场最终“闷死了革命的辩证法”。相反，费尔巴哈在自然领域是一个坚定的唯物主义者，但他不懂得辩证法，把“物质”仅仅看作是直观的、物化了的东西，看不到任何客观事物的复杂性、发展性和联系性，因而使他的唯物主义成为一种机械的理论而丧失了革命性。马克思主义则创造性地实现了黑格尔辩证法与费尔巴哈唯物主义的革命性嫁接，从而创立了人类哲学史上的全新哲学——辩证唯物主义。正是以辩证唯物主义的世界观和方法论去观察和研究世界，他们进一步发现了在历史领域内，也有着与“物质”形态完全相同的“客观实在性”的存在——社会发展规律和社会实践，由此马克思独创性地发现了历史唯物主义。马克思和恩格斯还继承了当时资本主义最发达的英国所产生的古典政治经济学（主要代表为大卫·李嘉图和亚当·斯密）的成果，并进一步严密地论证和透彻地发展了这一理论，从而提出了全新的劳动价值理论（其中最重要的是剩余价值学说）——从而创立了马克思主义的政治经济学；马克思和恩格斯也从欧文、傅立叶等人的理论和实践中，对空想社会主义进行了根本的改造，第一次揭示了在阶级社会中，阶级斗争是推动经济社会全部发展进程的基础和动力。他们不仅正确指出了社会发展的方向，还指出了如何走向这一方向的正确道路——社会主义革命，指出了实现这一革命的具体力量——无产阶级，从而把社会主义的理论由空想变为科学。

四、开创人类认识的新纪元

马克思主义是科学的理论，创造性地揭示了人类社会发展规律。

——习近平

马克思主义作为人类文明发展到一定时代的思想结晶，其最鲜明的特征就是科学性，也就是内在地揭示了人类社会发展规律。人们一旦认识和掌握了这些规律，就会成为改造社会、推动历史进步的巨大力量。

网络上曾流行过一个小段子，说的是人类史上一次最成功的创业史：1921年7月，13名平均年龄只有28岁的年轻人组建了一个公司，英文缩写为“CPC”（Communist Party of China）。公司初创时，资本金几乎为零，要钱没钱、要权没权、要人也没有几个（中共一大召开时全国的党员共58名），但他们面临的国内外敌人（帝国主义、封建势力、反动军阀）却如此强大。但就在极其艰难困苦的条件下，经过艰苦卓绝的奋斗，公司却在万难中杀出一条血路，终于在1949年10月1日成功上市。其后，公司克服种种艰难险阻，历经坎坷成大道，终于经过70余年的奋斗，发展为全球市值第二并终将登顶第一的大公司。这当然是一个未必描述准确的比喻，但从一定意义上确实也勾勒出了中国共产党发展壮大的历史线索。而中国共产党成功的一个重要秘诀，就是有一份非常好的计划书——马克思主义的计划书。

如前所述，马克思主义是时代的产物，是马克思和恩格斯卓越的科学创造。在马克思主义博大精深的思想宝库中，对于它蕴含的科学性实在很难用较短的文字来加以概括。根据列宁的观点，马克思主义主要包括马克思主义哲学、马克思主义政治经济学、科学社会主义三个基本板块，同时，这三个部分又是相互联系、相互渗透、不可分割的“一块整钢”（列宁语），它们通体都闪耀着科学的真理之光。

马克思主义之所以“行”，首先是从哲学上为我们提供了正确认识世界的世界观和方法论。人类要改造世界，必先认识世界。围绕“世界的本质是什么？（也就是认识的本源是什么）”“人们怎样认识世界？（思维与存在的关系如何）”“世界是如何发展变化的？”这些不可回避的重大哲学问题，人类几千年来一直在探索，也产生了许多伟大的哲学家、思想家，他们都从不同的方面对正确认识这些问题做出了一定的贡献。但直到马克思主义把唯物主义和辩证法进行了革命性的嫁接，第一次创建了辩证唯物主义，才真正揭示了人类正确认识世界的科学方法。马克思主义坚持唯物主义的基本立场，即崇尚事实，根据客观存在的事物对身边的事情作出合理的解释。而与形而上学唯物主义不同，马克思主义又从不把“事实”看作是僵化而一成不变的，而是永远用全面的、发展的、联系的眼光来分析事实。马克思主义把客观事实看作是世界的本源，即一切认识的出发点，正所谓“物质决定精神、存在决定思维”，不承认这一点就是唯心主义。但这里的所谓“决定”，不过是从认识本源的高度来说明人的一切认识都必须来自客观，绝不是说物质就比意识重要。建立在客观认识世界基础上的科学认识，其实是与物质同等重要的，不承认这一点就是形而上学。

其实，对于马克思主义哲学揭示的这种科学性，我们甚至在生活的经验中就能深切感受。譬如，我们做任何事情，都必须尊重基本的事实，都必须从实际出发，一切主观的想象最终都要经受现实的检验。脱离了客观实际的一切主观想象最终都不能成为现实。

马克思主义之所以“行”，还在于它所创立的马克思主义政治经济学最深刻地揭示了资本主义生产方式的产生、发展、灭亡的规律，构成了“马克思主义的主要内容”。马克思主义研究的总问题就是对资本主义的批判，而这种批判首先是建立在对资本主义经济活动的深刻观察和分析之上的。当资本主义雇佣劳动的生产方式产生后，资产阶级标榜这是一个最理性的社会。资本家宣称，他们是以等价交换的方式与工人交换，工人用劳动力换取工资，天经地义、公平正义，并且是资本家用资本“养活”了工人。马克思以深入细致的分析揭穿了资本家的谎言。马克思尖锐地指出，首先让劳动力成为商品用以出卖，本身就是一种极不公平、不合理的社会现象。尤其是工人获得的工资即劳动力的价值，事实并非工人实际创造的价值。工人的劳动是以“活劳动”的形式实现的。通常情况下，这种“活劳动”所创造的价值一定是高于“劳动力价值”的。用“活劳动”创造的价值减去“劳动力价值”，二者之差就是“剩余价值”。而这种剩余价值完全归属于生产资料的所有者——资本家。这就从根本上“发现了现代资本主义生产方式和它所产生的资产阶级社会的特殊的运动规律。由于剩余价值的发现，这里就豁然开朗了，而先前无论资产阶级经济学家或者社会主义批评家所做的一切研究都只是在黑暗中摸索”[①]。这就彻底揭露了资本剥削的奥秘，为工人阶级推翻资产阶级统治的必然性和合理性奠定了科学的现实基础。

马克思主义之所以“行”，还在于他们把社会主义从空想变为了科学。其实，社会主义作为一种追求大多数人的利益、公正、平等的社会理念早已有人提出。翻开人类几千年的历史长卷，自从进入阶级社会以来，从社会产生了人压迫人、人剥削人的现象以来，人们就从来没有停止过对平等、公正等社会理想的追求。角斗士斯巴达克斯的怒吼，震撼了古罗马帝国的宫殿；陈胜、吴广的起义，使秦始皇千秋伟业的梦想二世而亡。两千年来，“天下为公”的世界“大同”始终是受压迫者心底的憧憬。1516 年，英国空想社会主义思想家托马斯·莫尔发表了《乌托邦》，标志着 500 多年社会主义大潮的开启。此后，在资本主义发展的过

① 《马克思恩格斯选集》第三卷，人民出版社 2012 年版，第 1002 页。

程中，又相继出现了英国的欧文，法国的圣西门和傅立叶等著名的空想社会主义者。但由于历史和阶级的局限，他们对未来社会的理想追求往往只是从道德和情感出发，从所谓的“正义理性”出发，却未从正面解答实现社会变革所需要的领导力量、依靠力量、革命途径等，而使他们的社会理想只能落于空想。

从英国空想社会主义者欧文的故事中，我们就能窥见一斑。欧文曾是一位英国小业主的儿子，他7岁就参加劳动，9岁时就当了学徒。自幼便目睹了资本剥削的种种罪恶，而对工人阶级充满了同情。1800年，欧文与一位工厂主的女儿结婚并成了这个工厂的经理，管理着2500多名工人。此时的欧文，从所谓“理性的良心”出发，开始了他的社会主义试验，希望建立一个没有剥削、没有压迫、人人劳动、财产公有的社会。应该说，欧文在这里已经基本勾勒出了未来社会主义社会的理想模式。可是，如何才能实现呢？由于历史和阶级的局限，欧文给出的答案无疑是天真的。欧文看不到工人阶级（即人民）的作用，把社会变革寄希望于资本家“良心发现”以“慈善之心”对待工人；欧文也找不到实现变革的道路，期望靠民众自觉地“改良”来实现社会理想。1824年，欧文倾尽家产来到新大陆的美国，买下了1214公顷的土地创办“新和谐共产主义试验公社”，开始了他的社会主义实验，当然结果只能是失败。但欧文提出的社会和谐、实行生产资料公有制等主张，还是给工人阶级留下了“宝贵的精神遗产”（《共产党宣言》语）。

马克思主义对空想社会主义的超越则在于他们从资本主义生产资料的私人占有和社会化大生产的基本矛盾运动中，揭示了资本主义生产方式必然被打破的历史规律；通过建设坚强的有科学理论指导的无产阶级革命政党作为领导；依靠工人阶级和广大劳动人民作为革命的主力军；依靠阶级斗争实现无产阶级专政夺取和巩固政权；通过尽可能快地发展生产力的总量和建设社会主义民主政治及文化来最终将社会主义理想变为现实，精辟地论证了社会主义代替资本主义的历史必然性、领导力量、依靠力量、实现路径等，从而找到了实现社会主义的现实之路，将社会主义理想从空想转变为科学。

诚如习近平总书记所总结的："马克思主义是科学的理论，创造性地揭示了人类社会发展规律。在马克思提出科学社会主义之前，空想社会主义者早已存在，他们怀着悲天悯人的情感，对理想社会有很多美好的设想，但由于没有揭示社会发展规律，没有找到实现理想的有效途径，因而也就难以真正对社会发展发生作用。马克思创建了唯物史观和剩余价值学说，揭示了人类社会发展的一般规律，揭示了资本主义运行的特殊规律，为人类指明了从必然王国向自由王国飞跃的途径，为人民指明了实现自由和解放的道路。"①

第三节　唤起工农千百万：马克思主义是人民的理论

一、俯首甘为孺子牛

> 学习马克思，就要学习和实践马克思主义关于坚守人民立场的思想。人民性是马克思主义最鲜明的品格。
>
> ——习近平

马克思主义是科学的理论，但不同于一般的自然科学或社会科学，马克思主义有着极为鲜明的人民立场。通俗地说，就是这个"主义"是牢牢站在人民一边，是为人民谋幸福、为人民求解放、以人民的诉求作为自己的奋斗目标的。"俯首甘为孺子牛"，永远和人民站在一起，是马克思主义和共产党人与生俱来的政治品格。

在马克思主义之前的各种政治哲学，本质上都是为了维护少数统治阶级，并为其利益服务的。只有马克思主义诞生后，才"第一次创立了人民实现自身解放的思想体系。马克思主义博大精深，归根到底就是一

① 习近平：《在纪念马克思诞辰200周年大会上的讲话》，《人民日报》2018年5月5日第2版。

句话，为人类求解放”[①]。尚在青少年时代，马克思就立下了“最能为人类而工作”的崇高志向。1842 年 10 月马克思担任《莱茵报》主编期间，他曾多次刊出维护农民利益的文章，其中《关于林木盗窃法的辩论》《摩塞尔记者的辩护》等都成为当时引发强烈社会反响的重要文章。这些文字鲜明地站在广大贫民的立场上，描述贫民悲惨处境，维护穷人的利益。在此期间，马克思还第一次发表了其对于共产主义看法的文章——《共产主义和奥格斯堡〈总汇报〉》，明确提出了必须以最贫穷的居民阶层的真正利益为基础进行共产主义的实践。

与马克思一样，年轻的恩格斯也是心怀对人民的悲悯。早在家乡读中学时，恩格斯就对工人充满了同情。他常常一个人偷偷跑到工厂里去观察工人劳动和其居所，深入了解工人的生活。恩格斯看到了这样一个残酷的事实，即工人们缺吃少穿，过着极度贫困的生活，却为资本家们创造着一笔又一笔财富。年轻的恩格斯愤怒地写下了揭穿资产阶级伪善面目的文章《乌培河谷来信》，以事实揭露当地工厂主每日故作虔诚地在教堂礼拜，可平时却雇佣大量童工、肆意克扣工人工资的伪善行为。文章一经发表便引起了社会的强烈关注。恩格斯在父亲于曼彻斯特开办的棉纺厂，亲眼看到蒸汽机等机器的广泛应用使得工人在资本家剥削下艰苦劳作，且工伤事故频发，工人的经济利益、人身安全都无法得到保障。他愤怒地写道：“我从来没有看到过一个阶级像英国资产阶级那样堕落，那样自私自利到不可救药的地步，那样内部腐败……”[②]他在《国内危机》一文中一针见血地指出：“工业虽然可使国家富庶，但同时也造成了急速增长着的赤贫如洗、勉强度日的无产者阶级。这个阶级是消灭不了的，因为他们永远也不能获得稳定的财产，而这个阶级占了全国人口的三分之一，几乎是一半……这个阶级已经成了英国最强大的一个阶级，当他们意识到这一点的时候，英国富翁们就该倒霉了。”[③]在英国的日子

① 习近平：《在纪念马克思诞辰 200 周年大会上的讲话》，《人民日报》2018 年 5 月 5 日第 2 版。

② 《马克思恩格斯文集》第一卷，人民出版社 2009 年版，第 476 页。

③ 《马克思恩格斯全集》第一卷，人民出版社 1956 年版，第 549 页。

里，恩格斯放弃了符合他工厂主身份的社交活动，与工人的交往中结识了不少工人运动的领袖，在实践中研究科学社会主义。正是这种赤诚的人民情怀，成为马克思和恩格斯二人合作战斗的基础，也是他们赖以研究新的科学理论的坚定立场。

1844 年，正是源于共同的理想追求，马克思和恩格斯共同完成了他们的第一部合著《神圣家族》。他们鲜明地回答了"历史到底是什么以及什么创造了历史"这一重大问题。他们公开提出了"工人才创造了一切"的观点，并满怀热情地宣布："历史活动是群众的活动，随着历史活动的深入，必将是群众队伍的扩大。"[①] 这一观点，表明马克思主义独创的历史唯物主义哲学已经形成。在 1845—1846 年马克思和恩格斯合著的另一部重要著作《德意志意识形态》中，他们第一次把"人民群众"等同于"无产阶级"。而在标志着马克思主义成熟的《共产党宣言》中，他们更加明确地向世界宣布："无产阶级的运动是绝大多数人的，为绝大多数人谋利益的独立的运动。"在马克思主义经济学的奠基之作《资本论》中，马克思以精辟的语言概括了马克思主义的最根本的价值追求："以创造历史的劳动人民的根本利益作为判断一切社会现实的价值标准，进而以全人类的根本利益作为最高价值诉求——因为创造历史的劳动人民的根本利益决定了全人类的历史命运。"马克思主义的这种人民性，使得马克思主义成为亿万被压迫、被剥削人民的指路明灯，同时也成为资产阶级及其他一切反动派极端仇恨的对象。

俯首甘为孺子牛，是所有作为马克思主义继承者的共产党人共同的情感和使命。1927 年 9 月 9 日，毛泽东同志发动了秋收起义，他写下了《西江月 · 秋收起义》的词作。开篇两句便是："军叫工农革命，旗号镰刀斧头。"极为鲜明地标示了这支军队的性质是为广大工农大众打天下。长征途中，红军进入贵州，发现当地的人民极为贫困，一个个衣不蔽体、骨瘦如柴，被形象地称为"干人"。一位贫穷的老婆婆和她的小孙子在寒冬里瑟瑟发抖，奄奄一息地倒在路旁。毛泽东见此情景不禁伤心落泪。

---

① 《马克思恩格斯文集》第一卷，人民出版社 2009 年版，第 287 页。

他当即脱下身上仅有的一件毛衣，又叫警卫员拿了两袋干粮，一起送给了老婆婆。毛泽东俯下身来，亲切地对这位绝望的老人说："老人家，你记住，我们是红军，红军是'干人'的队伍。"老人感动地直点头，嘴里连声念叨："红军，红军……""人民领袖"成为历史赋予毛泽东的最贴切的称谓。

习近平总书记年轻时在延安延川县梁家河村插队七年，与人民群众同甘共苦，是其人民观形成最重要的七年。他深入农村，接触农民，操持农活，把自己当成黄土地的一部分。特别是他当上大队支书后，更是带头干重活，打坝、挑粪、修路、上山开荒、收庄稼，带领大家建沼气池，创办铁业社、缝纫社，为老百姓倾尽全力。当年和他一起干活的村民回忆道，习近平干活从不惜力，特别能吃苦。这些经历铸就了习近平总书记融于血液中的人民情怀。

马克思主义以及用马克思主义武装起来的无产阶级革命政党，从来不是为某个集团或阶级代言的"私器"，而是为无产阶级和人类解放而斗争的"公器"，代表绝大多数人的利益和历史进步方向，而从来不代表任何利益集团、任何权势团体、任何特权阶层的利益。始终代表人民、一切为了人民，是马克思主义能够占据理论最高峰和道义制高点的根本原因。

二、初心不改为人民

> 马克思主义是人民的理论，第一次创立了人民实现自身解放的思想体系。马克思主义博大精深，归根到底就是一句话，为人类求解放。
>
> ——习近平

《共产党宣言》作为全世界第一个无产阶级政党"周详的理论和实践的党纲"，申明和坚持了历史唯物主义的根本立场，即人民群众是创造历史的唯一主人；强调共产党及其领导的无产阶级革命，是为劳苦大众谋解放、谋福利的革命。马克思和恩格斯以“共产党（the Communist Party）”这个光荣的名字为无产阶级革命政党命名，就是公开宣示，共产党人的最终目的是要“建立一个没有压迫、没有剥削、人人平等、人人自由的理想社会”，即实现人类彻底解放的共产主义社会。《共产党宣言》明确指出，共产党“没有任何同整个无产阶级的利益不同的利益”[①]。永远坚定地站在人民一边，永远为人民利益而奋斗，成为马克思主义区别于其他一切学说的根本属性，也是马克思主义理论与实践的初心所在。

所谓“初心”，其实就是指我们做任何一件事、创立任何一种理论的初衷和动机，正是这种初心决定了一件事情最终的走向和归宿。两千多年前的古希腊智者苏格拉底，曾经提出了一个被称为人类哲学思考的终极命题——我从哪里来，我到哪里去？其实就是对初心和使命的灵魂之问。“我从哪里来”回答的是我们做任何事情的初衷和出发点，“我到哪里去”则是我们前行的最终归宿，即我们的目的和使命。马克思主义最本质的特征，就是把为人民谋幸福、为人类求解放作为永恒不变的初心和使命。也正是在这一初心使命的激励下，无产阶级的革命事业才能不断破浪前进。

马克思主义从它诞生的第一天起，就把为人民谋幸福作为不变的初心，把争取人类的彻底解放作为最终奋斗目标。《共产党宣言》向世界宣示：“共产党人向全世界公开说明自己的观点、自己的目的、自己的意图。”[②]而这个目的就是推翻资产阶级的统治，建立一个新社会，“代替那存在着阶级和阶级对立的资产阶级旧社会的，将是这样一个联合体，在那里，每个人的自由发展是一切人的自由发展的条件”[③]。这就清楚地表明，共产党人的初心和目的，就是争取无产阶级及全人类解放。无产阶级革命的目的，不是简单地改朝换代，更不是以新的压迫者代替旧的压迫者，而是要真正建立起人民大众当家作主的新社会。

---

① 《马克思恩格斯全集》第二十八卷，人民出版社 2018 年版，第 431 页。
② 《马克思恩格斯文集》第二卷，人民出版社 2009 年版，第 30 页。
③ 《马克思恩格斯选集》第四卷，人民出版社 2012 年版，第 647 页。

1871年，巴黎的工人阶级发动了推翻资产阶级政权的巴黎公社革命，开启了无产阶级掌握政权的伟大实践。在德法两国反革命力量的残酷镇压下，巴黎公社的革命政权只存在了71天，但公社的原则却留存下来。这一原则的首要之义就是无产阶级政党及其领导的无产阶级革命必须为人民而战斗。马克思在1871年为总结巴黎公社革命经验而创作的《法兰西内战》一文中，深刻概述了无产阶级革命的根本性质只能是“以人民群众的名义，并且是公开为着人民群众即生产者群众的利益而进行”[①]的革命。马克思高度赞扬巴黎公社开创了“以随时可以罢免的勤务员来代替骑在人民头上作威作福的老爷们”[②]的无产阶级掌握政权的新时代，并据此创造性地提出了“人民公仆”理论。马克思明确要求共产党的各级干部都必须是人民的勤务员，为了“防止国家和国家机关由社会公仆变为社会主人”，必须“把所有的公职——军事、行政、政治的职务变成真正工人的职务”[③]。马克思的这些深刻阐述奠定了马克思主义政党学说和国家学说理论与实践的基础，彰显的正是唯物史观“人民至上”的崇高理念。

中国共产党从成立的第一天起，就把马克思主义庄严地写在了党的旗帜上。党的一大通过的党纲，确定党的名称为“中国共产党”，指出党的根本的政治目的是实行社会革命，提出要把中国最广大的劳苦大众，即工人、农民和士兵组织起来，建立工农兵苏维埃政权。在1922年党的二大通过的第一个《中国共产党章程》和《关于共产党的组织章程决议案》等重要文件中，明确提出了开展党的活动的第一个重大原则就是“党的一切活动都必须深入到广大的群众里面去”。毛泽东更是把马克思主义的普遍真理融入中国革命的具体实践中，用中国式的生动语言高度概括了我们党和人民军队的根本宗旨——为人民服务。毛泽东说：“我们这个队伍完全是为着解放人民的，是彻底地为人民的利益工作的。”[④]“我们共产党人区别于其他任何政党的又一个显著的标志，就是和最广大的人

① 《马克思恩格斯文集》第三卷，人民出版社2009年版，第207页。
② 《马克思恩格斯文集》第三卷，人民出版社2009年版，第196页。
③ 《马克思恩格斯文集》第三卷，人民出版社2009年版，第197页。
④ 《毛泽东选集》第三卷，人民出版社1991年版，第1004页。

民群众取得最密切的联系。全心全意地为人民服务，一刻也不脱离群众；一切从人民的利益出发。”[①] 这是中国共产党永不蜕变的政治底色，是中国共产党人忠诚践行马克思主义的具体体现。

初心不改为人民，是马克思主义对共产党人的至高要求。可以说，全世界没有任何一个政党能够像马克思主义政党那样，没有任何的一党之私，为无产阶级和劳动人民的整体利益不懈奋斗。中国共产党以马克思主义为行动指南，更是公开地要求每一位党员都必须公而忘私，能够为了人民的利益不惜牺牲自己的一切。早在 1941 年，毛泽东就明确指出：“共产党是为民族、为人民谋利益的政党，它本身决无私利可图。”[②] 从革命年代的李大钊、杨开慧、刘胡兰，到改革建设时期的雷锋、焦裕禄、杨善洲……无数的共产党人以他们无私的奉献和牺牲，谱写出一曲曲感天动地的伟大赞歌，将人民至上的庄严承诺化为真真切切的实践行为，永远地镌刻在历史的丰碑上。2019 年 3 月，习近平主席在访问意大利，与众议长菲科举行会见时，面对菲科“您当选中国国家主席的时候，是一种什么样的心情”的提问，习主席沉静而充满力量地回答：“这么大一个国家，责任非常重、工作非常艰巨。我将无我，不负人民。我愿意做到一个‘无我’的状态，为中国的发展奉献自己。”以“无我”之我，换人民幸福安康，正是中国共产党人的胸襟和抱负。

三、依靠人民得胜利

> 人民群众是真正的英雄，没有人民，我们这个队伍就不能存在。
>
> ——毛泽东

回望中国革命的沧桑岁月，历史或许会发出惊叹，是什么样的缘由，让从南湖艰难启航时仅有 13 名党代表、全国 58 名党员组成的中国共产

---

① 《毛泽东选集》第三卷，人民出版社 1991 年版，第 1094 页。
② 《毛泽东选集》第三卷，人民出版社 1991 年版，第 809 页。

党，能够把一个饱受帝国主义欺凌压榨、封建主义和官僚资本主义重重压迫，一穷二白的旧中国，建设成为今天傲然屹立于世界东方的全球第二大经济体，开启了从全面建成小康社会到全面建成社会主义现代化国家的新征程。其实，成功的密码就是坚持一切为了人民、一切依靠人民，以人民为中心。

中国共产党一路走来，能够从小到大、从弱到强，从苦难走向辉煌，靠的就是人民至上的理想信念，就是在这一理想之光照耀下的不懈奋斗，就是在奋斗中赢得人民幸福的春华秋实。对此，习近平总书记曾深刻总结："坚持以人民为中心的发展思想，体现了党的理想信念、性质宗旨、初心使命，也是对党的奋斗历程和实践经验的深刻总结。"[①] 这是中国共产党人坚持以马克思主义为指导的根本体现。

人民至上是马克思主义唯物史观的核心，是中国共产党全部实践的根本价值取向。中国共产党的建立、存在和发展壮大，其全部历史和实践的根本价值取向都是人民至上。1930 年，毛泽东同志写下了一篇极为著名的经典文章《星星之火，可以燎原》，其背后的故事更是耐人寻味、引人深思。这篇文章写于井冈山斗争时期。大革命失败后，中国共产党人遭到残酷屠杀，中国共产党在血雨腥风的艰难时刻创建的中国革命的第一个根据地——井冈山革命根据地，同样遭到国民党反动派的疯狂"围剿"。在两年四个月的斗争中，近 5 万名烈士壮烈牺牲，即平均每天有 50 名革命志士牺牲在这片红土地上。在当时敌强我弱、革命形势异常严峻的情况下，根据地内部的一些人难免对革命前途产生怀疑，提出了"红旗到底能打多久"的疑问。毛泽东同志为了教育这些同志，写下了著名的文章《星星之火，可以燎原》。单是从文章的标题我们就能深切感受到毛泽东同志无比坚定的革命信念和极其豪迈的革命激情。但这种信念和激情又绝不是盲目的，它的内在依据就是人民。毛泽东对此作了精辟的分析。为人民谋幸福，绝不是一个抽象的概念，首先要明确这个

---

① 习近平：《把以人民为中心的发展思想落实到各项决策部署和实际工作之中》，《中国青年报》2020 年 5 月 23 日第 1 版。

“人民”是谁。其次，要明确人民的利益具体是什么。毛泽东指出，在旧中国，人民的主体首先是人口占比最大的工农兵，工农兵中人数最多、受压迫最深的又是农民，而中国农民赖以生存的土地又是他们的核心利益。因而，我们共产党为人民谋利益，就是发动农民开展土地革命，让人民有真实可感的获得感。唯此，我们就一定能得到人民的拥护，一定能最终取得胜利。毛泽东信心满满地说：“什么党派都是不能和共产党争群众的。”[①]这是因为我们党真心实意地坚定地站在人民一边，进行“土地革命战争”，唤起工农千百万，就一定能够让点点星星之火终成燎原之势。

在伟大的中国人民解放战争淮海战役中，我们以60万小米加步枪的解放军，消灭了80多万有着精锐美式装备的国民党军。远在莫斯科的斯大林闻讯后也不禁感慨：“60万胜80万，这不仅是中国革命战争史的奇迹，也是世界战争史上的奇迹！”而这个奇迹的背后，则是500多万日夜推着小车上前线的支前民工。那时解放区的人民已经通过土地改革得到了实实在在的利益，战役打响后，老百姓的信念无比朴素——保家护田。解放军胜则人民的胜利果实存，败则身家性命皆无。所以，老百姓能拼着性命支援解放军。一位战地记者向一位推着运粮小车支前的大嫂问道：“你把粮食都送到前线，家里还有存粮吗？”大嫂回答：“有呢。”记者再问：“在哪里？”大嫂平静地说：“在地里。”望着四周白雪皑皑的冰封大地，记者的眼泪夺眶而出。这就是我们的人民。共产党为人民，人民拥护共产党。正如陈毅元帅所说，淮海战役的胜利是山东的父老乡亲们用小车推出来的。

历史的长河奔流不息，人民的事业永远常青。马克思主义的学说源于人民、服务于人民，也必然得到人民的认同与拥护。无论是阿芙乐尔号巡洋舰的一声炮响，迎来十月革命的胜利，还是从“黄洋界上炮声隆”的星星之火，到新中国成立的漫天焰火，都是唤起工农千百万的人民胜利，都源于马克思主义内在的人民性。2012年11月15日，习近平同志

---

①《毛泽东选集》第一卷，人民出版社1991年版，第102页。

当选为中共中央总书记的第一天，在十八届中央政治局常委同中外记者见面时的讲话中就庄严宣示：“人民对美好生活的向往，就是我们的奋斗目标。”[①] 他充满深情地说：“人民是历史的创造者，群众是真正的英雄。人民群众是我们力量的源泉。”[②] 党的十八大以来，习近平总书记说得最多的是人民，最挂念的是人民，做得最多的是为人民谋福祉。“江山就是人民、人民就是江山，打江山、守江山，守的是人民的心。中国共产党根基在人民、血脉在人民、力量在人民。”[③] 以人民为中心、以人民为主体、以人民为目的成为贯穿于习近平治国理政全部活动中的一条主线，也是中国共产党人忠诚践行马克思主义的必然逻辑。

第四节　咸以躬行方为真：马克思主义是实践的理论

一、社会生活在本质上是实践的

> 实践的观点、生活的观点是马克思主义认识论的基本观点，实践性是马克思主义理论区别于其他理论的显著特征。
>
> ——习近平

马克思主义是科学的理论，马克思主义是人民的理论，而这种科学性和人民性从来不是一个书本上的概念，不是贴在墙上的标语，而是通过共产党人实实在在的奋斗，以实践来证明的。马克思主义之所以行，就是因为它是在实践中产生的科学理论，并随着实践的不断发展而源源不断地汲取养分、与时俱进；在于通过实践的成果让人们真切感受到它

---

① 中共中央文献研究室：《十八大以来重要文献选编》（上），中央文献出版社 2014 年版，第 70 页。

② 中共中央文献研究室：《十八大以来重要文献选编》（上），中央文献出版社 2014 年版，第 70 页。

③ 习近平：《在庆祝中国共产党成立 100 周年大会上的讲话》，《人民日报》2021 年 7 月 2 日第 2 版。

内蕴的真理力量和科学品质。马克思主义的人民性和实践性在中国得到充分贯彻。

实践是人类行为中一个非常奇妙的独特现象。实践首先具有客观性，即任何实践行为一旦产生，其整个实践过程和实践结果就成为一种客观历史的存在，永远不可改变。我们在生活中所说的“种瓜得瓜，种豆得豆”即是如此。但同时，实践也具有主观性，因为人们在进行任何行动时是有目的的、有意识的。人们总是在一定的思想意识支配下行动，但产生这些意识的根本原因又是来源于实践的。人的哪怕是看似最荒诞的想象，也一定来自既有的实践经验。譬如，如果让我们凭想象画一幅“鬼”的图像，我们可以画得各不相同：青面獠牙、三头六臂、牛头马面……但绝对不可能超脱于已有的生活经验。所以马克思主义所说的实践，不是指抽象的实践范畴，而是指每个特定历史时代的有着具体、现实的社会规定性的实践，即作为表现人对自然界的能动关系的物质生产活动的实践。对此，马克思在写于 1852 年的《路易·波拿巴的雾月十八日》一文中，讲得十分明白：“人们自己创造自己的历史，但是他们并不是随心所欲地创造，并不是在他们自己选定的条件下创造，而是在直接碰到的、既定的、从过去承继下来的条件下创造。”①

马克思最先发现整个人类社会生活的实质就是实践，实践活动特别是物质生产活动是人类最基本的活动。人们只有首先解决了吃穿住，才可能有哲学、宗教、艺术等等。实践的观点不仅是马克思主义哲学的基本观点，而且是包括哲学、政治经济学和科学社会主义在内的整个马克思主义理论体系的基本观点。

在马克思主义哲学形成以前的一切哲学家，都没能够正确认识实践的本质。19 世纪的德国古典哲学家黑格尔和费尔巴哈虽然都承认实践的存在，但又都存在着认识上的重大缺陷。黑格尔看到了人们在实践中的主观能动性，却错误地把这种主观性当成了实践的本质，把所谓的“绝对精神”作为支配实践的最终因素，这就剥离了实践的客观属性而坠入

---

①《马克思恩格斯选集》第二卷，人民出版社 2012 年版，第 609 页。

唯心主义的泥淖。作为唯物主义者的费尔巴哈倒是看到了实践的客观性，但却又机械地理解实践，完全否定了实践中人的主观能动性，“对对象、现实、感性，只是从客体的或者直观的形式去理解，而不是把它们当做人的感性活动，当做实践去理解”[①]。也就是说，费尔巴哈把实践完全等同于自然界里的一般物质，片面地强调了实践的客观性，却完全否定了实践活动中人的主观能动性。这就把实践看成了一种僵化的自然物似的存在，而完全抽离了实践活动的鲜活和生动。

正是在对德国古典哲学批判性地“扬弃”中，马克思为我们阐明了实践的内涵，即一种真正现实的、客观的感性活动。人们通过客观的物质存在去获取思维层面的认识，又以一定的认识指导去从事客观的实践活动。也只有在这种真实客观的实践活动中，人们才能够正确地认识世界和改造世界。马克思曾不止一次地对恩格斯说过，正是对林木盗窃法的研究和对摩塞尔河地区农民生活状况的考察，促使他从纯粹研究政治转而研究经济关系。在巴黎期间，马克思继续进行大量的科学研究工作。他研究了法国资产阶级革命的历史，着手系统地研究英国资产阶级政治经济学家亚当·斯密和大卫·李嘉图的著作，并和观察资本主义的现实结合起来。马克思发现，经济危机是资本主义特有的产物，从 1825 年英国发生世界上第一场经济危机开始，这种危机就经常造访西方国家，大约每十年发生一次，如 1837 年、1847 年、1857 年和 1866 年都有发生。危机造成了生产力的倒退、大量工人失业、社会动荡等。这些现实使马克思、恩格斯看到了资本主义存在的固有矛盾，即生产的社会化与生产资料由资本家私人占有之间的矛盾，以及由这种基本矛盾所表现的阶级关系，即工人阶级与资产阶级的矛盾。而资本主义不可能消除自身的危机，其必然被社会主义所代替。马克思主义的这些理论，正是从资本主义的客观发展中观察和形成的。当时的资本主义社会条件和工人阶级与资产阶级的斗争实践，为马克思主义的形成提供了原始材料，而基于这些材料又进一步升华为指导工人阶级的实践理论。

---

① 《马克思恩格斯选集》第一卷，人民出版社 2012 年版，第 137 页。

19世纪上半叶欧洲三大工人运动爆发后，马克思、恩格斯积极地投身其中，依靠客观的运动事实进行观察和研究。在巴黎，马克思住在工人住宅区，了解工人的生活和斗争状况，同法德两国工人秘密组织保持密切联系，经常参加他们的集会和发表演说。工人们成了马克思家里的常客，经常畅谈到深夜。工人们向马克思诉说了自己所遭受的剥削、自己的斗争和希望。工人们的高贵品质和他们团结起来进行战斗的事实，使马克思深受启发，进一步认识了无产阶级的伟大革命作用。恩格斯在英国走访了三十多个城市，作了大量的深入细致的社会调查。在实际斗争中，恩格斯写了许多文章。在这些著作中，他运用历史唯物主义观点，分析了产生阶级和阶级对立的经济基础，分析了英国工人阶级的状况和他们在社会生活中的作用，并指出私有制是资本主义社会一切经济和政治矛盾的根源，等等。1846年，马克思、恩格斯在伦敦建立了共产主义通讯委员会，并与蒲鲁东主义、平均共产主义等假社会主义学说展开斗争。1847年，马克思、恩格斯将“正义者同盟”改为“共产主义者同盟”，并为同盟起草了纲领。1848年2月，新纲领在伦敦用德文发表，这就是科学共产主义纲领性文献《共产党宣言》。宣言中指明了无产阶级的历史使命，共产党的性质和目标以及同其他政党和社会团体的相处原则。1848年革命失败后，马克思、恩格斯写了许多光辉著作，如《1848年至1850年的法兰西阶级斗争》《中央委员会告共产主义者同盟书》《德国的革命和反革命》《路易·波拿巴的雾月十八日》等，阐明了无产阶级革命和专政的原理：用暴力打碎旧的国家机器，工农联盟的必要性和可能性，农民把无产阶级视为天然同盟者和领导者以及民族问题的理论。

马克思主义不是书斋里的学问，而是为了改变人民历史命运而创立的，是在人民求解放的实践中形成的，也是在人民求解放的实践中丰富和发展的，为人民认识世界、改造世界提供了强大精神力量。离开理论而仅仅罗列实践中的问题，不可能正确认识和解决实践中的问题。学了理论却将其束之高阁，不去分析和解决实践中的问题，再好的理论也是无用的。

二、鲜明的问题导向是一切实践的起点和归宿

> 哲学家们只是用不同的方式解释世界，而问题在于改变世界。①
>
> ——马克思

人们在长期的生活实践中，很早就观察到雷电的现象，就能描述出风雨雷电的种种表现，这就是所谓的感性认识。从雷电现象进一步认识到雷电产生的原理，懂得雷电防护的一般常识，这就是所谓的理性认识。从雷电产生的原理出发，提出有关于电的物理学理论，进而发明避雷针，这就是从理性认识到实践。这一过程，就是马克思主义认识论揭示的人类认识过程中的两次飞跃：第一次是由感性认识上升到理性认识；第二次是从理性认识到实践，即用理性认识去指导实践，并接受实践的检验。在认识辩证过程中，第二次飞跃比第一次飞跃更为重要。第一次飞跃解决的是认识世界、形成思想的问题，第二次飞跃解决的就是要改造世界、实现思想的问题，同时又是认识过程的继续和完成，是认识世界的根本目的。直观地讲，就是要通过实践去解决问题。

马克思在 1845 年写了一篇极为重要的文章——《关于费尔巴哈的提纲》。这篇文章是马克思为批判性地总结费尔巴哈哲学而拟定的一个写作提纲，一共写了 11 条。全文仅有一千多字。但这篇短短的文章却蕴含着马克思主义的“全部新世界观的天才萌芽”（恩格斯语）。正是在这篇不长的短文中，马克思表明了自己的实践观，并将整个哲学都建构在实践的基础之上。文章中有许多“金句”，譬如“社会生活在本质上是实践的”②，“人的思维是否具有客观的真理性，这不是一个理论的问题，而是一个实践的问题”③。而在提纲的最后一条，即第 11 条，马克思给我们留下了一段极为经典的话语：“哲学家们只是用不同的方式解释世界，

---

①《马克思恩格斯文集》第一卷，人民出版社 2009 年版，第 506 页。
②《马克思恩格斯选集》第一卷，人民出版社 2012 年版，第 139 页。
③《马克思恩格斯文集》第一卷，人民出版社 2009 年版，第 500 页。

而问题在于改变世界。”短短几十个字，却极为深刻地揭示了马克思主义最根本的哲学立场——解决问题、改造世界。也就是说，我们总是为了解决问题而去进行社会实践的，我们又总是在社会实践中来解决问题的。正因为这段话充分体现了马克思主义哲学的根本特征，1883 年马克思逝世后成了铭刻在马克思墓碑上的墓志铭。马克思主义理论和实践的使命就是要在纷繁复杂的现象和事实中准确找到人类面临的共同问题，并站在人民大众的立场上顺应历史发展的规律来解释和解决这些问题。

在哲学语境中，问题就是矛盾。毛泽东曾说：“什么叫问题？问题就是事物的矛盾。”① 值得指出的是，马克思主义所说的问题导向，不是指大量存在于社会生活中的表象级、现象级的各种矛盾，而是指能够对各种矛盾起统领作用、牵一发而动全身的那个“主要矛盾”。抓住主要矛盾，发现、研究和解决重大现实问题是马克思主义的起点和归宿。马克思认为“一个时代的迫切问题，有着和任何在内容上有根据的因而也是合理的问题共同的命运：主要的困难不是答案，而是问题。因此，真正的批判要分析的不是答案，而是问题”②。马克思主义只有能够正确地解释并解决人类社会面临的现实问题，也就是付诸实践、解决问题，才是真正有意义有价值的理论。这里，马克思主义是把“问题”置于实践范畴来解读的，所以这里所说的问题首先具有客观性。问题意识并非主体主观自生的观念意识，而是客观世界普遍矛盾的反映。马克思主义的最根本的问题导向是围绕“资本主义批判”展开的，他们紧紧抓住 19 世纪的时代特点、资本主义是人类世界一切矛盾的焦点、资本主义的内在矛盾问题这一时代的基本问题而展开的。同时，问题意识又确乎有着主观的价值引导性，即通过对问题和矛盾的解决，要寻找和达到一种更加合乎大众利益的新境界。

因此，马克思主义的问题意识就必然彰显两个鲜明的导向：一是对资本主义的批判，要摧毁一个旧世界；二是为人民谋幸福，要建设一个

---

①《毛泽东选集》第三卷，人民出版社 1991 年版，第 839 页。
②《马克思恩格斯全集》第一卷，人民出版社 1995 年版，第 203 页。

社会主义—共产主义的新世界。马克思主义诞生170多年依然有着勃勃的生机，其根本原因就是作为马克思主义实践导向的这一根本问题依然没有改变；马克思对资本主义的批判依然有效；探索和推进社会主义的不断发展依然是我们时代的实践主题。这也是马克思主义在当代为什么“行”的根本原因。

马克思主义是作为资本主义的对立面存在的。这种矛盾的统一体说明了，只要资本主义存在，马克思主义就有其存在的价值。美国学者弗雷德里克·詹姆逊在《论现实存在的马克思主义》一文中说：“庆贺马克思主义死亡，正像庆贺资本主义取得最终胜利一样是不能自圆其说的。因为马克思主义是关于资本主义的唯一的科学；其认识论方面的使命在于它具有描述资本主义历史起源的无限能力。”确实，尽管时代发生了巨大的变化，但人类至今仍处于马克思主义的问题域中，仍未摆脱资本统治的时代。资本主义虽然经历多次变化和危机，但并未从本质上发生变化。2008年爆发的经济危机再次验证了马克思主义对资本主义批判的有效性。伊格尔顿在《马克思为什么是对的》一书中指出：“资本主义制度的逻辑就是：只要有利可图，即便反社会也在所不惜，而这就意味着将有许许多多人死于非命。曾经耸人听闻的世界末日传言，如今看来不过是对现实的清醒认识。传统左翼党派的口号‘进入社会主义，还是退回到野蛮社会’，如今看起来不再是花里胡哨的表面文章，而是振聋发聩的警世箴言。”在全球化时代，资本主义呈现出了比自由竞争资本主义更多的深层次危机，如人的异化加剧，人与人、人与自然的关系更加紧张，人类的前途命运面临更多挑战。20世纪的法国思想家萨特在创立了存在主义哲学之后，曾一度自负地认为其学说已经超越了马克思主义。但面对历史的发展，晚年的萨特终于清醒地认识到：“马克思主义非但没有衰竭，而且还十分年轻，几乎还处在童年时代：它才刚刚发展。因此，它仍然是我们时代的哲学：它是不可超越的，因为产生它的情势没有被超越。我们的思想不管怎样，都只能在这种土壤上形成。”① 现实的世界

① ［法］萨特：《对于一种方法的探求》，纽约出版社1963年版，第7页。

已经证明，马克思主义对资本主义制度批判这一根本的总问题始终是正确的。

三、在实践中发现真理，检验真理和发展真理

人的思维是否具有客观的真理性，这不是一个理论的问题，而是一个实践的问题。

——马克思

马克思主义行不行，实践是检验真理的唯一标准。马克思《关于费尔巴哈的提纲》第二条指出："人应该在实践中证明自己思维的真理性，即自己思维的现实性和力量，自己思维的此岸性。"① 在这里，马克思第一次把实践引入认识论，作为检验人的思维真理性的客观标准。

从马克思主义诞生以来，社会主义在实践中的发展经历了三次大的飞跃。

第一次是以 1848 年《共产党宣言》的发表为标志，实现了社会主义从空想到科学的飞跃。风起云涌的欧洲工人运动，使无产阶级革命成为现实。1871 年的巴黎公社是无产阶级推翻资产阶级统治，建立无产阶级专政的一次伟大尝试，是无产阶级革命史上的一个光辉节点。它的实践，丰富了马克思主义关于无产阶级革命和无产阶级专政的学说，为国际社会主义运动提供了宝贵的经验和教训。

第二次是以列宁领导的俄国十月革命的胜利为标志，实现了社会主义从理论阐述到制度实践的飞跃。1917 年，随着阿芙乐尔号巡洋舰上的隆隆炮声，人类历史上第一个社会主义国家——苏维埃俄国诞生了。苏俄无产阶级政权的建立和社会主义制度的建立，使社会主义由理论设想变成了制度现实。第二次世界大战后，社会主义从一国实践发展为多国实践，社会主义阵营一度覆盖了全球三分之一的人口，社会主义制度对

---

①《马克思恩格斯文集》第一卷，人民出版社 2009 年版，第 500 页。

人类历史发展做出了巨大的贡献。它改变了世界的政治格局，遏制了资本主义和霸权主义在全世界的扩张，向全世界展示了社会主义制度的优越性和活力，它坚定地支持被压迫民族和被压迫人民，推动世界和平与发展的时代潮流。

第三次是以中国革命的胜利，特别是中国特色社会主义的巨大成功为标志，实现了社会主义从低潮再度走向复兴的飞跃。中国作为当今世界最大的社会主义国家，在马克思主义理论的指导下，在中国共产党的领导下，用几十年的时间走过了西方资本主义国家几百年的发展历程，使科学社会主义的旗帜在21世纪的中国高高飘扬，为当今世界的发展树立了榜样。

这三次伟大飞跃，用实践的事实充分说明了马克思主义是行得通的真理!

20世纪80年代末到90年代初，发生了“苏东剧变”的严重事件，世界社会主义遭受重大挫折。一时间，西方世界一片欢呼，诋毁和怀疑社会主义的各种论调甚嚣尘上。1992年，美国白宫头号智囊兰德公司的学者弗朗西斯·福山公开出版了《历史的终结和最后的人》，宣称世界历史已经终结于资本主义，社会主义已经失败。福山的这一论断，得到了当时西方学界的普遍赞誉，福山也一跃成为西方最负盛名的主流学者。此外，如美国前总统尼克松撰写的《1999：不战而胜》，美国卡特总统时期的前国家安全顾问布热津斯基出版的《大失败》等，都是当时颇有影响的著作。其基本观点都是声称资本主义已经胜利，社会主义已经失败。但令福山等西方学者完全没有想到的是，在随后的30多年，坚定地走在社会主义道路上的中国，却迅速地发展起来。我国的国内生产总值从1991年的2.2万亿人民币增长到2022年的121.02万亿人民币，30年间增长了近60倍。人均国内生产总值从不足400美元发展到人均超过12000美元。我国对世界经济贡献率已经超过30%。科技发展和国防建设的许多关键领域，都达到或不断逼近世界先进水平。“北斗”指南、“神舟”翱翔、“嫦娥”奔月、“天宫”飞天、“巨浪”翻腾、“东风”浩荡……我们实现了从总体小康到全面小康的伟大跨越，稳定解决了十几亿人的温饱问题，胜利实现了中国共产党建党百年全面建成小康社会的目标。历史已然证明，苏东模式的社会主义的失败，绝不是马克思主义科学社会主义的失败。恰恰相反，其出现重大历史倒退的根源恰是当时的苏东领导人背弃了马克思主义所酿成的恶果。

事实胜于雄辩。颇具讽刺意味的是，同样是这位福山，面对中国发展的历史事实，于2014年在美国最权威的政策杂志《外交》上发表了《衰败的美利坚——政治制度失灵的根源》一文。福山哀叹，历史并没有终结，美国的政治制度正日渐腐朽，已经越来越不能代表美国主权公民的意志。福山的这一论述，再次受到了西方学者的普遍关注。与之对应的是，国际金融危机爆发后，由英国学者伊格尔顿著述的《马克思为什么是对的》一书，却成了全球畅销书。而在这些耐人寻味的事实背后，其根本原因则是中国特色社会主义的坚持与发展，是中国特色社会主义取得的巨大成就。正如邓小平同志当年在苏东剧变后所断言的："我坚信，世界上赞成马克思主义的人会多起来的，因为马克思主义是科学。"[①]"社会主义经历一个长过程发展后必然代替资本主义。这是社会历史发展不可逆转的总趋势，但道路是曲折的。"[②]"一些国家出现严重曲折，社会主义好像被削弱了，但人民经受锻炼，从中吸收教训，将促使社会主义向着更加健康的方向发展。因此，不要惊慌失措，不要认为马克思主义就消失了，没用了，失败了。哪有这回事！"[③]这不禁让我们想起了毛泽东诗词中的一句话："风物长宜放眼量。"中国特色社会主义进入"强起来"的新时代，是以活生生的实践及成就向世界强有力地证明了科学社会主义的真理性和巨大生命力，从而使科学社会主义在21世纪的中国焕发了勃勃生机，在世界上高举起了中国特色社会主义的伟大旗帜。

---

①《邓小平文选》第三卷，人民出版社1993年版，第382页。
②《邓小平文选》第三卷，人民出版社1993年版，第382—383页。
③《邓小平文选》第三卷，人民出版社1993年版，第383页。

第五节　为有源头活水来：马克思主义是不断发展和开放的理论

一、马克思主义具有与时俱进的理论品质

> 马克思主义是不断发展的开放的理论，始终站在时代前沿。
>
> ——习近平

人们或许会问，马克思主义作为170多年前诞生的学说，经历了百年风雨，而这一百多年来又是人类文明进步发展的一个高速阶段，各种新思想、新学说、新理论层出不穷，在这样一个所谓“知识爆炸”“信息爆炸”的年代，我们为什么还要坚持一百多年前就诞生的马克思主义？

其实，评价一个理论体系的科学性，从来就不是以时间作为尺度的，而是以正确还是谬误来划分的。一个理论，只要它所揭示的客观关系依然存在，它揭示的事物发展的内在规律依然发挥作用，那这个理论就必定是有生命力的。马克思主义之所以行，就是因为它一方面继承和改造了人类文明的一切优秀学说，揭示了历史发展的总趋势，将建构人类理想的社会主义和共产主义奠定在唯物史观和剩余价值理论的坚实基础上，是科学的、人民的，经过实践检验的理论；另一方面则是因为它具有与时俱进的理论品质，能随着实践、科学和时代的发展而发展，是一个能与各民族的特点相融合，与世开放、广泛包容、善于汲取进步文明成果而不断创新的伟大理论。

在马克思主义发展史上，有一个经典案例，特别能说明马克思主义具有与时俱进的理论品质。大家都知道，《共产党宣言》是马克思主义诞生的标志，是马克思主义经典中的经典。但对待这样一个历史性的文献，马克思和恩格斯却从不故步自封。1872年，《共产党宣言》德文版出版，马克思和恩格斯特别为此写了一篇序言。马克思和恩格斯坦承，创作于1847年的《共产党宣言》到1872年已经25个年头。而25年来，欧洲

的情况、世界的情况都发生了重大变化。所以《共产党宣言》当中的一些个别结论今天看来已经过时了。他们特别指出，譬如《共产党宣言》第二章末尾关于总结欧洲革命的十条经验，其中一些已经没有普遍意义了。但重要的是："这些原理的实际运用，正如《宣言》中所说的，随时随地都要以当时的历史条件为转移。"① 好一个"随时随地"，无比生动地揭示了马克思主义的革命性本质和活的灵魂——具体问题具体分析。透过这个案例，我们就能深刻地认识到马克思主义一定是随着时代的发展变化而发展的。

还在马克思主义学说创立早期的 1843 年，马克思就郑重声明："我不主张我们竖起任何教条主义的旗帜。""我们不想教条地预期未来，而只是想通过批判旧世界发现新世界。"② 对于那些总想在现成的理论中寻找解决社会问题的标准答案的人，马克思作了无情的嘲讽：如果一切都有现成答案的话，那么"愚昧的凡俗世界只需张开嘴等着绝对科学这只烧乳鸽掉进来就得了"③。马克思所始终坚持的，是一种大无畏的科学的批判精神。他说，我们"要对现存的一切进行无情的批判，所谓无情，就是说，这种批判既不怕自己所作的结论，也不怕同现有各种势力发生冲突"④。

巴黎公社革命以后，当马克思主义理论已经成为国际工人阶级普遍的革命指南时，马克思主义的创始人反而更加迫切地一再提醒后人，千万不能把马克思主义教条化、不能神化。1890 年，恩格斯在致保尔·恩斯特的信中明确指出："如果不把唯物主义方法当做研究历史的指南，而把它当做现成的公式，按照它来剪裁各种历史事实，那它就会转变为自己的对立物。"⑤1895 年，就在恩格斯生命的最后岁月，这位伟大的无产阶级革命导师所念念不忘的还是告诫后人，一定要正确地看待

---

①《马克思恩格斯全集》第二十八卷，人民出版社 2018 年版，第 531 页。
②《马克思恩格斯文集》第十卷，人民出版社 2009 年版，第 7 页。
③《马克思恩格斯文集》第十卷，人民出版社 2009 年版，第 7 页。
④《马克思恩格斯文集》第十卷，人民出版社 2009 年版，第 7 页。
⑤《马克思恩格斯全集》第二十九卷，人民出版社 2020 年版，第 98 页。

马克思的学说。在《致威纳尔·桑巴特》信中，恩格斯再一次讲："马克思的整个世界观不是教义，而是方法。它提供的不是现成的教条，而是进一步研究的出发点和供这种研究使用的方法。"①

正是遵循马克思主义的基本方法，沿着他们开辟的道路前进，马克思主义的理论宝库才在时代风云的变幻中不断发展、不断丰富、不断升华。

马克思和恩格斯立足于19世纪欧洲的实际情况，深刻揭示了资本主义社会的基本矛盾，科学论证了"社会主义必然代替资本主义、无产阶级必然战胜资产阶级"的重大时代问题，创立了马克思主义。

列宁是在资本主义进入垄断、世界进入"帝国主义战争与无产阶级革命时代"的历史条件下，成功解决了在一个国家内部"无产阶级怎样夺取政权和巩固政权"这一重大命题，创立了列宁主义。

毛泽东同志是在经济文化都比较落后的半殖民地半封建的中国，成功回应了"什么是马克思主义、怎样对待马克思主义"的时代问题，开辟了"农村包围城市、武装夺取政权"的新民主主义革命道路，创立了毛泽东思想。

邓小平是在和平与发展成为时代主题，中国进入改革开放新时期，成功回应了"什么是社会主义、怎样建设社会主义"的重大问题，提出了"建设有中国特色的社会主义"的历史概念，创立了邓小平理论。

今天，习近平同志是在中国特色社会主义进入新时代的历史条件下，正确回应"新时代坚持和发展什么样的中国特色社会主义、怎样坚持和发展中国特色社会主义，建设什么样的社会主义现代化强国、怎样建设社会主义现代化强国，建设什么样的长期执政的马克思主义政党、怎样建设长期执政的马克思主义政党"等重大的时代课题，创立了习近平新时代中国特色社会主义思想。

因而，我们今天所说的马克思主义，既包括由马克思和恩格斯创立的本源的马克思主义，也包括在不同时代、不同民族的后继者们所继承

---

①《马克思恩格斯选集》第四卷，人民出版社2012年版，第664页。

和发展起来的学说和理论。从马克思、恩格斯到列宁，到毛泽东、邓小平，再到习近平，一切真正的马克思主义者正是本着这样一种科学精神去思考、去探索，从而在实践的土壤中不断发展、创新马克思主义的思想体系，使马克思主义的理论之树常青。

二、马克思主义是鲜活生动的理论

> 这是出自他（指彼·法尔曼）的误解，即认为马克思进行阐述的地方，就是马克思要下的定义，并认为人们可以到马克思的著作中去找一些不变的、现成的、永远适用的定义。①
>
> ——恩格斯

马克思主义的精髓是“实事求是”，即“随时随地都要以当时的历史条件为转移”。因此，马克思主义从不固守任何个别结论而一成不变。马克思主义者一定是在尊重事实和规律的前提下，依据新的情况对包括已提出的理论不断推陈出新。

学习过一点马克思主义发展史的同志，大概都不会对“卡夫丁峡谷”这个概念感到陌生。这本来是一个历史典故。公元前 321 年，第二次萨姆尼特战争时期，萨姆尼特人在古罗马卡夫丁城附近的卡夫丁峡谷包围并击败了罗马军队。按照意大利双方交战的惯例，战败被俘的古罗马士兵必须双手抱头，在由胜利者架起长矛交叉构成的“轭形门”下低头通过。这被认为是对战败敌军的最大羞辱。“卡夫丁峡谷”一词由此而来，意即遭受奇耻大辱。当年，马克思以这一概念为喻，指出了特定历史条件下，某些国家（如俄国）有可能跨越资本主义的“卡夫丁峡谷”。而这个重大结论折射出的正是马克思主义实事求是、应时应地而宜的理论特征。

①《马克思恩格斯文集》第七卷，人民出版社 2009 年版，第 17 页。

马克思主义唯物史观的一个基本观点，就是认为人类历史的发展是有规律的。马克思在《资本论》第一卷第一版序言中，就曾十分鲜明地表明："我的观点是把经济的社会形态的发展理解为一种自然史的过程。"[①] 马克思通过对人类历史进程的科学考察，提出了人类社会形态演变的基本规律。在 1846 年与恩格斯合著的《德意志意识形态》中，马克思第一次把它归纳划分为"部落所有制"、"古代公社所有制和国家所有制"、"封建的或等级的所有制"、"资本主义所有制"、"共产主义所有制"（社会主义是它的第一阶段）等五种社会形态，即人类社会是经由原始社会、奴隶社会、封建社会、资本主义社会、社会主义—共产主义社会阶梯式地发展起来的。但这一理论首先是从人类社会发展的一般意义上讲的，即作为"类"的人类社会意义上讲的，具有非常明确的世界史的意义。也就是说，从整个人类历史来看，作为人类社会形态演进规律的五种社会形态，只能依次演进，不能超越。马克思特别指出："一个社会即使探索到了本身运动的自然规律……它还是既不能跳过也不能用法令取消自然的发展阶段。"[②] 正如同从整个人类历史演进的过程来看，奴隶社会绝不可能产生出资本主义的生产关系，封建社会也不可能直接进入社会主义。

但马克思主义的科学之处，就在于它是全面、深刻、革命的辩证法。马克思在指出人类社会是一个自然史过程的同时，也明确指出人类历史又绝非等同于纯粹的自然界。纯粹的自然过程是完全盲目的，不自觉的，而人类历史则是在规律支配下人的能动的、自觉的活动。因此，马克思在指出了整个人类社会发展的总体规律后，又从来不认为每一个具体的国家、每一个具体的民族都只能是一种发展模式，历史发展实际是统一性和多样性的辩证统一。事实上，对于历史上德国没有经过奴隶社会而进入封建社会，美国没有经过封建社会而进入资本主义社会这样一些特殊的事例，马克思和恩格斯早就注意到了。但矛盾的特殊性又必定包含

---

①《马克思恩格斯全集》第四十二卷，人民出版社 2016 年版，第 16 页。
②《马克思恩格斯全集》第四十二卷，人民出版社 2016 年版，第 16 页。

着矛盾的普遍性，无论是德国还是美国，又都是整个世界史已经进入了封建社会和资本主义社会以后才开始自己的演变的。

正因为如此，马克思从来不把它的五种社会形态演进的规律对应于每一个具体的国家，把它当作不可逾越的教条。当时，有一位名叫米海洛夫斯基的俄国人曾写信给马克思，高度赞扬马克思主义的五种社会形态演进规律的理论，认为这是任何国家和民族都不可逾越的“铁律”。对于这种赞誉之词，马克思却明确地回答道：“他一定要把我关于西欧资本主义起源的历史概述彻底变成一般发展道路的历史哲学理论，一切民族，不管它们所处的历史环境如何，都注定要走这条道路……但是我要请他原谅。（他这样做，会给我过多的荣誉，同时也会给我过多的侮辱）”[①]这就十分清楚地表明，马克思反对把西欧资本主义发展的道路变成一切民族都注定要走的道路。

马克思主义创始人始终强调：“正确的理论必须结合具体情况并根据现存条件加以阐明和发挥。”[②]各个国家具体的历史环境不同，未来的社会发展道路“必须考虑到各国的制度、风俗和传统”，如果“使用一般历史哲学理论这一把万能钥匙，那是永远达不到这种目的的”[③]。1881年，马克思在研究了俄国农村公社及俄国社会发展的特点后就明确提出，像俄国农村公社这样的组织和地区“能够不通过资本主义制度的卡夫丁峡谷，而占有资本主义制度所创造的一切积极的成果”[④]。这个构想，不但为后来的东方落后国家探索适合本国情况的社会发展道路奠定了初步的理论基础，而且凸显了马克思主义必须与时俱进，只有不断民族化和时代化，才能成为革命行动指南的理论品格。

但是，马克思为什么这里要借用“卡夫丁峡谷”这个比喻呢？又是颇为耐人寻味的。这里的“卡夫丁峡谷”不应该是笼统地指资本主义的发展阶段，而是特指作为“奇耻大辱”的资本主义制度及其罪恶，特指

---

①《马克思恩格斯选集》第三卷，人民出版社2012年版，第730页。
②《马克思恩格斯全集》第四十七卷，人民出版社2004年版，第35页。
③《马克思恩格斯选集》第三卷，人民出版社2012年版，第730页。
④《马克思恩格斯选集》第三卷，人民出版社2012年版，第830页。

资本主义制度的一切痛苦。它包含着马克思对资本主义剥削制度的极大蔑视和否定。相反，对于资本主义生产力中先进的部分，马克思则一再强调非资本主义的俄国必须“吸收”资本主义的“一切肯定的成就”。也就是说，所谓“跨越卡夫丁峡谷”是指不经过建立资本主义制度的历史阶段，又能吸取资本主义的一切积极成果而通向社会主义，即“不通过资本主义生产的一切可怕的波折而吸收它的一切肯定的成就”[①]。同时，这种跨越是有条件的。从外部条件看，是在资本主义已经成为一个世界体系的条件下发生的，即从大时代的历史角度看，是在资本主义已经登上世界历史舞台的背景下发生的。与资本主义的西方同时存在于一个世界体系中，就成为跨越的前提。从内部条件来看，这些国家内部必须具备革命的条件，有成熟的无产阶级政党，有人数虽少，但遭受剥削和压迫（不仅遭受本国资本主义的压迫，而且遭受外国资产阶级的压迫）最为深重、革命要求最为强烈的工人阶级及其同盟军——农民。只有在这样的情况下，才可能出现如马克思、恩格斯所预想的：“俄国革命将成为西方资产阶级革命的信号。”

行文至此，读者们应该能够感悟，不仅是俄国，也包括中国，同样具备了跨越“卡夫丁峡谷”的历史条件。而20世纪中国革命的成功也充分证明了这一点。尽管俄国和中国等落后国家可以跨越资本主义的“卡夫丁峡谷”，但生产关系一定要适应生产力状况的历史规律是不能跨越的，还必须从本国比较不发达的经济状况出发，选择适合本国国情的发展道路，大力发展生产力。十月革命后列宁搞了新经济政策，我国提出了社会主义初级阶段理论等都是证明。如果以为只要建立了社会主义制度，就可以不顾国情，超越生产力发展阶段，企图在短短的几年内提前完成建设社会主义甚至共产主义的任务，就不可避免地要遇到挫折。所以，落后国家既可以跨越资本主义的“卡夫丁峡谷”，又不能超越一定的生产力发展阶段，这就是历史的辩证法。

---

① 《马克思恩格斯全集》第十九卷，人民出版社1963年版，第431页。

三、马克思主义永远是共产党人的行动指南

马克思、恩格斯、列宁、斯大林的理论，是“放之四海而皆准”的理论。不应当把他们的理论当作教条看待，而应当看作行动的指南。

——毛泽东

1913 年，马克思已经逝世了整整 30 周年。列宁特别撰写了《马克思学说的历史命运》以纪念这位伟大的思想家。列宁把马克思主义诞生以来的世界历史分为三个主要时期：“（1）从 1848 年革命到巴黎公社（1871 年）；（2）从巴黎公社到俄国革命（1905 年）；（3）从这次俄国革命至今。”① 在这近 70 年的历史变迁中，马克思主义经历了曲折的发展。列宁特别指出：“在第一个时期的开头，马克思学说决不是占统治地位的。它不过是无数社会主义派别或思潮中的一个而已。”② 确实，在 1848 年前后，当时的欧洲为了适应工人阶级革命的需要，一时间出现了许多打着社会主义旗号的思想和理论。有些人在当时的名气甚至要远远大过马克思和恩格斯。譬如柏林大学的讲师杜林，当时就以社会主义理论家自居。此外，还有蒲鲁东主义、拉萨尔主义、巴枯林主义等等，都打着社会主义的旗号。但当到了“第一个时期（1848—1871 年）即风暴和革命时期的末尾，马克思以前的社会主义已奄奄一息”③。即到了 1871 年巴黎公社革命时期，那些形形色色的假社会主义学说早已销声匿迹，而马克思主义已经被欧洲工人阶级普遍遵从。也就是说，这一时期，马克思的学说已经成为工人运动中占统治地位的主导意识形态。仔细想想个中缘由，不是靠行政命令，不是靠红头文件，马克思主义能够在无数的社会主义思潮和派别中脱颖而出，其根本原因只能是它不可动摇的科学性。所以列宁进一步指出，到了第二个历史时期（1872—1904 年），

---

①《列宁全集》第二十三卷，人民出版社 2017 年版，第 1 页。
②《列宁全集》第二十三卷，人民出版社 2017 年版，第 1 页。
③《列宁全集》第二十三卷，人民出版社 2017 年版，第 2 页。

马克思主义在聚集和团结无产阶级的力量、创建社会主义政党、指导社会主义运动的发展方向等各个方面，已经“获得了完全的胜利，并且广泛传播开来”[1]。对于第三个时期（1905 年以后），列宁则毫不怀疑地断言：“即将来临的历史时期，定会使马克思主义这个无产阶级的学说获得更大的胜利。”[2]

其后历史的发展，充分证明了列宁论断的英明。就在四年以后的 1917 年，伟大的十月革命获得了成功，社会主义的理想和理论，第一次成为活生生的社会现实。而后，马克思学说又从俄国传入东方古老的大国——中国，并终于在 1949 年结出了革命胜利的硕果。在以后的岁月中，马克思主义的发展尽管也经历了种种坎坷，但始终在变幻的时代风云中砥柱中流，傲立于理论之林。2000 年，在人类进入新千年时，在互联网热议的“千年思想家”评选中，马克思的名字位居第一。国际金融危机爆发后，英国学者伊格尔顿撰写的《马克思为什么是对的》一时间成了全球畅销书。2018 年，在马克思和恩格斯的《共产党宣言》发表 170 周年之际，全世界的人们仍然在马克思学说那里寻找思想的武器，以期能应对当代诸多的社会问题和全球性问题，出现了一股“回归马克思”的热潮。

事实上，马克思主义之所以伟大正确，不仅在于辩证唯物主义和历史唯物主义是科学的世界观和方法论，还在于它的创始人也是自觉地运用唯物辩证法、认识论的光辉典范。因而他们提出的许多基本结论能经受住历史的检验，历经风雨而毫不褪色。尽管在马克思主义诞生后，有不少资产阶级学者和形形色色的机会主义者纷纷提出了一些“新”的理论，企图“超越”马克思主义，但在马克思主义严密的科学体系面前只能是碰得头破血流。譬如，曾经风靡一时的萨特存在主义哲学，不过是 18 世纪以来资产阶级启蒙思想家人本主义思想的牙慧，并始终没有超出费尔巴哈对“人”的论述，充其量不过是用的一些貌似新奇的名词去演

---

①《列宁全集》第二十三卷，人民出版社 2017 年版，第 3 页。
②《列宁全集》第二十三卷，人民出版社 2017 年版，第 4 页。

绎旧货色而已，最后连萨特也不得不承认“马克思主义是当代唯一不可超越的哲学”。

我们当然不可能要求马克思和列宁能够对他们身后世界的每一点具体变化都做出精确的描述。面对当今资本主义世界、社会主义国家以及世界形势的格局和力量配置方面出现的许多前所未有的新情况、新特点和新问题，我们却依然能够运用马克思主义理论的基本方法去分析、研究和把握，这正是马克思主义的强大生命力之所在。马克思列宁主义还要在实践中不断发展，马克思主义没有穷尽真理——这本身就是马克思主义的一个重要结论。恩格斯曾谆谆告诫后人不要过分推敲他们的每一字句，“而要注意总的联系”。所以，对马克思主义的发展只能是基于坚持其基本立场、观点和方法，在实践中不断丰富马克思主义的学说，对当代各种复杂情况像马克思那样去思考问题，从而把握现实和未来。

历史和现实，为我们勾勒出了一幅清晰的画面，在一百多年的历史沧桑中，马克思主义始终是一棵常青的理论之树，虽历经风雨，却愈加苍翠。马克思主义能够在一个半世纪里保持旺盛的生命力，以摧枯拉朽的力量改变着世界的面貌，深刻影响了世界历史的进程。这既源于马克思主义基本原理的正确性和基本方法的科学性，也源于马克思主义具有与时俱进的理论品质。正是一代又一代真正的马克思主义者敢于把握时代脉搏，以坚持真理的巨大勇气和创造精神，在不断变化发展的时代风云中，一切从实际出发，以新的探索不断推动马克思主义向前发展。马克思主义永远是共产党人不懈奋斗的行动指南。

第二篇　淘尽黄沙始见金——马克思主义进入中国

第一节　栉风沐雨悲中华：三千年未有之大变局的中国

一、天涯何处是神州

世间无物抵春愁，合向苍冥一哭休。四万万人齐下泪，天涯何处是神州？

——谭嗣同

在世界历史上，15 世纪以前的中国一直在文明大道上狂飙突进、引领风骚，走在世界的前列。千百年来，勤劳智慧勇敢的中华民族创造了震惊世界的文明奇迹。春秋战国时期的“诸子”时代，思想领域熠熠生辉。以孔子、孟子为代表的儒家思想，以老子、庄子为代表的道家思想，以韩非子为代表的法家思想，以墨子为代表的墨家思想等，形成了诸子百家争鸣的局面，是中国思想文化最繁荣的一个时期，并对后世及全世界都产生了深远而重大的影响。公元前 221 年，秦始皇统一六国建立秦朝，车同轨，书同文，推行郡县制，创建了高度中央集权的政治制度，成为中国历史上第一个统一的多民族封建国家。

西汉时期张骞出使西域，达成汉夷之间第一次文化交流，使中国的影响直达葱岭。后人沿着张骞的足迹，开辟了经过中亚通往南亚、西亚以及欧洲、北非，享誉世界的陆上“丝绸之路”。东汉蔡伦改进了造纸术，对中国文明乃至世界文明的发展产生了深刻的影响。“驼铃古道丝绸路，胡马犹闻唐汉风。”1400 多年前建立的唐朝，可以说是中国历史上对世界最富影响力的一个朝代，文化、政治、军事空前昌盛，声誉远扬海外。唐朝经营的海上“丝绸之路”，是当时世界上最长的远洋航线。唐朝以后海外多称中国人为“唐人”。无论是“天生我材必有用，千金散尽还复来”的浪漫诗仙李白，还是“万里悲秋常作客，百年多病独登台”的悲情诗圣杜甫，无论是“颜公变法出新意，细筋入骨如秋鹰”的书法，还是“道子实雄放，浩如海波翻”的绘画，都将唐朝文化推向了一个触不可及的高峰。

两宋时期，我国各民族呈现出空前大融合，社会经济空前大发展，外交及文化艺术取得了丰硕的成果。交子是世界上最早的纸币，毕昇发明活字印刷术比欧洲整整早了 400 年，指南针取得突破性进展，后被广泛应用于大航海时代。火药的改进，加快促使冷兵器时代的终结。无论是以苏轼为代表的豪放派，还是以柳永为代表的婉约派，都使得“宋词”与“唐诗”并驾齐驱。到明朝前期，我国国土面积达 997 万平方公里，居当时世界第一。明朝的黄金白银占有率也为当时世界第一。郑和七次下西洋，传播中华文明的同时，也促进了各国商业的互通。《永乐大典》全书 22877 卷（目录 60 卷，共计 22937 卷），11095 册，约 3.7 亿字，汇集了古今图书七八千种，内容包括经、史、子、集，涵盖了中华民族数千年来的知识财富。《不列颠百科全书》在“百科全书”条目中称中国明代类书《永乐大典》为“世界上有史以来最大的百科全书”，已经成了中国文化的一个重要符号。

毛泽东在其名篇《中国革命和中国共产党》一文中，有一段极为精彩的文字概述了我们无比伟大的祖国：“我们中国是世界上最大国家之一，它的领土和整个欧洲的面积差不多相等。在这个广大的领土之上，有广大的肥田沃地，给我们以衣食之源；有纵横全国的大小山脉，给我们生长了广大的森林，贮藏了丰富的矿产；有很多的江河湖泽，给我们以舟楫和灌溉之利；有很长的海岸线，给我们以交通海外各民族的方便。从很早的古代起，我们中华民族的祖先就劳动、生息、繁殖在这块广大的土地之上。……在中华民族的开化史上，有素称发达的农业和手工业，有许多伟大的思想家、科学家、发明家、政治家、军事家、文学家和艺术家，有丰富的文化典籍。在很早的时候，中国就有了指南针的发明。还在一千八百年前，已经发明了造纸法。在一千三百年前，已经发明了刻版印刷。在八百年前，更发明了活字印刷。火药的应用，也在欧洲人之前。所以，中国是世界文明发达最早的国家之一，中国已有了将近四千年的有文字可考的历史。”①

但是，15 世纪以后，世界形势发生了深刻变化。欧洲率先开始了大航海、宗教改革、资产阶级革命、工业革命等重大变革，代表着更先进的生产方式的资本主义制度正在取代封建主义制度。遗憾的是，中国没能够跟上时代的步伐，依旧沉浸在“天朝上国”的封闭与自大之中，曾经空前繁荣的封建文明逐渐走向腐朽和没落。当时的封建统治者不仅视野狭隘，甚至连基本的世界地理都不及格。道光皇帝就曾经问手下大臣，从新疆的伊犁能否找到连通欧洲的出海口？其幼稚可见一斑。

乾隆后期，清朝开始由盛转衰。政治上腐败盛行，贿赂成风，买官售爵，结党营私。“和珅跌倒，嘉庆吃饱”，大贪官和珅多年积累的家产富可敌国。财政上国库日益亏空，入不敷出。军队里装备陈旧、操练不勤、营务废弛、纪律败坏。国内阶级矛盾日益激化，白莲教和天理教起义给清朝统治带来严重震荡。特别是天理教起义，直接打进了紫禁城，就连嘉庆帝都不禁感叹道：“从来未有事，竟出大清国！”

此外，中国历史上曾多次实行“闭关锁国”政策。明洪武年间，为了防止沿海反叛势力私通倭寇以及海盗滋扰，朱元璋下令实施自元朝开始的海禁政策。纵然明永乐、宣德年间郑和七次下西洋，开放的也只是朝贡贸易，民间仍不得私人出海。后期随着沿海倭寇活动愈加频繁，海禁政策也愈加严格。这种政策虽在一定程度上保护了自我，却极大程度上阻碍了中外交流。清朝初期，为了切断与明朝残余势力台湾郑氏的联系，清朝统治者限制民众集聚海上。后期则着重禁止“民夷交错”，针对外国商人，以条规立法形式严加限制对外贸易。清朝统治者对自己经济和政治实力的过分盲目自大，期望维护集权统治的心理观念是“闭关锁国”的根本原因。中国封建主义的衰落与西方资本主义的发展形成鲜明的对比。

---

①《毛泽东选集》第二卷，人民出版社 1991 年版，第 621—623 页。

当垂暮的封建中国日益走向封闭衰败之时，正是西方列强疯狂进行殖民扩张的阶段。他们试图获得更多可供奴役的殖民人口以及更大的商品倾销市场，而地大物博的中国就成了西方列强的最佳“猎物”。实际上，当年西方兴起的“大航海”，其初始目的就是要找到通往中国的航道。但现实情况却是在中国自给自足的自然经济占统治地位的前提下，外来商品丝毫不占优势。同时，中国农民生活贫苦，受教育程度极低，他们既不认识外国货，也不具备购买力，如钢琴、钟表等。相反，中国的茶叶、丝绸、瓷器等商品却深受西方社会的喜爱和追捧，每年大量出口国外。这就使得在早期的中西方贸易过程中中国一直保持着出超地位。为了能攫取中国的“遍地黄金”，贪婪成性的英国资本家丧尽天良地开始了鸦片贸易，在军舰大炮的攻击下，中国的大门被迫打开。

马克思曾在《共产党宣言》中这样评价资产阶级：“正像它使农村从属于城市一样，它使未开化和半开化的国家从属于文明的国家，使农民的民族从属于资产阶级的民族，使东方从属于西方。”[①] 这种从属与被从属的过程充满了殖民侵略、血腥暴力，而地大物博的中国在殖民者的眼中俨然一只待宰的肥羊，对面临“三千年未有之大变局”的中国来说，一场空前的狂飙巨澜即将汹涌而至。

二、海波沸涌黯落日

长夜难明赤县天，百年魔怪舞翩跹。

——毛泽东

鸦片，俗称大烟。这种开着美丽花朵、吸食会有香甜气味的植物提取物，却是不折不扣的毒药。19 世纪的清朝书籍这样记录吸食鸦片的痛苦：“瘾至，其人涕泪交横，手足委顿不能举，即白刃加于前，豹虎逼于后，亦唯俯首受死，不能稍为运动也。故久食鸦片者，肩耸项缩，颜

①《马克思恩格斯选集》第一卷，人民出版社 2012 年版，第 405 页。

色枯羸，奄奄若病夫初起。”[①] 所谓“东亚病夫”的由来，就与鸦片息息相关。

18 世纪初，英国商人就开始向中国输入鸦片。由于鸦片所具有的成瘾性，中国国内对鸦片的需求量不断增大。1773 年东印度公司在孟加拉取得了鸦片贸易的独占权，于是英国就确定了向中国大量输入鸦片的侵略政策。正是由于鸦片贸易，英国第一次实现了在对中贸易中的顺差目标，攫取了大量的物质财富。英国的所作所为也使得沙俄、美国等看到“致富”的机会，并迅速参与进来。在英、美、俄等国鸦片贩子的猖狂活动下，鸦片毒品在沉睡的中国大地上泛滥起来。进口鸦片使得清政府白银大量外流，国内发生严重银荒，国库收入锐减，民众生活更为艰难；上至贵族官吏，下至军官士兵，鸦片的大量吸食使得清朝政治愈加腐败，军队战斗力削弱；底层群众吸食鸦片，使得大量劳动力丧失，社会生产受到破坏。当时民间流传一首《炮子谣》：“请君莫畏大炮子，百炮才闻几人死？请君莫畏火箭烧，彻夜才烧二三里。我所畏者鸦片烟，杀人不计亿万千。君知炮打肢体裂，不知吃烟肠胃皆熬煎。君知火箭破产业，不知买烟费尽囊中钱。”鸦片的泛滥给中华民族带来了深重的灾难。

1838 年 9 月，林则徐在给道光帝的奏折中义正词严地说：“迨流毒于天下，则为害甚巨，法当从严。若犹泄泄视之，是使数十年后，中原几无可以御敌之兵，且无可以充饷之银。”[②] 民众疾苦如何，也许并不能触动道光皇帝，但是军队如果不能打仗，势必威胁到清王朝的统治。于是，道光帝在“弛禁派”与“严禁派”之间选择了后者，任命林则徐为钦差大臣，到广东禁烟。1839 年 6 月，林则徐主持了震惊中外的大事件——“虎门销烟”。这场正义的行动，是中国人民禁烟斗争的一次重大胜利，揭开了近代中国反帝爱国斗争的序幕。

然而，英国政府以虎门销烟为借口发动了对中国的战争，直接用军舰大炮打开中国的大门。始于 1840 年 6 月，终于 1842 年 8 月的第一次

---

① 齐思和、林树惠等：《鸦片战争》第一册，神州国光社 1954 年版，第 318 页。
② 中国近代现代史教研组、研究室：《林则徐集·奏稿（中册）》，中华书局 1965 年版，第 601 页。

鸦片战争，是一个国家的政府公然为了推销毒品而对另一个国家进行的伤天害理的战争。马克思曾经怒斥英国政府发动的鸦片战争是一场“极为肮脏的战争”。

1841 年 2 月，英国舰队齐聚珠江口，发起了对中国虎门炮台的攻击。广东水师提督关天培，亲率官兵上阵御敌。2 月 23 日，英军开始攻击虎门炮台，关天培率部固守横档、永安、靖远、镇远各炮台，与英军浴血奋战。但由于双方武器装备存在着直接的“代差”——英军装备的是经过了工业革命且以当时的先进技术生产的炮膛气闭性极佳的灵巧小钢炮，有效射程达 4000 米以上，而中国军队装备的则是异常笨重的铸铁炮，炮膛内壁满是粗糙的沙眼，气闭性极差，有效射程仅为 2000 米左右。尽管中国军队拼死抵抗，但英军还是在 25 日从横档登陆，次日陆续攻破各炮台，关天培等英勇战死。

与其说这是一场战争，不如说是一场屠杀。在现今广东东莞（虎门炮台所在地），有一座“海战博物馆”，记录了虎门战役的历史。进入馆中，正面古褐色的墙体上，刻着一组让每个中国人心头滴血的数字：在虎门炮战中，以关天培为首的 500 多位官兵壮烈殉国，大批官兵受伤，1300 余人被俘。与之形成巨大反差的是，整个战役中英军一共受伤 5 人。什么叫“落后就要挨打”，这是最令人刻骨铭心的教训，每一个中国人都永远不能忘记。

1841 年 10 月 1 日，英军攻陷海防要塞浙江定海，10 月 10 日，又攻陷镇海。战争打到此时，由于双方在军事理念、战役部署、装备技术上的巨大差异，尽管当时的爱国官兵和百姓（如三元里的人民抗英）进行了英勇抵抗，但终因统治者的腐败无能、封建制度的腐朽没落而归于失败。镇海陷落后，清政府实际已无力再战，只能在帝国主义的炮口下屈辱认输。清政府被迫与英国签订了中国历史上第一个不平等条约《中英南京条约》，随后相继签订《五口通商章程》《虎门条约》等一系列不平等条约，不仅丧失了部分国土和主权，更让西方列强看到了清政府的懦弱与无能。

随后半个多世纪里，除英国外，法国、俄国、日本、美国等都如鬣狗一般疯狂发动对华战争，肆意啃食积弱的中华大地。1856 年 10 月，英国以“亚罗号事件”为借口，法国以“马神甫事件”为借口，发动了第二次鸦片战争，即使在 1858 年 4 月清政府同意签订不平等的《天津条约》的前提下，英法联军仍继续发动战争。1860 年 10 月，英法联军占领北京，烧毁了世界园林瑰宝圆明园，并逼迫清政府签订了《北京条约》，继香港岛后又将九龙半岛割让给英国，两个条约合计赔偿英法 1600 万两白银。同时，开辟通商口岸、允许外国商船在内河航行、允许传教士传教等规定使得中国半殖民地半封建化逐步加深。沙俄趁火打劫，先后通过《瑷珲条约》、中俄《北京条约》、《勘分西北界约记》割走了中国 150 多万平方公里领土。

此后，1884 年开始的中法战争、1894 年开始的中日甲午战争以及 1900 年的八国联军侵华战争，都以签订不平等条约结束。中法战争中，老将冯子材一马当先，率领士兵取得了镇南关大捷，这是中国近代史上外战少有的胜利，甚至直接导致了法国茹费理内阁倒台。但极为讽刺的是，即使在中国军事上获胜的情况下，已经直不起腰杆的清政府居然还是选择同法国签订对中国不利的《中法新约》，中国不败而败，法国不胜而胜。而主张和谈的李鸿章，也被左宗棠评价为：十个法国将军，也不如一个李鸿章坏事。

中日甲午战争的失败，中日签订《马关条约》，赔偿日本高达 2 亿两白银，加上其他战争损失约 1.5 亿两白银，中方损失 3.5 亿两白银，这几乎是当时清政府的全部家当，并将台湾岛及其附属岛屿、澎湖列岛割让给日本。最荒唐的是日本军队占领中国领土威海卫，清政府还得承担日军每年 50 万两白银的军费。《马关条约》的签订，把中华民族带入了灾难的深渊。各帝国主义国家更加肆无忌惮地侵略中国，引起中华民族空前严重的民族危机。1900 年八国联军攻陷北京后签订的《辛丑条约》，更是一个空前屈辱的卖国条约，其赔偿金额连同利息高达 9.82 亿两白银，为诸条约之最。按约清政府被迫拆毁大沽炮台及大沽到北京沿线炮台，天津周围 20 里内不准中国军队驻扎，使天津、北京防御沦为空谈。严禁反帝组织与反帝运动，中国已毫无主权可言。而为了维系住摇摇欲坠的封建政权，清朝最高统治者慈禧太后竟然完全接受，并保证“量中华之物力，结与国之欢心”。至此，清朝政府完全沦为帝国主义在华统治的傀儡，海波沸涌黯落日，中华何时见天日？中华民族真的到了“最危险的时候”。

三、敢问路在何方

是书何以作？曰：为以夷攻夷而作，为以夷款夷而作，为师夷之长技以制夷而作。

——魏源

中国人称自己为“龙的传人”，“龙”是中国人的图腾。而“龙”的最大特征就是刚健有为。“天行健，君子以自强不息”，这一来自古老《易经》中的古训早已深入中国人的血脉。鸦片战争使中华民族坠入灾难的深渊，但也是从那时起，实现中华民族的伟大复兴，也就成为近代以来中华民族最伟大的梦想。面对西方列强的“坚船利炮”和中华民族“亡国灭种”的危险，第一批“睁眼看世界”的中国人从“天朝上国”的梦中惊醒，他们试图找到一条救亡图存的道路。而这期间受压迫最为深重的农民阶级也奋起反抗，在近代爆发了中国历史上最大规模的农民起义——太平天国起义。但无论是封建地主阶级还是农民阶级，他们都因自身及时代的局限而没有找到改变中国的成功之路。

林则徐作为第一个“睁眼看世界”的中国人，确实开了那个时代的许多先河。他到广东任职时随身带着理藩院的翻译，甚至还用英文给英女王写信，并求教英国人帮其修改。随着与外国人接触得越多，他对外部世界历史、地理、制造等各方面的兴趣越来越浓。为系统了解世界，1839年，林则徐主持撰成《四洲志》一书。这是当时中国第一部较系统的世界地理志。魏源是林则徐的好友，二人志同道合。第一次鸦片战争中，英军攻陷定海，他奋笔疾书写下了40万字的《圣武记》，讨论了海防、战争、练兵及筹饷等策略，这是他推求盛衰之理、筹划海防之策的精心之作。1840 年受林则徐的委托，魏源在《四洲志》等资料的基础上，编撰而成 50 卷的《海国图志》。这部书第一次系统地介绍了世界重要资本主义国家的政治、经济概况，并认为中国之所以落后，是因为帝国主义有“坚船利炮”，而我们则“技不如人”。因而，魏源开出的治国之方，就是学习西方的科学技术。在《海国图志》中，他正式完整地提出“师夷长技以制夷”思想，对近代中国产生了重大影响。

除林则徐、魏源外，姚莹、徐继畬也对如何正确看待西方提出了自己的观点。1845 年，姚莹在西南各地考察的基础上完成了《康辅纪行》，旨在“知彼虚实”“徐图制夷”，以“冀雪中国之耻，重边海之防”。他在书中提出，要抵抗西方侵略者，必须要学习他们的自然科学技术，并要进一步了解他们的情况。他在书中还特别提醒人们要防范英国侵略者对西藏进行侵略。1848 年，徐继畬的《瀛环志略》出版。这部书以地球为引子，介绍了东西半球的情况，并配有相关国家的地图。除介绍各国的风土人情外，最难能可贵的是它还对西方民主制度进行了介绍。这本书同《海国图志》《康辅纪行》一并开启了中国早期近代思想启蒙的先河。

为了支付《南京条约》中的赔款，同时弥补政府财政亏空，清朝统治者只能在赋税上想办法。苛刻的赋税加上连年灾害，使广大农民无法生存。1851 年 1 月，洪秀全创立的拜上帝会在广西金田村起义，建号“太平天国”，起义军称“太平军”。在其后的十几年间，太平天国横扫大半个中国，其政治主张是建立一个“有田同耕，有饭同食，有衣同穿，有钱同使，无处不均匀，无人不饱暖”的理想社会。其颁布的《天朝田亩制度》把历史上农民战争曾经提出过的“等贵贱，均贫富”“均田免赋”等口号发展到前所未有的高度，它体现了农民阶级强烈反对地主阶级残酷经济剥削和政治压迫的革命要求以及获得土地、追求平等平均理想社会的渴望。太平天国极大地动摇了清政府的封建统治，是近代中国一次大规模的人民革命。但农民阶级本身既有的局限性，使他们不可能实现真正的革命理想。定都天京后，起义领导者开始带头追求奢侈、贪图享受，争权夺利，内耗严重。最终在封建势力和帝国主义的联合镇压下归于失败。

内忧外患下，为了挽救清朝的统治，封建统治阶级内部掀起了一场兴办洋务的运动，史称“洋务运动”（清政府自诩为“自强运动”）。洋务运动是由洋务派领导的，在中央的主要代表是以恭亲王奕䜣、瓜尔佳·文祥为首的满族宗亲贵族官员，在地方是以曾国藩、李鸿章、左宗棠、张之洞为首的汉族官员。洋务派以“师夷长技以自强”为主要宗旨，以“中学为体、西学为用”为原则。在洋务运动中，中国建设了近代第一批使用机器生产的兵工厂、造船厂、冶炼厂、纺织厂以及煤、铁矿等；创办了第一个轮船公司；铺设了第一条电线和铁路；建立了第一支近代海军舰队；开办了第一批外语、科技学校；派遣了第一批留学生；翻译了第一批科技书籍；培养出第一代科技和管理人才。

这些“第一”取得的过程充满着洋务派与顽固派的斗争。唐胥铁路是中国自建的第一条完整意义上的铁路，初次提出建铁路时顽固派以会惊动“山川之神，龙王之宫，河伯之宅”为由提出反对。李鸿章忍无可忍，自行其是，于1880年擅自修建了唐山至胥各庄的铁路，用于开平煤矿煤炭外运。建成后才上奏朝廷，还不便明言，只能把铁路说成“马路”。铁路刚开通时由于没有机车牵引，只能用马拉行，还真应了“马路”一说，第二年才改为蒸汽机车牵引。火车刚一启动，顽固派就又跳了出来，指责火车“震动东陵，惊扰祖宗”，一度被迫停驶，后经李鸿章多次协调才恢复。

洋务运动历时30多年，应当承认还是取得了一些成就的。今天人们所熟悉的汉阳兵工厂、江南造船厂、马尾造船厂等都是那一时期兴办的。随着这些民族工业的兴起，也产生了中国第一批无产阶级，这客观上为后来中国共产党的诞生奠定了最初的阶级基础。同时，洋务运动“师夷长技”的主张和实践，客观上也改变了中国封建社会长期以来把“四书五经”奉为教育经典的状况，在教育上引进了现代科学和技术。这些成就的取得，恰在同治皇帝当政时期，而被封建统治者标榜为“同治中兴”。但从本质上讲，洋务运动的根本目的不过是为了继续维护腐朽的封建统治而进行的最后挣扎。所以，虽然兴办了一批企业，建立了海军，却不可能使中国真正富强起来。一场中日甲午战争，把洋务运动打回原形，“同治中兴”也成了清王朝灭亡前最后的回光返照。

上述历史事实表明，无论是地主阶级还是农民阶级都不能成为时局的挽救者。当时的世界已经进入资本主义时代，腐朽落后的封建主义已经失去了继续存在的环境，必将被时代所淘汰。

第二节　众里寻他千百度：中国进步知识分子的艰辛求索

一、路漫漫其修远兮

望门投止思张俭，忍死须臾待杜根。

我自横刀向天笑，去留肝胆两昆仑。

——谭嗣同

鸦片战争后，外国资本主义纷纷来华办企业，在此影响下，中国民族资本主义正式诞生。与之相伴，反映资产阶级利益的改良主义、民主主义也就出现了。相对于封建主义，无论是改良主义还是民主主义都是先进的。它们又能否于危亡之中挽救中华民族呢?

同西方资本主义发展一样，中国民族资本的产生和发展离不开原始资本的积累。鸦片战争以后，根据不平等条约的相关规定，大量外国工业产品进入中国市场，破坏了农民的家庭手工业和城市手工业，加速了中国自给自足自然经济的解体。广大贫苦农民为购买工业品不得不出卖自己的农产品，这样一来，农民和市场的关系日益密切起来。再加上封建统治者和帝国主义侵略者的双重压迫，广大农民和手工业者纷纷破产，成为只能依靠出卖劳动力为生的人，劳动力市场形成。而一部分商人、买办、地主、官僚通过剥削等手段积累了大量财富，在利益的驱使下开始投资近代工业。中国资本主义工业出现的社会经济条件逐渐成熟。

早期的民族资本主义是以投资较少、规模较小、设备简陋、技术落后的轻工业为主。随着民族资本主义的产生和发展，出现了以郑观应、王韬、薛福成、马建忠等为代表的早期改良主义者。他们主张向西方国家学习，希望通过清朝封建统治阶级当权派实行某种改革，从而实现国家独立富强。政治上，他们是中国最早提出“宪法”“议会”的一批人，向往西方的君主立宪制，同时表达了作为新兴资产阶级要求积极参与政治的愿望。作为民族资本主义的代表，他们批评洋务派所办企业的腐朽性质，主张商办企业，并明确提出了“官办不如商办”的口号。然而，这些早期的改良主义者，受中国民族资本主义发展不完全的影响，同样有着不可避免的局限性。他们虽然反对外国侵略，但是却寄希望于外交谈判途径来解决不平等条约带来的危害；他们反对封建专制，却推崇君主立宪，主张所谓的“君民共主”，并且没有触及封建土地制度。文化上，他们虽要求学习西方，但又主张维护传统道德伦理。这些就是他们的历史局限。

甲午战争失败后，中国滑向半殖民地半封建社会的深渊，中华民族岌岌可危。在这种危急的形势之下，资产阶级改良主义思潮发展为改良主义运动，最终形成了戊戌变法。在此当中，康有为、梁启超、谭嗣同、严复等维新志士发挥了骨干作用。1895 年的“公车上书”被认为是维新派登上历史舞台的标志，也被认为是中国群众政治运动的开端。李鸿章与日本签订《马关条约》的消息传到北京，割让辽东半岛、赔款白银二亿两等条款，让万民悲愤。当时京城正准备举行科举考试，应试的举人们群情激愤，台湾籍举人更是痛哭流涕。因为汉朝年间政府用公家的车马来运送应举的人，所以后世便用“公车”代指举人入京应试。4 月 22 日，康有为写下一万多字的《上今上皇帝书》，十八省举人响应，一千二百多举人签名。上书提出“拒和、迁都、练兵、变法”四项主张，并在文章中提出了一系列涉及政治、经济、教育等方面的改革措施。这就是有名的“公车上书”。虽然上书最终被清政府拒绝，但其在社会上产生了深远的影响，文中的一些改革措施成为后来“戊戌变法”的主要主张。此后，康有为、梁启超等资产阶级改良派开始办报纸，建学会。《万国公报》（后改名为《中外纪闻》）成为宣传变法思想的主阵地，强学会不仅会聚了康有为、梁启超等维新派的代表人物，还将支持光绪皇帝的翁同龢联合其中，为后来的“百日维新”奠定了基础。

当时的清朝统治阶级内部存在着“后党”与“帝党”之争。以帝师翁同龢为代表的“帝党”把光绪皇帝作为自己的希望和寄托，试图以皇权来改变社会现状。而以荣禄为代表拥护慈禧太后的“后党”，则对内保守、对外软弱。由于光绪皇帝是一个没有实权的皇帝，帝党成员大多也无实权，甚至还混入了一些“两面派”。这成为后来维新变法失败的一个主要原因。1898 年 1 月 29 日，康有为上书光绪帝提出维新设想，要建立一个君主立宪的资本主义政体。在同顽固派的斗争中，变法呼声日益高涨。在维新派的支持下，1898 年 6 月 11 日，光绪帝颁布了《明定国是》诏书，宣布变法。年轻的光绪帝在维新派的建议下连发数十道改革诏书，涉及政治、经济、教育、文化、军事各个方面。政治上，改革旧机构，裁汰冗员，允许官民上书言事，倡清廉，重法治；经济上，设农工商总局、铁路矿务局，保护和鼓励工商业，编制预算决算，允许设立农会、商会等团体，取消国家对旗人的供养；教育上，废八股，改策论，设立京师大学堂，提倡西学，派人留学；文化上，准许创立报馆、翻译外国书籍，奖励科学著作与发明；军事上，裁汰旧军队，训练新式海陆军，加强国防等。因这一年是农历戊戌年，又称“戊戌变法”。

“戊戌变法”是一次仿效日本“明治维新”的变法运动，是在维护皇权政体基础上的一次社会改良。但就是这样一个改良，由于触动了统治阶级顽固派的利益，再加上改良派自身也缺乏坚实的社会基础，最终在封建顽固势力面前还是失败了。

1898 年 9 月 21 日凌晨，慈禧太后发动政变囚禁光绪帝，宣布重新垂帘听政，并下令逮捕维新派人士。就在此时，各方进步力量也开始设法营救维新变法人士。得到紧急消息的康有为已经离开京城，梁启超也已躲进日本公使馆寻求庇护。日本友人亲自到谭嗣同所住的浏阳会馆劝说谭嗣同去日本，但被谭嗣同婉言谢绝了。梁启超又亲自劝说谭嗣同，让他一同前往日本避难，但谭嗣同仍坚持要留下来以求一死，他神情庄重地对梁启超说：“各国变法，无不从流血而成，今日中国未闻有因变法而流血者，此国之所以不昌也。有之，请自嗣同始！”

9 月 28 日，北京菜市口刑场一片肃杀。维新志士谭嗣同、康广仁、林旭、杨深秀、杨锐、刘光第六人即将在这里被处斩。刽子手们特别准备了被称为“神威大将军”的屠刀，其实是一把刀口锈钝的大刀，目的就是要让志士们受刑时遭受最大的痛苦。面对刽子手举起的屠刀，谭嗣同仰天大笑，大声喊道：“有心杀贼，无力回天。死得其所，快哉快哉！”这一慷慨悲歌的千古绝唱，道出了一个时代仁人志士试图救亡图存的奋斗心声。刽子手用所谓的“神威大将军”连砍三刀也没有把谭嗣同的头颅砍断。刽子手又连续剁了几刀，砍得谭嗣同鲜血淋漓，肩胛上都留下了深深的刀痕，这才使谭嗣同的头颅落地，鲜血汩汩流出，染红了他静卧着的那片土地。

维新变法既是一次爱国救亡运动，也是一场思想启蒙运动。晚清的中国，已经进入了一个最黑暗最腐朽的时期，除了封建统治者的残暴无能，普通民众也亟待唤醒。谭嗣同等遇害时，周围围观者甚众，大都麻木不仁。这就是鲁迅先生最痛心疾首的“哀其不幸，怒其不争”。“戊戌维新”的最终失败，用血的事实告诉世人：资产阶级改良主义道路是行不通的，面对强大的封建主义和帝国主义，只能唤起民众，奋起革命！

二、武昌城头旌旗展

> 驱除鞑虏，恢复中华；创立民国，平均地权。
>
> ——孙中山

每一年的 10 月 1 日，在中华人民共和国成立的庆典上，雄伟的天安门广场总要竖立起伟大的革命先行者孙中山先生的肖像。正是孙中山先生领导的辛亥革命推翻了延续两千多年的封建专制制度，为中国打开了社会进步的闸门。

孙中山出生于一个贫苦农民家庭，早年在其兄长孙眉的资助下去美国檀香山学习，接受了西方资本主义教育，这为其后来的民主主义思想的形成打下基础。孙中山原本学医，但帝国主义的侵略、封建制度的腐朽促使他弃医从政。他也曾想与李鸿章会面，并上书李鸿章，结果都未能如愿。“戊戌维新”失败后，孙中山逐渐抛弃了改良主义思想，转投革命。1894 年 11 月 24 日，他联合 20 多个经营小商店和小农场的华侨，在美国檀香山成立了中国第一个资产阶级革命团体——兴中会，喊出了“振兴中华”的口号，提出了“驱除鞑虏，恢复中华，创立合众政府”的奋斗目标。1895 年他回国发动广州起义，失败后流亡海外。这期间，他接触了各种资产阶级社会政治学说和各种社会主义思潮，产生了民生主义思想，并于 1903 年 8 月提出了“平均地权”“节制资本”的主张。1905 年 8 月 20 日，孙中山联合各革命团体在日本东京成立中国同盟会（即后来“中国国民党”的前身），明确革命纲领为“驱除鞑虏，恢复中华，创立民国，平均地权”，并在《民报》发刊词中将这一纲领概括为“民族”“民权”“民生”三大主义，也就是后来所谓的“三民主义”。

同盟会成立后，以孙中山为代表的革命派同以梁启超为代表的改良派展开了激烈的论战，他们分别以《民报》《新民丛报》为阵地宣传自己的主张。论战主要围绕三个问题展开：要不要以革命手段推翻清王朝；要不要建立共和国；要不要改变封建土地制度。这场论战划清了革命派与改良派的界限，宣传了革命派的主张，传播了革命民主思想，使得一些之前摇摆不定的知识分子转投革命派阵营，对后面革命形势发展具有重大促进作用。与此同时，以章炳麟、邹容、陈天华等人为代表的资产阶级革命思想家、理论家纷纷涌现出来，广泛宣传革命思想。陈天华用通俗易懂的语言在《猛回头》中大声疾呼：“要学那法兰西，改革弊政。”“要学那德意志，报复凶狂。”“要学那美利坚，离英自立。”“要学那意大利，独自称王。”①

资产阶级革命派在宣传革命舆论的同时，积极发动起义，虽屡战屡败，但屡败屡战。惠州三洲田起义、潮州黄冈起义、镇南关起义、安庆

① 董燕南：《陈天华、邹容、方志敏爱国文选》，北京时代华文书局 2016 年版，第 22、23、24、25 页。

起义、广州黄花岗起义等，点燃了武装推翻清王朝的革命烈火。其中黄花岗起义失败后收殓了72具死难者遗骸，合葬于城东北，史称“黄花岗七十二烈士”。黄花岗起义失败后，以文学社和共进会为主的革命党人决定把目标转向长江流域，准备在以武汉为中心的两湖地区发动一次新的武装起义。同时，四川掀起“保路运动”，湖北新军被调入川镇压，造成武昌防守空虚，给武昌革命党人发动起义提供了一个绝好的机会。原本因湖南革命党人准备尚不充足，同盟会重要领导人黄兴、宋教仁未能赶到武汉，起义指挥部决定10月16日发难。然而，10月9日晚，由于革命党人在汉口俄租界配制弹药时不幸爆炸，引起巡捕注意，又被搜出起义旗帜、名册等重要物品，情急之下，革命党决定将起义提前。1911年10月10日，武昌起义的第一枪由新军工程第八营的革命党人熊秉坤等人打响，起义人数达3000多人。随后汉阳、汉口革命党人趁机而动，分别在11日夜、12日光复汉阳和汉口。武汉三镇被掌控后，湖北军政府成立。

武昌起义爆发后，全国纷纷响应。清政府发出了“剿办”武汉革命党人的“上谕”，并复用袁世凯。但武装起义的风暴已势不可当。到1911年底，清政府统治下的18个省发生过武装起义，共13个省宣布独立。1912年1月1日，中华民国南京临时政府举行临时大总统就职仪式，孙中山正式就任，中华民国宣告成立。这场旨在推翻清朝专制，建立共和政体的全国性革命，由于发生于中国农历辛亥年，故史称“辛亥革命”。

辛亥革命无疑是中国近代史上一次伟大的革命。但这场革命又从一开始就有着严重的“先天不足”。一方面是这场革命的领导阶级——中国民族资产阶级自身力量严重不足，又不懂得发动民众，甚至参加起义的主力也并非民族资产阶级，中山先生就任临时大总统也主要是由于其巨大的声望，其实他几乎没有可直接指挥的一兵一卒；另一方面则是存在着大大小小的“袁世凯”们，他们其实都是一些并无真正革命理想的投机者，却又不同程度地拥有兵权，这就使得资产阶级的民主派根本没有与他们讨价还价的本钱。

被清王朝委以重任的袁世凯，此时以娴熟的两面派手法将清王朝与革命派玩弄于股掌之间。他一方面让孤儿寡母的隆裕皇太后与宣统皇帝感到自己是他们不得不依靠的最后一根救命稻草，将其任命为内阁总理大臣。另一方面，袁世凯又以君主立宪为条件“招抚”革命党人，使得以黄兴为代表的革命党人受其蒙骗，对袁世凯以中国拿破仑、华盛顿相期许。最关键的是袁世凯手握重兵，在南北对峙的过程中，其“威望”日渐提升，俨然成为救中国于水深火热之中的“救星”。在此形势下，孙中山发表声明，只要袁世凯赞成清帝退位，即自行辞职，让位于袁世凯。有着“大总统”梦的袁世凯得到此保证，加紧逼宫。在作出继续优待皇室的保证后，1912 年 2 月 12 日，清帝宣布退位。13 日，孙中山辞去临时大总统一职，15 日临时参议院选举袁世凯接任。

辛亥革命是中国近现代史上具有重大历史意义的一场革命。它给封建专制制度以致命的一击，推翻了统治中国 270 多年的清王朝，结束了中国 2000 多年的封建君主专制制度。从一定意义上讲，辛亥革命最成功之处在于，民主共和的观念深入人心。在以后的历史进程中，无论谁想做皇帝，无论谁想复辟帝制，都在人民的反对下迅速垮台。辛亥革命的另一个重大影响就是，随着清王朝专制制度被推翻，在民国初年的一段时期内，确实出现了中国几千年来从未有过的思想开放，为后来的思想进步创造了条件，也为民族资本主义的发展创造了有利条件。民国初年，国内实业集团纷纷成立，开工厂、设银行成为风气。民族资本主义的经济力量在短短的几年内就有了显著的增长，无产阶级队伍也迅速壮大起来。特别值得一提的是临时参议院于 1912 年 3 月颁布的《中华民国临时约法》，是中国历史上第一部具有资产阶级共和国宪法性质的法典，它规定了资产阶级共和国的国家制度、政府组织机构以及资产阶级民主权利。毛泽东主席评价说：“比如民国元年的《中华民国临时约法》，在那个时期是一个比较好的东西；当然，是不完全的、有缺点的，是资产阶级性的，但它带有革命性、民主性。”①

但从根本上讲，辛亥革命远谈不上“革命”的成功。真正意义的社会革命，是以一种新的生产方式代替旧的生产方式，从根本上改变社会

---

①《毛泽东文集》第六卷，人民出版社 1999 年版，第 325—326 页。

性质。譬如，法国大革命不但推翻了路易十六的封建朝廷，更是建立起了以资本主义工商业为基础的基本社会制度。反观辛亥革命，尽管推翻了清王朝，但中国几千年来的地主阶级土地所有制这一封建制度的根基没有丝毫动摇，中国半殖民地半封建社会的社会性质并没有改变，中国仍然被帝国主义和封建军阀所统治；中国人民没有真正获得民主自由的权利，国家也没有真正获得独立。

辛亥革命后，为了表达新的革命政府与清廷的彻底割裂，中华民国政府原定都南京。然而，袁世凯以北京近便为由坚持迁都北京，临时政府也随后迁往北京。以袁世凯接任孙中山为标志，辛亥革命的成果实际被篡夺。一个没有军队、没有实力支撑的民国政府，逐渐被封建势力代表的袁世凯所掌控。此后直至 1927 年北伐之前，中国被反动的北洋军阀所统治，其黑暗较之清廷有过之而无不及。“无量头颅无量血，可怜购得假共和”，资产阶级革命派抛头颅、洒热血换来的资产阶级共和国方案宣布破产，历史事实证明中国的资产阶级没有力量拯救中国！

三、思想解放狂飙起

> 二十年来，这个文化新军的锋芒所向，从思想到形式（文字等），无不起了极大的革命。其声势之浩大，威力之猛烈，简直是所向无敌的。其动员之广大，超过中国任何历史时代。
>
> ——毛泽东

古往今来，每一次重大的社会进步无不是以思想解放为先导的。经历了 2000 多年封建桎梏的旧中国，其近代以来走向衰落的一个重要原因，就是思想陈旧、观念昏庸。所以孙中山先生才说：“世界大势，浩浩荡荡，顺之者昌，逆之者亡。”马克思主义作为诞生在 19 世纪中叶的人类先进思想，为什么在 70 多年后才得以在中国广泛传播，就是因为在晚清黑暗的中国，思想禁锢已经到了无以复加的地步；而恰恰又因新文化运动的推动，极大地解放了中国人的思想，成就了20世纪20年代马克思主义在中国的落地。

发端于上海的新文化运动，以陈独秀1915年创办《青年》杂志（后改名《新青年》）为标志，在中国掀起了一场思想解放的狂飙。以陈独秀、李大钊、刘半农、鲁迅等为代表的中国最早一批民主主义者发动了一次反封建的新文化运动，大张旗鼓地宣传资产阶级民主思想，同封建尊孔复古思想展开了激烈的斗争。新文化运动的口号是“德先生”（Democracy）和“赛先生”（Science），即民主与科学，“要拥护那德先生，便不得不反对孔教，礼法，贞节，旧伦理，旧政治；要拥护那赛先生，便不得不反对旧艺术，旧宗教；要拥护德先生又要拥护赛先生，便不得不反对国粹和旧文学”①。

当然，新文化运动最初的主题，依然是向西方学习。只是这个时期不仅向英国、日本、美国学习，更偏重于学习法国。发生于1789年到1794年的法国大革命，是欧洲资产阶级革命历程中具有标志性的历史事件，是对资本主义政治经济制度、资产阶级思想体系和价值观的最具代表性的体现。这也是新文化运动偏重于学习法国的缘由。陈独秀在《青年》杂志上发表的第二篇文章《法兰西人与近世文明》中提到：“近代文明之特征，最足以变古之道，而使人心社会划然一新者，厥有三事：一曰人权说，一曰生物进化论，一曰社会主义是也。”他所提及的社会主义，指的就是以圣西门、傅立叶为代表的空想社会主义学说。同时他还向往人权说，提倡以人权作为武器，效仿法、美等国的资产阶级革命，他说：“美利坚力战八年而独立；法兰西流血数十载而成共和，此皆吾民之师资。”② 陈独秀向往建立“自由的自治的国民政治”，即资产阶级共和制。李大钊最初也是这种共和制的倡导者。1917年2月，俄国发生资产阶级民主革命，3月李大钊就发表了《俄国大革命之影响》一文，认为这一革命之贡献就在于“确认专制之不可复活，民权之不可复抑，共

---

①《陈独秀文集》第一卷，人民出版社2013年版，第362页。

②《陈独秀文集》第一卷，人民出版社2013年版，第118页。

和之不可复毁，帝政之不可复兴”[①]。

为了倡导新思想，就必须追求科学之精神，把当时大多数深受“命数”“神灵”等愚昧思想影响的中国人解放出来，新文化运动思想家把鬼神之说当作了当时的主要抨击目标。那时的上海，封建文人堂而皇之地成立了“上海灵学会”，并设立刊物《灵学丛志》，专门研究鬼神之说、仙佛之道。甚至连民国“大总统”黎元洪也为《灵学丛志》题词。这股妖风为《新青年》所不能忍，于是展开了一场无神论与有鬼论的斗争。当时有个叫丁保福的人，在《灵学丛志》第一期发表了一篇《我理想中之鬼说》，他说：“人死了变鬼，鬼是有形有质的，人的眼睛虽然看不到，但禽兽是能看见的。”针对这个荒谬的说法，陈大齐在他的《辟灵学》里辛辣地讽刺道：“禽兽能看见鬼，你丁先生是怎么知道的呢？”与此同时，陈独秀、钱玄同、刘半农、易白沙等在《新青年》上发表文章及随感录，指责“灵学会”及其鬼神之说的无理与荒唐。最终科学战胜了玄学，1918 年由“灵学会”刮起的这阵妖风，不敢再在文化的论坛上兴风作浪了。

新文化运动还对吃人的封建礼教展开了批判。千年来，封建礼教不知泯灭了多少人性，残害了多少生灵。过去，在中国的许多地方都能看到一座座牌坊。以安徽徽州为例，其府志记载境内曾经有 1000 多座牌坊，至今仍留存 100 多座。在这些牌坊中，“贞节牌坊”占了约一半，这与程朱理学发源于此有很大关系。也许在古人看来，能留下一座贞节牌坊是至高无上的荣誉，然而每座牌坊是多少女性以禁锢自己、牺牲自己一生幸福为代价才换来的。1914 年的《妇女时报》报道了一则社会新闻：女大学生朱友云毕业后未婚夫生病，媒人说只有朱小姐嫁过去冲喜才有希望治愈。朱友云便主动嫁过去，草草成婚。半个月后，丈夫死去，为了做贞节烈女，朱友云又吞金自杀，殉节而去。这种荒谬残酷的现实遭到了新文化运动最猛烈的抨击。在这方面鲁迅先生是当之无愧的急先锋。他的第一篇白话文小说《狂人日记》，就是一篇对封建礼教的控诉书，随

①《李大钊全集》第二卷，人民出版社 2013 年版，第 30 页。

后发表的《我之节烈观》《我们现在怎样做父亲》，对夫权、父权主义进行了有力的批判。

反对封建八股文，也是新文化运动的一个主要内容。八股文是 14 世纪到 19 世纪中国封建王朝考试制度所规定的一种特殊文体。维新派诗人黄遵宪在他的《人境庐诗草》中有这样一句诗——“六经字所无，不敢入诗篇”，意思是凡是孔夫子没有讲过的话，都不能写进自己的诗文。说的就是当时八股文以及科举考试的情况。1917 年 1 月，胡适在《新青年》第二卷第五期上发表《文学改良刍议》，掀开了“文学革命”的大幕，提倡使用最为大众接受的、通俗的白话文。白话文的大量运用对于民众的启蒙大有裨益。鲁迅的白话文小说除《狂人日记》外，《孔乙己》《药》等既有对封建礼教批判的意义，又有灵活运用白话文的意义。这期间，李大钊也开始用白话文写作，《新青年》第五卷第三期上刊载了他的一首白话文诗，描写他的家乡昌黎五峰山，给人一种清新、朴实、自然的美感：“是自然的美，是美的自然；绝无人迹处，空山响流泉。云在青山外，人在白云内；云飞人自还，尚有青山在。”

相对于辛亥革命，新文化运动更深入地解放了人们的思想，虽然也不可避免地存在诸如“全盘西化”“外国月亮比中国圆”的局限，但它对宣传民主、科学思想，改变社会旧观念有着非常重要的意义。特别是十月革命爆发后，新文化运动逐渐转向马克思主义的学习和传播。同时，在新文化运动中的一批“旗手”，如陈独秀、李大钊等，后来都成为马克思主义的最主要的传播者和中国共产党的创始人。而大批进步青年，如毛泽东、周恩来等也迅速成长起来，他们成为日后马克思主义在中国广泛传播的人才储备。

新文化运动促进了中国的思想进步，也使中国知识分子有了更多了解和学习西方思想的机会。从 1915 年新文化运动到五四运动，这期间中国的思想界空前活跃，大有百家争鸣的气势。志同道合者结成各种各样的社团，如饥似渴地探求和学习各种新思想、新理论。其中，由李大钊等人在北京组织的“少年中国学会”，毛泽东、蔡和森等人在湖南组织的“新民学会”，周恩来等人在天津组织的“觉悟社”等等，如雨后春笋般出现在神州大地上。他们中的大多数人后来都成了中国最早期的马克思主义者。中国思想界正如久壅的水闸，一旦开放，旁流杂出：社会改良主义、社会达尔文主义、无政府主义、实用主义、泛劳动主义、社会民主主义等各种西方主义和思潮也纷至沓来。毛泽东在后来回忆他 22 岁（1915 年）进入湖南长沙第一师范学校学习到 1919 年他亲身参加五四运动这段青春岁月时，曾以一首《沁园春·长沙》生动描绘了那段历史："忆往昔峥嵘岁月稠。恰同学少年，风华正茂，书生意气，挥斥方遒。指点江山，激扬文字，粪土当年万户侯。"激荡历史的大幕已经拉开，中国即将迎来开天辟地的大事变。

第三节　十月革命炮声隆：历史选择了马克思主义

一、西学东渐大潮来

> 今之德国，有最占势力之二大思想，一曰，麦喀士（马克思）之社会主义，二曰，尼志埃（尼采）之个人主义。麦喀士谓，今日社会之弊，在多数之弱者为少数之强者所压伏。
>
> ——梁启超

上述文字中梁启超所说的"麦喀士"，其实就是马克思名字较早时期的翻译。新文化运动促进了西方思想在中国的传播。在各种主义中当然也包括了马克思主义。但在马克思主义最早进入中国时，它也不过是各种西方思潮和派别之一而已。有一个细节值得一说，当时中国的知识界在介绍西方学说时，往往会在这个思想的前头冠以"西人某某"，譬如"西人杜威……""西人罗素……""西人克鲁泡特金……"等等。而在中国媒体上第一次提到马克思，用的也是"西人马克思"。这说明，马克思主义刚刚进入中国的时候，并未得到广泛关注。

在中国史籍中，第一次提到马克思及其学说，是1899年2月出版的《万国公报》。这是美国传教士林乐知于1868年在上海创办的一本刊物。该报刊很早就登载过巴黎公社和第一国际日内瓦大会的消息。随后，又介绍欧美各派社会主义，并把它们通称为"大同学"和"安民新学"。1899年2月，英国传教士李提摩太在《万国公报》第121期上发表了《大同学》第一章《今世景象》一文。该文写道："其以百工领袖著名者，英人马克思也。马克思之言曰：纠股办事之人，其权笼罩五洲，突过于君相之范围一国。吾侪若不早为之所，任其蔓延日广，诚恐遍地球之财币，必将尽入其手。然万一到此时势，当即系富家权尽之时。何也？……"[①]这是马克思的名字第一次出现在中文报刊上。而文中关于"马克思之言曰"后的文字，则是对《共产党宣言》中的"资产者与无产者"一节部分内容的意译（"纠股办事之人"也就是现在翻译的"资产阶级"）。李提摩太在这里对《共产党宣言》的部分介绍，本意是想告知清政府全世界资本主义发展的趋势，闭关锁国是不行的，同时还规劝清廷当权者接受新潮和改良。但他万万没有想到，竟在无意之中曲折地将马克思主义介绍到了中国。此后，在资产阶级改良派主办的《新民丛报》《大公报》上也相继刊登了一些介绍马克思及其学说的译文。1902年10月，梁启超在《新民丛报》第18号上发表了《进化论革命者颉德之学说》一文，对马克思及其学说作了简要的介绍。那时的马克思主义并未被社会广泛重视。

在中国最早开始有意识、有目的地传播马克思主义学说的，是以孙中山为首的早期资产阶级革命派。他们在向西方学习、探索救国救民道路的同时，还十分真挚地同情欧洲的社会主义运动。他们与资产阶级改良派的不同之处在于，是用一种赞赏的态度来介绍马克思主义学说。尽管早期资产阶级革命派由于受到历史的局限，还不能正确地理解马克思主义，但他们对马克思主义学说还是进行了大量的摘译，较系统地进行了介绍。著名资产阶级革命家朱执信、宋教仁等人都曾在《民报》上著

---

①［英］李提摩太：《大同学》，《万国公报》1899年，第12册，第11页。

文介绍马克思主义学说，摘译《共产党宣言》中有关的章节内容。资产阶级革命派虽说在介绍马克思主义学说上，出现了不少曲解和误解，但毕竟给国内的知识分子打开了眼界，提供了思想武器，为十月革命后马克思主义学说能在中国迅速传播奠定了基础。

新文化运动所具有的反封建性质，与马克思主义的革命性不谋而合。特别是五四运动以后，马克思主义为新文化运动提供了新的方向和内容，促使中国思想界沿着彻底的反帝反封建方向发展。

真正把马克思主义系统地、作为一种完整的理论和信仰介绍给中国人的是早期的一批中国共产党的创始人。“十月革命一声炮响，给我们送来了马克思列宁主义。”① 在十月革命的影响下，以陈独秀、李大钊为代表的一批先进知识分子在向海外积极寻求革命理论时，一方面热情地学习马克思主义的著作，运用其学说观察、剖析国家命运，谋求民族独立解放；另一方面又在其自身学习的基础上广泛地开展宣传，将马克思主义在中国的传播推向了一个新的历史阶段。1919 年 4 月，李大钊在陈独秀主编的《每周评论》第十六期上发表了以“成舍我”署名的介绍《共产党宣言》的文章。文章在序言中指出，“这个宣言是 Marx（马克思）和 Engles（恩格斯）最先、最重大的意见”，“其要旨在主张阶级战争，要求各地劳工的联合，是表示新时代的文书”②。文章还着重翻译了《共产党宣言》的十大政纲，较之《民报》的译文水平有了显著提高。虽然该文对《共产党宣言》的介绍仍有许多不准确之处，却突出了《共产党宣言》中有关阶级斗争和无产阶级专政的基本思想，强调了无产阶级夺取政权后的主要任务“要增加生产的能力，愈速愈妙”等。该文的发表在思想界引起了不小的震动，对即将来临的五四运动有一定的促进和影响。随着五四运动的兴起，也将马克思主义在中国的传播大大地向前推进了一步。

1919 年 5 月《新青年》出版了“马克思主义研究专号”。在这期专

---

①《毛泽东选集》第四卷，人民出版社 1991 年版，第 1471 页。

② 李大钊：《共产党的宣言》，《每周评论》第 16 号，1919 年 4 月 6 日。

号上，李大钊发表《我的马克思主义观》一文，在当时各种介绍传播马克思主义的著作文章中，最为系统、全面、深刻、简明地阐述了马克思主义基本原理，并且充分表达了对这一理论的信仰。文中对马克思主义的三个组成部分——唯物史观、政治经济学和科学社会主义进行了系统介绍，标志着社会主义相关介绍在中国进入了一个崭新阶段——马克思主义在中国广泛传播阶段。所以，李大钊也被公认为“中国的第一个马克思主义者”。

1920 年 8 月，马克思主义第一部经典著作《共产党宣言》的第一个中文全译本，由中国早期共产主义者陈望道翻译，上海社会主义研究社公开出版发行。这本薄薄的小册子一经面世，就引起了当时中国进步知识分子的极大关注，首版不到一个月便被抢购一空，成为我国早期流传最广、影响最深刻的马克思主义著作，也成了无数革命先驱走向信仰共产主义的启蒙读本。《共产党宣言》中译本的面世几经曲折。熟练掌握多国语言的陈望道，是中国最早一批对马克思主义产生兴趣直至建立起信仰的进步知识分子，也曾是中国共产党的早期党员。在陈望道以前，还没有一本《共产党宣言》的中文全译本。他根据戴季陶提供的日译本，陈独秀提供的英译本于 1920 年 2 月下旬，回到家乡义乌城，着手翻译。《共产党宣言》是一本很重要的书，也是一本很难译的书。宣言的第一句话“一个幽灵，共产主义的幽灵，在欧洲游荡”，便使他绞尽脑汁。书译成后，陈望道被邀请到上海《星期评论》编辑部工作。他把《共产党宣言》译文连同日文、英文版本转交陈独秀校阅。陈独秀校对后又由李汉俊校对，陈望道作最后修订。但出版时又遇到出版危机。几经曲折后，《共产党宣言》全译本小册子才得以出版发行。从此，《共产党宣言》的星星之火，照亮了 960 万平方公里的辽阔中国。它推进了中国早期共产主义者的成长，促使先进青年逐渐树立马克思主义的信仰，为中国共产党的创建奠定了思想基础。

1921 年，在马克思列宁主义同中国工人运动相结合的进程中，中国共产党应运而生。而中国共产党明确使用《共产党宣言》这一全世界第一个无产阶级政党党纲的名称来宣告它的成立，鲜明地标示了其与马克思主义的直接渊源。从此，中国革命有了正确前进方向，中国人民有了强大精神力量，中国命运有了光明发展前景。

二、马列光辉耀中华

> 十月革命一声炮响，给我们送来了马克思列宁主义。十月革命帮助了全世界的也帮助了中国的先进分子，用无产阶级的宇宙观作为观察国家命运的工具，重新考虑自己的问题。走俄国人的路——这就是结论。
>
> ——毛泽东

十月革命之前，中国的有识之士一直试图从西方资本主义国家中寻找救亡图存的方法和道路，学习英国的君主立宪，学习日本的“明治维新”，学习法国的民主共和。然而，每次尝试都以失败告终。辛亥革命后，中国并没有走上众所期望的共和之路，相反军阀统治的社会更为混乱。1914 年 7 月爆发了第一次世界大战，这场战争的残忍使得先进知识分子们对西方文明产生了怀疑。正如鲁迅所说的那样：“先前，旧社会的腐败，我是觉到了的，我希望着新的社会的起来，但不知道这‘新的’该是什么；而且也不知道‘新的’起来以后，是否一定就好。”十月革命的胜利，给了中国进步知识分子最好的答案。

为什么选择马克思主义？因为俄国与中国相似的现状，使得马克思主义在中国更具可行性。中国之所以学不来西方资本主义国家的道路，一方面由于资本主义发展非常不充分。西方主要资本主义国家都经历了资本主义萌芽、资本原始积累以及产业革命大发展时期，而在中国出现于封建主义内部的资本主义萌芽始终没有发展起来，当世界逐渐进入资本主义时代，中国的封建统治者却盲目自大，闭关锁国，错失了跟随时代发展的最佳时机，以至于世界进入资本主义时代后，中国社会还是以自给自足的封建经济为主。洋务运动的失败、维新变法的失败都说明作为统治者的封建地主阶级压根不允许中国资本主义发展。另一方面，即使出现了资产阶级改良派和革命派，西方列强又如何肯同意被他们殖民为资源输出地和商品输入地的国家和民族实现独立自主。西方列强在镇压太平天国运动、义和团起义中都出过力，袁世凯能窃取辛亥革命的胜利果实，西方列强也起到了一定的“助力”。学习西方注定最终要失败。

十月革命发生前的俄国号称是世界第五的工业国家，却是实力最弱的，与美国、德国、英国和法国相比，无论是工业技术水平、工业规模，还是工业生产产量等方面都存在着很大差距。国民经济中仍然存在着严重的封建农奴制残余，特别是农村地区仍然保留着贵族地主土地所有制和封建剥削形式，严重制约着社会经济的发展。同时，俄国的资本主义经济发展严重依赖国外。据统计，1900 年俄国全部股份资本的 47% 以上是外国资本，电气工业总资本的 90% 由外国控制，金融业也是外国资本控制的重灾区。由于政府财政经常入不敷出，沙皇俄国不得不向外国大举借债，进而使得经济发展背上沉重的包袱。这些使得俄国的资产阶级天生软弱，对沙皇政府有较大的依赖，很难担负起领导俄国走上资本主义道路的重任。中国当时的情况多多少少同俄国有相似的地方。马克思主义既然在俄国行得通，那么在中国也有可能行得通。

为什么选择马克思主义？社会主义俄国表现出对中国的善意，使得马克思主义更具亲和力。十月革命胜利以后，俄国苏维埃政府表现出与西方列强完全不同的对华态度。特别是其于 1919 年、1920 年在列宁的主导下，陆续发表了两次苏维埃俄国政府的对华宣言，表达了对中国的善意。在《第一次对华宣言》中苏维埃政府郑重声明，“宣布废除与日本、中国和以前各协约国所缔结的一切秘密条约”，“把沙皇政府独自从中国人民那里掠夺或与日本人、协约国共同掠夺的一切交还中国人民”，“已放弃了沙皇政府从中国攫取的满洲和其他地区”，并表示放弃沙皇和资产阶级统治时期所获得的在华特权及庚子赔款。《第二次对华宣言》再次声明，“以前俄国政府历次同中国订立的一切条约全部无效，放弃以前夺取中国的一切领土和中国境内的俄国租界，并将沙皇政府和俄国资产阶级从中国夺得的一切，都无偿地永久归还中国”[①]，表现出对中国的平等友好态度。尽管这些宣言由于种种复杂的原因，从未真正实施，但在当时，确实表现出社会主义的苏维埃俄国与其他帝国主义国家的截然不同。

与此同时，西方列强却加紧对中国的侵略。经过四年多的战争，第一次世界大战终于结束。1919 年上半年，战胜国在巴黎举行“和平会议”，中华民国以协约国一方参加会议。然而戏剧性的场面出现了。原本中国支援了协约国大量粮食，还派出 17.5 万名劳工到欧洲支援，牺牲了 2000 多人，为取得胜利做出了巨大贡献和牺牲。作为战胜国，中国代表团要求取消帝国主义在华特权、取消日本强加给中国的“二十一条”，收回战败国德国在山东的权益是天经地义的事情。然而在日本的多方阻挠和压力下，这些提案都被否决了，会议竟规定德国应将在中国山东获得的一切特权转交给日本。消息传到国内，举国愤怒。正是由于社会主义的俄国和西方列强对华的不同态度，使得中国先进知识分子深刻认识到，资本主义不可能于危亡之中挽救中国，只有选择马克思主义所指明的社会主义才能救中国。

为什么选择马克思主义？当然更在于马克思主义理论本身具有的阶级性和先进性，它是无产阶级的理论武器，能够为中国革命指明方向。19 世纪末 20 世纪初，特别是第一次世界大战期间，中国的民族资本主义有了进一步的发展。以纺织和面粉业最为突出，以民族资本的棉纺织工厂为例，在 1915 年共有 15 家，到 1922 年增至 64 家；纺锭在 1915 年共有 544.01 万枚，1922 年增至 1593.034 万枚；布机在 1915 年共有 2254 架，1922 年增至 9817 架。根据 1920—1921 年间的不完全统计，中国共有面粉厂 123 家，其中主要是民族工业。在 123 家中，有百家都是在第一次世界大战开始以后建立起来的。[②]虽然第一次世界大战中，西

① 方连庆等：《现代国际关系史资料选辑（1917—1945）》上册，北京大学出版社 1987 年版，第 62—63、90 页。

② 沙健孙：《中国共产党史稿（1921—1949）》第一卷，中央文献出版社 2006 年版，第 123—124 页。

方列强忙于战争，相对放松了对中国的侵略，但是日本、美国、英国还是趁机对华掠夺，帝国主义在华企业也有明显的增加。这样一来，中国工人阶级队伍也壮大起来，增加到200万左右。中国工人阶级除与世界各国的工人阶级一样具有革命性、纪律性、组织性外，还具有地域集中、深受三座大山压迫、斗争性强等特点。这是马克思主义理论传播的阶级基础。同时，马克思主义的反帝国主义侵略、揭露资本主义弊端的特征，更容易引起痛恨列强侵略的中国先进分子的共鸣。十月革命是由俄国工人、农民、士兵和群众联合发动并由此赢得历史性胜利果实的大事件，给予中国先进分子以极大的启发。正如中国新闻事业先驱、著名报人邵飘萍所言："马克思之学说，所以成为社会主义之中坚者，不仅学理上别开一新生面，在实际上不啻授劳动阶级以一极强大之武器。"①

为什么选择马克思主义？还因为马克思主义与中华优秀传统文化有着某种融通与契合。中国选择走上社会主义道路有着深厚的历史文化渊源。19世纪初叶，著名的法国空想社会主义者圣西门创造了"社会主义（Socialism）"这一名词概念。其中"社会"的本意是指"联合与共享"，而这恰恰与中华传统文化的社会理想相吻合。

1926年元旦，著名历史学家郭沫若先生在《洪水》第一卷第七期上，发表了小说《马克思进文庙》一文。这是研究早期马克思主义在中国传播的一篇很有价值的文献。文中郭沫若先生以丰富的想象力和幽默的笔调，描写了马克思来到中国并走进文庙与孔子对话的场景，暗示了科学社会主义与中国大同理想社会有大义相通之处。小说的故事梗概是：某日孔子和他的三个得意门生正在上海文庙内吃着冷猪头肉，这时四位年轻人抬着一顶轿子闯了进来。只见从轿子里走出一位"脸如螃蟹，胡须满腮的西洋人来"。"有朋自远方来，不亦乐乎"，知礼尊礼的孔子赶忙迎上前去，经互通姓名得知这位就是马克思。马克思操着一口"南蛮鴃舌之音"，还得通过轿夫翻译才能与孔子沟通。经交谈，孔子方知，马克思此次前来是想请教孔子，为什么中国人要学习了解自己这个来自西洋

---

① 转引自《党史文汇》1998年第11期，第1页。

的“主义”？孔子不由问道，先生的“主义”是什么？马克思告知：“我的理想的世界，是我们生存在这里面，万人要能和一人一样自由平等地发展他们的才能，人人都各能尽力做事而不望报酬，人人都各能得生活的保障而无饥寒的忧虑，这就是我所谓‘各尽所能，各取所需’的共产社会。”听到这个，一向庄重的孔子不禁拍手叫绝，说道：“你这个理想社会和我的大同世界竟是不谋而合。你请让我背一段我的旧文章给你听罢。‘大道之行也，天下为公，选贤与能，讲信修睦；故人不独亲其亲，不独子其子，使老有所终，壮有所用，幼有所长，矜寡孤独废疾者皆有所养也。’这不是和你的理想完全是一致的吗？”①听到孔子的解释，马克思不禁感叹在两千年前遥远的东方还有一位如此志同道合的老同志，瞬间对自己的主义在中国的施行有了信心。

郭沫若先生的这篇虚构的小说，其实是说出了马克思主义与中华优秀传统文化的深刻关联。譬如，孔子希冀“大道之行，天下为公”，孟子向往“老吾老以及人之老，幼吾幼以及人之幼”，墨子追求“兼相爱，四海之内皆兄弟”。这些古老的思想传承塑造了中华民族博大的天下情怀，我们才有了“先天下之忧而忧，后天下之乐而乐”的宽广胸怀；才有了“人生自古谁无死，留取丹心照汗青”的慷慨豪迈；才有了“天下兴亡，匹夫有责”的古训；才有了“我以我血荐轩辕”的无数仁人志士。中国走上社会主义道路是十月革命以后一百年来的重大历史事件，但中国人选择走社会主义道路却有着深厚的历史渊源。在党的二十大报告中，习近平总书记特别引用了十句古语：天下为公、民为邦本、为政以德、革故鼎新、任人唯贤、天人合一、自强不息、厚德载物、讲信修睦、亲仁善邻，并深刻指出，这“是中国人民在长期生产生活中积累的宇宙观、天下观、社会观、道德观的重要体现，同科学社会主义主张具有高度契合性”。“中国特色社会主义道路……是在对中华民族5000多年悠久文明的传承中走出来的。”②正是先进的中国人在反复地学习、比较和

① 郭沫若：《马克思进孔庙》，《洪水》第一卷第七期，1926年1月。
②《习近平谈治国理政》，外文出版社2014年版，第39—40页。

鉴别中，最终选择了马克思主义作为救国救民的道路并作为始终不渝的志向。

三、立根原在破岩中

> 自俄国革命以来，“马克思主义”几有风靡世界的势子，德、奥、匈诸国的社会革命相继而起，也都是奉“马克思主义”为正宗。
>
> ——李大钊

十月革命后，从各种各样的思潮中转向对马克思主义的信仰，成为中国先进分子的一大重要趋向。这其中既有新文化运动的引领者、最先扛起社会主义大旗的李大钊，又有具有初步共产主义思想的知识分子李达、李汉俊、杨匏安等。围绕马克思主义展开的三次大争论，使得越来越多的先进分子转投马克思主义。事实证明，这些先进分子信仰马克思主义是正确的选择。

在中国最早接受并开始宣传马克思主义的最著名代表人物，当数被称为“中国第一个马克思主义者”的李大钊。李大钊，字守常，河北乐亭人，伟大的马克思主义者，杰出的无产阶级革命家，中国共产党的主要创始人之一。他生于1889年，1913年东渡日本，就读于东京早稻田大学，并在那里开始接触马克思主义学说。1918年7月和11月，他先后发表《法俄革命之比较观》《庶民的胜利》《Bolshevism（布尔什维克主义）的胜利》等文章，宣传十月革命。1919年5月，李大钊在《新青年》上发表《我的马克思主义观》，系统介绍了马克思主义的唯物史观、政治经济学和科学社会主义，并强调阶级斗争学说是把三大原理联络起来的“一条金线”。此间，他还节译了《哲学的贫困》《共产党宣言》《〈政治经济学批判〉序言》等马克思主义经典著作。李大钊“崇信共产主义”，经常“知有主义不知有家”。他在担任北大图书馆主任、教授期间，每月薪水超过200大洋，但他毅然将收入的2/3用于革命事业，剩下少部分用以资助困难学生和穷苦百姓，然而这些慷慨义举却导致他家里常常面临“断粮”的窘境。为此，校长蔡元培专门嘱咐会计，发薪水时留一部分直接给李大钊夫人赵纫兰，以维持他们一家的基本生活。

今天的人们不知有没有思考过一个问题，李大钊为什么要革命？一般而言，所谓革命也是统治者所说的“造反”，大多是被逼无奈，实在活不下去只能揭竿而起、逼上梁山。但这样的“革命”即便成功，也不过是一次改朝换代罢了。而中国共产党领导的革命，其最深刻之处就在于，它是在马克思主义科学真理指引下，为最广大的人民大众求解放的人民革命。因而，它的最早的一批领导者如李大钊、陈独秀等人，非但不是没吃没喝的赤贫者，反而都属于当时中国社会的上层人士。但他们却成了这场伟大革命的引路人，究其原因就是他们都树立了坚定的马克思主义理论信仰，成了最自觉的革命者。可见，理论上的成熟才是政治上成熟与坚定的前提和条件。

1920 年 4 月初的一天，俄共（布）远东局海参崴分局外国处的代表维经斯基（化名吴廷康）及其夫人库兹涅佐娃、翻译杨明斋等在北京大学图书馆与李大钊会面。维经斯基在来中国之前就听说过李大钊的名字，通过交谈，他发现李大钊对俄国十月革命的了解和研究已经相当深入，而且早在几年前已经接受并开始宣传马克思主义。维经斯基对这位“中国第一位马克思主义者”表达了深深的钦佩。

与此同时，李达、李汉俊、杨匏安作为具有初步共产主义思想的知识分子，承担了在中国南方传播马克思主义的历史重任。曾作为中共一大代表的李达是兄弟五人中唯一获得读书机会的孩子。他曾经受孙中山兴办实业的思想影响两次赴日本留学攻读理科，力图“实业救国”。然而中国军阀统治的现状让他看到“实业救国”“科技兴国”是一个遥不可及的梦想。正当他苦于寻找救国之路时，俄国十月革命让他注意到了马克思主义，最终放弃理科专业，师从日本著名马克思主义学者河上肇。《什么叫社会主义》《社会主义的目的》等文章都是李达在日本留学时所写。同样是中共一大代表的李汉俊也是留日学生，1919 年 8 月他发表《怎么样进化》一文，阐明阶级斗争是打倒资本主义制度，建设社会主义制度的根本工具。1920年初，他又发表《改造要全部改造》《三益主义》等文章，批评改良主义，强调实行马克思主义彻底改造。1919年至1922年，他发表了近百篇传播马克思主义的文章，是影响仅次于李大钊、陈独秀的马克思主义宣传者。同时他还是董必武等人的“第一个马克思主义老师”。1919年2月，李汉俊在上海与董必武、张国恩、詹大悲等相识，给他们讲解马克思主义，探讨辛亥革命以来的斗争经验与教训，得出了中国革命必须走社会主义道路的结论，董必武等人的思想发生了重大改变，开始信仰马克思主义。

杨匏安，华南地区传播马克思主义第一人。日本留学期间受片山潜、河上肇等日本早期马克思主义者的影响，开始接受马克思主义。1919年11月，他在《广东中华新报》上以连载形式发表《马克思主义（Marxism）（一称科学的社会主义）》一文，以马克思的唯物史观和政治经济学观点为基础，论证了社会主义的科学性。这是华南地区最早系统介绍马克思主义的文章。这篇文章与李大钊《我的马克思主义观》同为马克思主义在中国早期传播的著作，与北方的李大钊遥相呼应，被党史界称为“北李南杨”。

马克思主义传播热潮引起了封建顽固势力、军阀政府和资产阶级改良派的担忧和抵制。1919年7月20日，胡适在《每周评论》第31号发表《多研究些问题，少谈些“主义”》一文，劝说人们“多多研究这个问题如何解决，那个问题如何解决，不要高谈这种主义如何新奇，那种主义如何奥妙”，因为“‘主义’的大危险，就是能使人心满意足，自以为寻着包医百病的‘根本解决’，从此用不着费心力去研究这个那个具体问题的解决法子了”。在该文中，胡适还嘲讽说：“空谈好听的‘主义’，是极容易的事，是阿猫阿狗都能做的事，是鹦鹉和留声机都能做的事。”[①]问题与主义的争论由此开始。

胡适本是新文化运动的代表人物之一，尤其在推动白话文运用方面做出过积极贡献。但当新文化运动不可避免地导向社会与政治变革时，

---

① 胡明：《胡适作品新编》，人民文学出版社2009年版，第224、225、226页。

其保守的资产阶级立场就充分暴露出来了，他与昔日新文化运动共同的战友陈独秀、李大钊也注定分道扬镳。李大钊针对胡适的观点，发表了《再论问题与主义》一文。李大钊指出："'问题'与'主义'，有不能十分分离的关系。因为一个社会问题的解决，必须靠着社会上多数人共同的运动。那么我们要想解决一个问题，应该设法使他成了社会上多数人共同的问题……先有一个共同趋向的理想、主义，作他们实验自己生活上满意不满意的尺度（即是一种工具）。"[①] 同时他还反对胡适的改良主义，认为解决中国革命之道必然是革命。

1920年，随着英国著名哲学家、改良派人士罗素来华讲学，中国思想界又展开了一场围绕应该实行社会主义还是资本主义的道路之争。1919年5月，无政府主义者、北京大学学生黄凌霜在《新青年》上发表《马克思学说的批评》，向马克思主义发难，他非难无产阶级专政，反对一切政权形式。1920年9月，陈独秀在《新青年》发表《论政治》一文，打响了马克思主义者批判无政府主义的第一枪，随即掀起了马克思主义与无政府主义之间的论争。

问题与主义之争、改良与革命之争、社会主义道路与资本主义道路之争，这三场论争不仅没有湮灭正在扩大的马克思主义的影响，反而进一步扩大了它的影响，使马克思主义在五四运动后焕发出更加旺盛的生命力。

"千淘万漉虽辛苦，吹尽狂沙始到金"，中国先进分子选择马克思主义、宣传马克思主义的道路是曲折艰辛的，然而历史是试金石，它终将证明选择马克思主义是正确的。

---

①《李大钊全集》第三卷，人民出版社2013年版，第49页。

第四节　绿棹红船舞澎湃：马克思主义引领南湖启航

一、南陈北李，相约建党

北大红楼两巨人，纷传北李与南陈；孤松独秀如椽笔，日月双悬照古今。

——无名氏

随着马克思主义传播的扩大，中国早期的马克思主义者开始考虑建立一个以马克思主义为指导的工人阶级政党的问题。而在中国共产党的建党过程中，当时在上海的陈独秀和在北京的李大钊发挥了最重要的作用。正是李大钊和陈独秀最早具体相商了建立中国共产党的有关事宜，这就是后来历史上传颂的“南陈北李，相约建党”的故事。

1919 年 6 月 11 日，陈独秀在北京新世界游乐场散发揭露北洋政府在对日外交中卑躬屈膝、枉顾国家民族利益的罪行的《北京市民宣言》，遭到北洋政府警察的逮捕。在被关押 3 个多月后，1919 年 9 月 16 日，经过李大钊的努力营救及在全国舆论的压力下，北洋军阀政府被迫同意陈独秀保释出狱。但出狱后的陈独秀仍然处于反动军警的严密监视之下。1920 年初，陈独秀受邀秘密前往武汉进行演讲，因发表宣传社会主义革命的演讲而遭到湖北军阀当局的驱逐。而当陈独秀回到北京时，早已收到消息的京师警察厅准备再次逮捕陈独秀。李大钊获悉此消息后，为陈独秀安全考虑，在征得其同意后，决定亲自护送陈独秀出京前往上海。此时，恰逢北方收账时节，李大钊雇了一辆骡车，装扮为收账先生，让陈独秀坐在车内。为了避免暴露陈独秀的南方口音，沿途住宿等一切交涉皆由李大钊出面办理。也就在这辆雇来去天津的骡车上，陈独秀与李大钊“商讨了在中国建立共产党组织的问题”①。他们相约，由陈独秀在上海，李大钊在北京，率先成立中国共产党的组织。

① 参考《五四运动回忆录》（上），中国社会科学出版社 1979 年版，第 341 页。

陈独秀到达上海后，于1920年5月成立了马克思主义研究会。而在1920年3月31日，由李大钊在北京大学领导成立了马克思学说研究会。1920年8月，中国共产党的最早组织在上海法租界渔阳里二号（今南昌路100弄2号）《新青年》编辑部成立。在成立之前，关于党的名称问题曾经有过激烈争论。有人认为“共产党”这个名字，会给反动派污蔑诋毁共产党制造口实，主张命名为“社会党”。但当陈独秀征求李大钊的意见时，李大钊坚决主张使用马克思和恩格斯命名的光荣名字——“共产党”作为党的名称，以此明确地表达我们党与马克思主义的渊源，使每一个准备加入这个党的成员时刻牢记——共产主义是我们的信仰和追求。陈独秀最终采纳了李大钊的意见，创办于1920年11月7日的党内机关刊物，就是以《共产党》命名的。在李大钊的领导下，北京共产党组织于1920年10月在北京大学图书馆李大钊办公室正式成立，当时取名为“共产党小组”。最初成员为李大钊、张申府、张国焘三人，后来罗章龙、刘仁静、邓中夏、张太雷等纷纷加入，他们基本上是北京大学的进步师生。

在上海、北京共产主义小组的推动下，各地党的组织先后成立。李汉俊致信董必武，提出了建立组织的建议，随后又亲自到武汉与董必武面谈，商议在武汉建立党组织事宜。在李汉俊的介绍下，董必武、张国恩加入了中国共产党。此后，董必武又联系了陈潭秋并得到其坚决支持。据董必武回忆，“在武汉，我和张国恩、陈潭秋组织了共产主义小组”。

1920年夏，长沙也被列入以陈独秀为首的上海共产主义小组发起的建立党小组的计划地之一。由陈独秀、李达联系，请毛泽东负责在长沙建党，并把上海建党建团情况和《中国共产党宣言》、党纲草案、青年团章程、《共产党》月刊及时寄给毛泽东。李启汉、李中也把上海早期党组织及其工作情况向毛泽东通报。当时，毛泽东等在长沙组织的新民学会已初具规模，是一个有一定社会影响的进步团体。后来，毛泽东又与新民学会中一批热衷于共产主义的人在1920年11月建立了长沙共产主义小组。毛泽东本人曾讲过“是客观环境逼得我同周围的人组织共产主义小组，研究马列主义”。

济南共产主义小组的成立同长沙有着类似的经历，大约在 1920 年夏秋之季，王尽美、邓恩铭等曾成立“康米尼斯特学会”（即共产主义学会）专门研究共产主义理论。因为被反动政府及警察厅取缔，学会活动由公开转为地下，在这一过程中会员思想出现分化，王尽美、邓恩铭等几个坚持信仰的青年成立了共产主义小组。广州的共产主义小组也是在陈独秀的推动下成立的，其成立过程充满了与无政府主义的斗争。1921 年 3 月，广州共产主义小组正式成立，陈独秀任书记，不久由谭平山继任，成员很快发展到陈独秀、谭平山、陈公博、谭植棠、阮啸仙、刘尔崧、周其鉴、杨匏安、张普铭等 9 人。陈公博负责宣传工作，谭植棠负责组织工作。

除国内的 6 个共产主义小组以外，旅日、旅法先进分子也纷纷成立共产主义小组。在陈独秀提议下，1920 年 4 月下旬由驻日代表即施存统与周佛海组成了中共初始发起的日本支部即“中共旅日共产主义小组”，而这个“日本支部”以“联系日本同志”和其他为主要工作，实际工作由东京的施存统负责。但日本警方加紧了对施存统的监视。施存统也感觉到了，5 月 8 日他在给上海部力子的信（该信被日本警方开封过）中，谈及“我近来每日受日本警察骚扰，实在可恶”。实际上，当时日本警察不仅对日本国内共产主义者的活动进行严密监视，对中国的共产党人活动也予以“关注”。旅欧共产党小组是在留法勤工俭学的人员中发展起来的，与勤工俭学运动密不可分。从 1919 年春到 1920 年底，先后有 1500 多人踏上留欧勤工俭学之旅。他们到达欧洲后，一边读书，一边做工，在“一战”后学派林立、学说丛生的西方社会中热切地寻找最适合中国的那一条道路。旅法共产党组织最终是由张申府、赵世炎、陈公培、刘清扬、周恩来等建立的。1921 年 4 月，陈公培接到陈独秀的信去见由北京大学前往里昂中法大学执教的张申府，也接上了同国内党组织的关系。于是，旅法共产党小组成立，由张申府负责，成员就是他们五个人。

共产主义小组成立后，开始有组织、有计划地研究和宣传马克思主义，并积极深入工人中组织工作，促进了马克思主义同工人运动的结合，为中国共产党创建作好了思想上和干部上的准备。

二、潮起东方举红旗

> 工人的运动，就是比黄河水还厉害还迅速的一种潮流。将来的社会，要使他变个工人的社会；将来的中国，要使他变个工人的中国；将来的世界，要使他变个工人的世界。
>
> ——李中

1968年，当时还是中央工艺美术学院学生的刘春华创作了油画《毛主席去安源》。这张画的单张彩色印刷数量累计达9亿多张，被认为是“世界上印数最多的一张油画”，创造了中外美术史上的神话。但在这一神话背后却蕴含着中国工人运动中一段真实的历史。

1921年中国共产党成立后，工人运动不再像以前那样个别地、零散地开展，而是有计划、有组织地进行。对工人运动的重视并不是偶然的，中共早期领导人之一的罗章龙曾提到，当时已明确几点：第一，我们是信仰马克思主义的；第二，我们是拥护苏俄十月革命的；第三，我们是要搞工人运动的。而开展工人运动的重点应该放在哪里呢？对此，陈独秀提出，工厂、矿山劳动者，交通劳动者，商店里的伙友，这“是阶级战争的三大军团”[①]。为了加强对工人运动的领导，党中央成立了中国劳动组合书记部，各地相继成立分部。时任中共湘区区委书记、中国劳动组合书记部湖南分部主任的毛泽东，在1921年底到1923年初，四次到位于湖南的安源煤矿，在工人中进行宣传鼓动。油画《毛主席去安源》就是这一时期中国共产党领导工人运动的生动反映。

位于江西西部的安源是一座偏僻小镇，1898年起德国人和日本人在那里办起了大型煤矿，矿工多达12000多名，成为中国工人阶级集中的最早基地之一。从1921年底到1923年初，毛泽东四次到安源。他深入工人群众中，深入了解工人的生活状况。当时，这里工作条件恶劣，每天15个小时的繁重劳动使人累得麻木。为工人阶级争利益，反抗压迫与剥削，成为这一时期中国劳动组合书记部湖南分部的重要使命。正是在

① 陈独秀《〈上海伙友〉发刊词》，《上海伙友》创刊号，1920年10月10日。

这里，毛泽东、刘少奇等人发动和领导了安源工人大罢工。

毛泽东在后来总结自己的革命生涯时曾说过：“我其实就是一个小学教员。”从一定意义上讲，毛泽东的一生的确是“教员”，正是他以马克思主义的真理“唤起工农千百万”。在安源，毛泽东办起了夜校和日校，组织工人学文化，讲解革命的道理。他用简明形象的教学方法在黑板上写上一个“工”字，然后解释道，上边的一条横线是“天”，下边一条是“地”，中间的竖线代表工人阶级自己，工人是顶天立地的世界主人。在每个大雾弥天的清早，毛泽东等人都深入到矿井、到工人身边宣传革命。毛泽东真诚地对着这些黑黝黝的面孔和疲惫无神的眼睛说：“是你们的双手创造了历史。”

1922年秋天，安源煤矿工人大罢工取得了胜利，并促成了湖南全省工团联合会的诞生。毛泽东被选为联合会的总干事，“工人万岁”的口号第一次在安源这偏僻的山头响起。安源成立了工人俱乐部，办起了阅览室、合作社、工人议事会，大约有60%的工人参加了共产党领导的各级工人俱乐部。五一节举行了庞大游行，十月革命的周年纪念日、列宁的生日，甚至远在德国的马克思主义者李卜克内西的生日都有庆祝活动。

但较安源工人运动更早的中国工人运动，则是中国共产党的先驱李大钊等人最先发起的长辛店工人运动。毛泽东在1956年的一次谈话中曾特别指出：“中国工人运动还是从长辛店铁路工厂开始的。”

长辛店位于北京永定河西岸，是具有近千年历史的古镇。近代以来，长辛店、卢沟桥一带成为中国北方铁路工业的发源地之一，长辛店铁路机车厂集聚了数量众多的产业工人，具备开展工人运动的良好基础。20世纪20年代初，一批早期共产主义者李大钊、邓中夏、张国焘等选取长辛店作为重要的活动基地，组织领导工人运动，积极探索革命理论与路径，形成了北京共产党早期组织的雏形。最终，与全国各地的共产党早期组织联合起来，创建了中国共产党。

1920年5月1日，李大钊在北京大学组织了中国历史上第一次成规模的五一纪念大会。同一天，邓中夏受李大钊指派来到长辛店，组织工人举行纪念五一的活动。他在集会上发表演说，在工厂内外散发《五月一日北京劳工宣言》，号召工人捍卫自身的各项权利，并开展与资本家的斗争。集会后，工人上街张贴标语，有人还将标语贴在客车车厢上，沿途观者无不拍掌欢迎，一时叫喊声、唱歌声、拍掌声杂出，几乎把火车汽笛的声音都压住了。可以说，以本次活动为开端，北京的共产主义知识分子已经“打算从理论进入实际行动”，开始从工人中寻找力量。长辛店也由此成为中国共产党建党过程中的关键节点。

1921 年 1 月，长辛店劳动补习学校正式开学，其以增进劳动者和劳动者子弟的完全知识，养成劳动者和劳动者的子弟高尚人格为办学宗旨。学校分设日夜两班，日班是为铁路工人子弟而设；夜班为工人而设，学校授课遵循先讲自然常识，然后进行革命意识动员的次序。教员一般先从教认“做工、劳动、劳工神圣”这些字开始，讲到为什么下雨打雷，讲到工人为什么受苦受穷，为什么受到资本家的压迫与掠夺，为什么要团结起来与军阀、官僚、资本家作斗争。为了强调工人团结，教员不是空讲一般道理，而是进行形象的教育。如邓中夏讲授《工人最伟大》一课时提出，世界上的一切都是劳动人民创造的，火车、飞机、工厂、房屋，都是工人生产出来的，离开工人，谁也活不成。当有工人问他，工人为什么受穷呢？他回答说：“工人穷不是八字不好，也不是命中注定的，而是军阀、厂主剥削工人劳动造成的。他告诉工人，要想不穷，大伙就得抱成团。团结起来，五人团结是只虎，十人团结成条龙，百人团结像泰山，谁也搬不动。”[①] 长辛店工人工作是早期共产主义者将马克思主义基本原理同工人运动相结合的典范，这说明中国的马克思主义者从一开始就注重工人工作。这为中国共产党成立后掀起工人运动的高潮奠定了基础，同时也表明马克思主义对中国革命的引领是正确有效的。

---

① 王建伟、李在全：《寻找革命之基础——中国共产党创建史中的长辛店工人运动》，《北京党史》2018 年 3 期，第 27、28、29 页。

三、开天辟地大事变

> 中国产生了共产党，这是开天辟地的大事变。这一开天辟地的大事变，深刻改变了近代以后中华民族发展的方向和进程，深刻改变了中国人民和中华民族的前途和命运，深刻改变了世界发展的趋势和格局。
>
> ——习近平

大文豪苏东坡在近千年前写过一首描写江南美景的诗篇，其中一句“绿棹红船舞澎湃”，形象地描绘了在烟波浩渺的江南湖面上，一艘红船踏波而行的场景。这一场景却在千年后的浙江嘉兴南湖湖面上成了历史铭记的一幕。

成立中国共产党这个想法早在1920年夏秋就已开始酝酿，并在1921年做了许多准备工作。1921年2月，陈独秀在广州起草了一份中国共产党党章草案。当时由列宁领导的共产国际对于中国共产党的创立也给予了很大的指导和帮助，共产国际代表马林和尼科尔斯基专程来华并带来了相关提议，促成了这一伟大历史事件的实现。

中国共产党第一次全国代表大会召开标志着中国共产党的成立。由于当时特殊的环境，党的一大是秘密召开的。此后，我们党又长期处于地下状态，并经历了数十年血雨腥风的严酷斗争，所以党的一大的会议资料没有得到完整的留存。以致长久以来，党史界对于一大召开的准确时间是存在争议的。后来经过多方考证，主要是通过与会代表的回忆（如《李汉俊日记》）以及相关文献的整理，可以认为“一大”的开幕日期是1921年7月23日。而把7月1日作为中国共产党的诞生纪念日，是毛泽东于1938年5月首先提出来的。“七一”作为党的生日，见于中共中央正式文件则是在1941年6月30日中共中央发出的《关于中国共产党诞生二十周年、抗战四周年纪念指示》中，这是以中共中央的名义作出的关于纪念“七一”的第一个指示。从此，“七一”成了中国共产党的诞生纪念日。

今天，当人们走进位于上海的中共一大纪念馆，会看到一面巨大的铜制浮雕墙，上面镌刻着中共一大的15名出席者。他们分别是：上海代表李达、李汉俊，湖南代表毛泽东、何叔衡，北京代表张国焘、刘仁静，武汉代表董必武、陈潭秋，山东代表王尽美、邓恩铭，广东代表陈公博，旅日代表周佛海，陈独秀私人代表包惠僧 13 人；另有国际代表马林、尼科尔斯基，共计 15 人。我们党是非常尊重历史的，尽管中共一大代表中的一些人在后来的历史征程中背叛革命或因各种原因脱离党组织，但在 1921 年的那个夏天他们确实都是中国共产党的创始人，代表着当时全国 58 名党员。

比较遗憾的是，两位最应该出席中共一大的党的创始人，即“南陈北李”的陈独秀、李大钊却没能到会。陈独秀没有出席的原因一般说法是当时他就任广州革命政府的教育厅长，正忙于大学校舍修建筹款等公务；也有人认为是因为陈独秀在 1920 年就成立了党的组织并在其后建立了北京、湖南等地的地方党组织，他以为一大不过是各地党组织派代表参加的一次统一会议；还有一种说法是陈独秀对中国共产党的创建发挥了关键作用，但一大召开时却是由共产国际派来的两位代表主持，个性倔强的陈独秀对此表达了不满。不管是何种说法，陈独秀没能参加一大毕竟成了历史的遗憾。不过，陈独秀最终还是指派包惠僧作为其私人代表出席了一大。而李大钊没有出席的原因，一般也说是因为他当时身为北京大学教授和图书馆主任，正值北大学年结束，公务繁忙。但其实更深的原因，是“南陈北李”确实是共进退的。当李大钊得知陈独秀不能出席一大时，他也决定不参加了，而由当时还是学生的张国焘、刘仁静作为代表，并委派张国焘同时代表李大钊出席。

回望历史，有不少历史事件都需要时间的沉淀方能显出历史的意义。陈独秀和李大钊没能参加中共一大，其最大的遗憾就是他们当时没能预见到中共一大的意义。但他们确实又都是中国共产党当之无愧的伟大创始人。没有陈独秀、李大钊等人在五四运动以来对马克思主义的宣传推广，没有他们相约建党，率先在上海、北京创立了党的地方组织并在后来领导建立了各地的地方党组织，也就不会有中共一大的召开。可以说中国共产党是“孕育在北京，待产于上海，一朝分娩在南湖（嘉兴）”。

中国共产党第一次代表大会的召开过程可谓是历尽波折。1921 年 7

月 23 日晚 8 时，大会在上海法租界望志路 106 号（今兴业路 76 号）正式开幕。会程的前几天参会代表有条不紊地讨论着有关党的工作和纲领的问题，然而，到了 30 日晚 8 点多钟，一个身穿灰色长衫的中年男子突然闯入刚开始不久的会议现场。这个陌生人掀开门帘朝屋内环视一周，引起了大家的警觉。询问其来意，陌生人含糊其词，一会儿说要找人，一会儿又说找错地方了。具有秘密工作经验的马林看出这个人一定是"包打听"，当机立断终止了会议，组织大家尽快离场。后来才知道这个陌生人就是上海流氓大亨黄金荣的拜把兄弟程子卿，时任法租界政治探长。他的到来绝非偶然，马林这个被荷兰、英国、日本等国都密切关注的"赤色分子"自打踏上中国的土地，他的一举一动就已经被上海租界巡捕监视。马林多次出入李汉俊的公寓，引起了巡捕房的警觉。

代表们离开后，不到十几分钟的时间法租界巡捕房就派出两辆警车来到了李汉俊的公寓。他们一边搜查公寓，一边盘问李汉俊、陈公博。当时室内桌子抽屉里放着一份党纲草案，因为涂改很乱，字迹不清，搜查中并没有引起巡捕的注意。只是查到一些介绍和宣传社会主义的书籍。法国警官问李汉俊在开什么会，为什么会有外国人进出，为什么家里会有关于社会主义的书籍等问题。李汉俊用法语从容不迫一一回答，他说两个外国人是北京大学的外籍教授，利用暑假来上海进行学术交流，社会主义书籍只是学术参考研究之用。因为没有确切的证据，李汉俊的公寓又是他哥哥李书城将军的公馆，法国警察"教育"了李汉俊、陈公博一番便离开了，但同时在四周布下暗探，继续监视周围的情况。

当晚 12 时左右，多数代表集中在老渔阳里二号李达的住处。经过商讨，大家一致认为代表大会不能继续在上海进行，为了安全起见，会议地点必须改变。对于去哪里继续开会，有代表提议去往杭州，但多数代表认为杭州过于繁华，也容易暴露，否定了这个方案。这时，李达的夫人王会悟提议可以将会场转移到她的家乡——浙江嘉兴。王会悟介绍，嘉兴有个南湖，环境清幽且游人不多，距离上海也不远，比杭州更适合。这个意见立即被代表们所接纳。当晚，王会悟专门去了上海北站，了解到嘉兴的客车班次，为第二天转移作准备。第二天，为了躲避法租界巡捕的监视，代表们分两批乘车南行。国际代表马林和尼科尔斯基因为长相过于引人注目，行动不便，未去嘉兴。陈公博夫妇则被警察的搜查吓破了胆，不敢再在上海逗留，也没参加嘉兴南湖的会议，径自离开了，成为中共一大唯一半途而逃的代表 。

31 日上午 10 时左右，两批代表先后到达嘉兴后，通过摆渡小船登上了事先租定的画舫。南湖的画舫是一种比较华丽的游船，船上雕梁画柱，陈设考究。宽平的船头有凉棚，便于遮阳挡雨，观赏风景。中舱设有桌椅，便于游人饮茶用饭。后舱是供游客小憩和船工住宿的地方。为了会议的安全，代表们带着乐器和麻将牌，并在中舱的桌面上备好酒菜，以游山玩水作为掩护。王会悟则坐在船头遥望，充当会议的“哨兵”。当天下起了小雨，游人稀少，代表们乘坐的画舫在湖上缓缓划行，讨论 30 日未完成的议程。就是在这艘船上，代表们选举产生了中国共产党中央领导机构——中央局，选举陈独秀、李达、张国焘三人组成中央局，陈独秀任书记，李达、张国焘分别为宣传、组织主任。大约在下午 6 时，会议闭幕。当晚，代表们乘火车返回上海。具有重大历史意义的中共一大完成了庄严的使命，中国共产党由此宣告正式成立。

时至今日，位于浙江嘉兴南湖湖心岛东南岸，一艘红色画舫默默停驻着，总能将访客的思绪带到百年前的那个盛夏。100 年来，中国共产党从那个嘉兴南湖红船上寻找光明的摆渡人，到驾驭世界第二大经济体的领航者，激励与召唤着亿万人民，掀起汹涌壮阔的狂澜，荡涤风雨如磐的暗夜，汇聚成光耀中华的绚丽日出。诚如习近平总书记在庆祝建党 100 周年大会上的讲话中所深刻总结的：“一百年前，中国共产党成立时只有 50 多名党员，今天已经成为拥有 9500 多万名党员、领导着 14 亿多人口大国、具有重大全球影响力的世界第一大执政党。一百年前，中华民族呈现在世界面前的是一派衰败凋零的景象。今天，中华民族向世界展现的是一派欣欣向荣的气象，正以不可阻挡的步伐迈向伟大复兴。”[①]

---

① 习近平：《在庆祝中国共产党成立 100 周年大会上的讲话》，人民出版社 2021 年版，第 21—22 页。

第五节　确守初心起宏图：为中国人民谋幸福，为中华民族谋复兴

一、审时度势定方位

> 努力研究中国的客观的实际情形，而求得一最合宜的实际的解决中国问题的方案。
>
> ——《先驱》创刊号

中国有一句成语叫“审时度势”，意思就是对形势要有正确的洞察力，能够准确判断当下所处的局势，从而制订出正确的行动规划。中国共产党从成立的第一天起就把“为中国人民谋幸福、为中华民族谋复兴”确定为自己的初心使命，其实就是对中国共产党从哪里来、到哪里去的庄严回答。在中国共产党百年奋斗的历程中，我们不仅要时刻牢记我们从哪里来、到哪里去，还要时刻把握住我们现在在哪里，即正确分析和把握党在特定历史阶段所处的历史方位。中国革命的历史征程已经反复证明，只有正确地审时度势，把握一定阶段的历史方位，党才能制定正确的路线方针政策，指导中国革命建设改革不断前进。

中国共产党成立之初，对于局势的整体判断是有过一段曲折历程的。

中国共产党成立之时，中国正处在北洋军阀的黑暗统治之中。整个国家积贫积弱，对帝国主义奴颜婢膝，完全罔顾国家和民族利益，人民处于水深火热之中。在这一时期，以李大钊、陈独秀为代表的早期中国共产党人，在加紧建党的同时围绕着有关建党的一系列基本问题，如党的性质、指导思想、组织建设等，进行了积极的探索和有益的尝试。1919 年 3 月，俄共（布）第八次代表大会在莫斯科召开。次年 4 月，共产国际、俄共（布）派代表维经斯基来华，介绍共产国际和俄共（布）八大的纲领以及组织原则。1921 年 7 月底，嘉兴南湖的红船上，一个新政党——中国共产党和一部兼具纲领与章程特点的文献——《中国共产党第一个纲领》诞生了。但由于党的一大召开之时正值党处于秘密状态

之际，一大纲领原件没有保存下来。目前我们能看到的最早的最确切的一大纲领有两个版本——俄文版与英文版。俄文版是在 1956 年底苏共中央移交给中共中央的有关原中共驻共产国际代表团的档案中发现的；而英文版的发现则更为戏剧化，是 1960 年在哥伦比亚大学陈公博的硕士论文《共产主义运动在中国》的附录中找到的。经对比，两个版本的内容基本相同，只是个别文字稍有出入，于是《中国共产党第一个纲领》得以重见天日。

习近平总书记在庆祝中国共产党成立 100 周年大会上的讲话中将建党精神概括为“坚持真理、坚守理想，践行初心、担当使命，不怕牺牲、英勇斗争，对党忠诚、不负人民”[①]32 个字，这种精神在一大纲领中体现得淋漓尽致。一大纲领全文 700 余字，共 15 条，字里行间表明了中国共产党人的初心与使命。其主要有三个内容，首先明确我党定名为“中国共产党”，这个命名不是偶然得来的，说明这个党是以马克思主义真理为其指导思想的政党，从此这个伟大的名字就与中华民族的命运紧密联系在一起。其次，确定了党的纲领。这部分共四条，这四条的语言表达如“推翻资本家阶级的政权”“承认无产阶级专政”“消灭资本家私有制”“消灭社会的阶级区分”等既大体上沿袭了马克思、恩格斯《共产党宣言》的语句，同时也能看出仿照 1919 年 2 月《俄共（布）纲领草案》相关内容的痕迹。这表明中国共产党一经成立，就在自己的旗帜上写明奋斗目标，即实现社会主义和共产主义，并且坚持用革命手段来实现这个目标。这个纲领的第三条到第十五条，涉及党的组织原则、党员发展、组织纪律等方面的相关规定，其中要求党员必须是“承认本党纲领和政策，并愿成为忠实党员的人”。这个纲领性的文献既包含了党章的内容，又具备了党章的初步体例，虽名为纲领，实际上起到了党章的作用。作为中国共产党开天辟地的第一个正式纲领，一大党纲还有一个未解之谜。无论是俄文版还是英文版，都缺少第十一条。党史学界对此争论颇多，

① 习近平：《在庆祝中国共产党成立 100 周年大会上的讲话》，人民出版社 2021 年版，第 8 页。

是遗漏了？是删除了？还是搁置了？众说纷纭，有待查证。

中共一大制定的第一个党纲，从党的性质、纲领、奋斗目标等基本方面都充分反映了党的无产阶级先锋队性质，特别是反映了党是以马克思主义理论武装起来的革命政党，这些都是非常值得肯定的。但同时，也应该看到这个纲领还存在着历史的局限性。最为明显的一个失误就是对党当时所处历史方位的判断出现了偏差，没有能够客观地分析中国当时的社会实际和社会主要矛盾，而是简单地照搬了俄国共产党的纲领，把打倒资本剥削与压迫当成了主要的革命目标。这显然超越了中国当时所处的半殖民地半封建社会的发展实际。

但幸运的是，中国共产党毕竟是以马克思主义武装起来的革命政党，马克思主义的唯物辩证法和唯物史观是中国共产党审时度势的思想武器。在具体的革命实践中，党很快意识到一大党纲的某些缺失，在从一大到二大的一年时间里，党的主要任务之一就是制定更为科学、更加适合中国实际的民主革命纲领。1922 年 1 月，远东各国共产党和民族革命团体代表大会召开，其间列宁带病接见了部分中国代表。这次会议系统阐述了列宁关于民族和殖民地革命的基本思想，从理论上武装鼓舞了中国共产党，为新的更适合中国实际的纲领的提出提供了思路。同年 1 月爆发的香港海员罢工最终取得了胜利，孙中山及国民党广州政府在这次罢工中的支持，使得中国共产党人对党的民主革命纲领和统一战线策略又有了新的认识。这年 6 月 15 日，中国共产党发表的《中国共产党对于时局的主张》，是党在成立后第一次对中国革命的历史方位进行的分析和论证。文中指出帝国主义和军阀政治是中国内忧外患的根源，是人民痛苦的根源，主张用革命手段打倒帝国主义和封建军阀，同时联合国民党等革命党派建立民主主义的联合战线。这个政治主张是中国共产党运用马克思列宁主义分析中国社会状况，解决中国革命问题的新起点。它为党的第二次全国代表大会完成制定民主革命纲领的历史任务奠定了基础。

二、神州震荡风雷激

中国共产党是中国无产阶级政党。他的目的是要组织无产阶级，用阶级斗争的手段，建立劳农专政的政治，铲除私有财产制度，渐次达到一个共产主义的社会。

——《中国共产党第二次全国代表大会宣言》

1922年7月16日至23日，中国共产党第二次全国代表大会在上海英租界南成都路辅德里625号（现成都北路7弄30号）李达寓所召开。中共二大开创了中共历史上多个“第一”：第一次提出党的反帝反封建的民主革命纲领；第一次提出党的统一战线思想——民主的联合战线的思想；第一次公开发表《中国共产党宣言》；制定了第一部《中国共产党章程》以及第一次明文提出“中国共产党万岁”的口号等。同时，中共二大也有一些未解之谜。虽然中共二大是在上海南成都路辅德里625号召开，但这并不是二大的唯一会址。吸取中共一大的经验教训，鉴于当时上海的政治环境，会议决定以小型的分组活动为主，全体会议的次数不必过多。小组讨论分别安排在党员家中，即便是召开全体会议，也是必须每次变换会址，以免引起租界巡捕房和反动当局的注意。二大决定少开大会，多开小组会，除了三次大会剩下都是开小组会。小组会的地点更是无从考证了。对于毛泽东是否参加过中共二大，毛泽东自己也说过很多次，“我是一三五不论，二四六分明”，就是说逢单数的会议一大、三大、五大都参加了，逢双数的会议二大、四大、六大都没有参加。毛泽东1936年在延安跟斯诺谈话的时候也说，开二大时，他已经到上海了，但是因为找不到开会的地址，所以就没有参加二大。但这只是他自己的回忆，对于毛泽东是否是中共二大代表的争议有待继续考证。

1922年7月23日，中共二大举行了第三次全体会议，通过了《中国共产党第二次全国代表大会宣言》《中国共产党章程》和关于“世界大势与中国共产党”“国际帝国主义与中国和中国共产党”“民主的联合战线”“加入第三国际”“议会行动”“工会运动与共产党”“少年运动”“妇女运动”“共产党的组织章程”等九个议决案。中共二大文件能够保存至今，也是经历了颇多磨难。这要感谢二大召开时，担任上海市团地委书记的张人亚及其父亲张爵谦。1923年，张人亚在赴莫斯科学习前夕，将一批文件交给其父张爵谦保管。张爵谦经过深思熟虑，编了一个“儿子在外亡故”的故事，在其居住的霞浦镇东面为张人亚和他早逝的妻子修了座合葬的墓穴，把张人亚带回的这包文件用油纸裹好藏进空棺，埋在墓穴里。1932年12月，张人亚在由瑞金前往长汀检查工作时，因劳累过度病逝。他的父亲在新中国成立后将这份保存已久的文件交给了国家，这包文件里就包括中共二大通过的所有正式文件。张人亚秘密保存下来的中共二大文件，可以说是国内的“正宗版本”。

此外，二大会议还选举了党的中央执行委员会。陈独秀、蔡和森、张国焘、邓中夏、高君宇当选为中央委员，向警予当选为候补中央委员，陈独秀担任党中央书记。在这份名单里，有一对圈子内的“红色恋人”——蔡和森与向警予。蔡和森与向警予都是湖南人，因蔡畅（蔡和森的妹妹）的关系，向警予与蔡和森、毛泽东结识成为好友。向、蔡二人在去往法国勤工俭学的途中擦出爱情的火花，因为共同的革命追求，二人于1920年5月在法国蒙达尼结为夫妻。1921年底二人回国，随后便加入了党组织。中共二大上，向警予被任命为妇女部第一任部长。夫妻二人双双成为党工作的领导者，这在当时实属罕见。1928年3月20日，年仅33岁的向警予被敌人残酷杀害。自向警予被捕，蔡和森便联合各方力量积极营救，然而噩耗的传来让蔡和森悲痛不已，撰文悼念：“伟大的警予，英勇的警予，你没有死，你永远没有死。你不是和森个人的爱人，你是中国无产阶级永远的爱人！”仅仅过了三年，蔡和森在香港被捕，1931年8月4日在广州英勇就义，年仅36岁。正是因为有千千万万坚定信仰共产主义的夫妻、兄弟、朋友、师生们的执着追求，才使得马克思主义在中国激发出如此强大的活力。

中国共产党第二次全国代表大会最大的成果是制定了反帝反封建的民主革命的纲领，并对中国革命的基本问题进行了初步的探讨，这些都集中反映在《中国共产党第二次全国代表大会宣言》里。《宣言》在对国际形势，国内政治经济状况，社会各阶级地位、特点和政治态度进行分析的基础上，对中国社会的半殖民地半封建性质作了比以往文献更为准确的论述，“一方面，‘帝国主义的列强既然在中国政治经济上具有支配的实力，因此中国一切重要的政治经济，没有不是受他们操纵的’，这就决定了中国社会的半殖民地性质；另一方面，中国‘现尚停留在半原始的家庭农业和手工业的经济基础上面，工业资本主义化的时期还是很远，所以在政治方面还是处于军阀官僚的封建制度把持之下’，这又决定了中国社会的半封建性质”[①]。这同时也就指出了民主革命的对象，帝国主义和封建主义。与此同时，《宣言》还寻找到民主革命的主力军和同盟军，认为工人“将会变成推倒在中国的世界资本帝国主义的革命领袖军”，“中国三万万的农民，乃是革命运动中的最大要素”，小资产阶级“这个大量群众也势必痛恨那拿痛苦给他们受的世界资本主义，加入到革命的队伍里面来”，中国民族资产阶级为了自身的发展“一定要起来与世界资本帝国主义奋斗”，提出“大量的贫苦农民能和工人握手革命，那时可以保证中国革命的成功”这一工农联合的设想。最终，《宣言》总结指出：“中国共产党是中国无产阶级政党。他的目的是要组织无产阶级，用阶级斗争的手段，建立劳农专政的政治，铲除私有财产制度，渐次达到一个共产主义的社会。”[②]这被视为党的最高纲领。《宣言》还指出：“消除内乱，打倒军阀，建设国内和平”；“推翻国际帝国主义的压迫，达到中华民族完全独立”；“统一中国本部（东三省在内）为真正民主共和国”。这被视为党的最低纲领。

如果说中共一大是日出东方，那么中共二大就是指路明灯，民主革命纲领的制定为中国革命提供了行动指南。这也是中国共产党以马克思主义为指导，结合中国具体实际得出的正确理论，再次证明马克思主义在中国可行，中国共产党将用实际行动证明自己能够实现自己的革命主张。

---

① 沙健孙：《中国共产党史稿（1921—1949）》第一卷，中央文献出版社 2006 年版，第 388 页。

②《建党以来重要文献选编（1921—1949）》第一册，中央文献出版社 2011 年版，第 133 页。

三、无边光景一时新

自从有了中国共产党，中国革命的面目就焕然一新了。

——毛泽东

中国共产党成立后，特别是民主革命纲领制定后，先进的马克思主义者随即投入到如火如荼的工人运动中，在其推动下掀起了第一次工人运动的高潮。此后，中国共产党积极与国民党合作建立革命统一战线，投身轰轰烈烈的国民革命中，掀起了新民主主义革命的第一次高潮。

在中国共产党的影响和推动下，中国工人阶级先后进行了香港海员大罢工、安源路矿工人大罢工、开滦五矿工人大罢工和京汉铁路工人大罢工，掀起第一次工人运动高潮。“一九二二年一月起开始了中国第一次罢工高潮。这个高潮一直到一九二三年二月才告终结。经过继续到一十三个月之久，大小罢工当在一百次以上，参加人数当在三十万人以上。”①

香港海员大罢工的领导者苏兆征，18 岁从珠海到香港的海轮上做苦工，多年的海员职业生涯让他的足迹遍布许多国家，对各国的工人运动耳闻目睹，更是早早接触了马克思主义思潮。那个时候的香港，有 100 多个工会组织，但很多都是由“工贼”或黑社会头目控制。最初，苏兆征的工人运动在宣传时常受到冷遇，但他并没有气馁。1921 年在他与林伟民的努力下，中华海员工业联合总会终于成立了。海员工会成立后便开始举行大罢工。在省港大罢工期间，苏兆征被选为罢工委员会委员长。这个委员长，任劳任怨，克己勤勉，罢工开始的两三个月，从早六点到半夜十二点是无片刻闲暇，而党团必到十二点之后才能开会，往往开到两三点甚至到天亮。苏兆征是每事必躬亲处理，往往人都散了，他还在灯下办公。同时，与政府交涉，与各社会团体接头，参加群众大会以及各种会议……1921 年 3 月 4 日，英国当局制造了“沙田惨案”，这不仅没有吓倒工人群众，还激起了工人群众更大的义愤。在中国共产党的支

①《邓中夏文集》，人民出版社 1983 年版，第 441 页。

持下，在中共党员苏兆征的领导下，香港工人的罢工斗争坚持了56天，给英帝国主义在华经济利益以沉重打击。领导工人拒绝了资本家及港英政府各种胁迫和诱惑，最终迫使港英当局接受了海员们提出的增加工资、释放被捕工人、抚恤死难工人、解除对中华海员工业联合总会的反动命令的条件，香港海员大罢工胜利结束。

1922年2月京汉铁路工人大罢工，是中国共产党领导和推动的第一个罢工高潮的最高峰，也是最后一波猛浪，但由于年轻的中国共产党还缺乏斗争经验，这次罢工在封建军阀的武力镇压下失败了。综观其他几次大罢工，有成功也有失败，这是马克思主义同中国工人运动相结合的尝试。二七惨案使中国共产党认识到帝国主义与封建主义的势力异常强大，而刚刚成立、党员不足500人的党组织势单力薄。正如蔡和森所说："这次失败给了我们很大的教训，教训就是孤军奋斗。此时在政治上是曹（锟）吴（佩孚）及英帝国主义统治之时，故政治的压迫很严重，因此第三次大会无论客观上与主观上都有加入国民党找得政治上的同盟者的条件。"[①] 他所提到的第三次大会就是1923年6月召开的中国共产党第三次全国代表大会，主要内容是解释国共合作的必要性。而此时的孙中山在全国有着崇高的威望，他在经历了护国运动、两次护法运动以及陈炯明叛变后，加上早期对马克思主义思潮的学习和研究以及对列宁领导的苏俄的新认识，与他所主张的"三民主义"有异曲同工之处，对国共合作表示欢迎。而他领导的国民党也在南方有了一块可贵的根据地，还拥有自己的军队，这使中共三大在广州召开有了可能。再加上共产国际的推动，最终促成了国共第一次合作。1924年1月20日至30日，中国国民党第一次全国代表大会在广东召开。大会通过了新的党章，改组了国民党组织，选举了有共产党员参加的新一届中国国民党中央领导机构，重新解释了三民主义，形成了"联俄、联共、扶助农工"等重大政策，实现了第一次国共合作。

国共"携手"之后，全国革命形势出现猛进势头。工人运动恢复，

---

①《蔡和森文集》（下），人民出版社2013年版，第832页。

农民运动、学生运动、妇女运动得到发展，展开轰轰烈烈的北伐战争，给帝国主义和封建军阀以沉重一击。1924 年创办于广州的黄埔军校是一所新型陆军军官学校，是国共第一次合作时期的产物。回首往昔，黄埔军校从创办之日起，就有大批共产党员在此工作或学习，为军校输入新鲜血液，奠定了黄埔军校新型军校的基础。后来许多曾在黄埔军校执教或学习的共产党人，都成为军队中的骨干、战场上的先锋。1925 年秋，时任黄埔军校政治部主任、共产党人周恩来，以及时任中共广东区委书记的陈延年向叶挺传达了在黄埔军校建立三十四团的计划，叶挺毫不迟疑地接受了这一任务。1925 年 11 月，国民革命军第四军第十二师第三十四团在肇庆成立，共 2000 余人。据时任独立团第一营营长、开国上将周士第回忆，该团连以上干部绝大部分是共产党员和共产主义青年团员，班、排长一部分是共产党员和共产主义青年团员。1926 年 1 月，三十四团正式改名称为国民革命军第四军独立团，团长为叶挺。后来，人们因此称之为“叶挺独立团”。该团在北伐战争中勇当先锋，在汀泗桥、贺胜桥、武昌等著名战役中，屡建奇功，为其所在的国民革命军第四军赢得“铁军”的殊荣，团长叶挺被誉为“北伐名将”。在整个北伐战争中，独立团伤亡约 1000 人，其中牺牲 600 多人。1927 年 5 月，国民革命军第四军独立团扩编为 7 个团，叶挺先后任第二十四师师长和第十一军军长。1927 年 8 月，第十一军作为主力参加了南昌起义。

从 1921 年建党到 1927 年的北伐战争，年轻的中国共产党在严峻的革命斗争中经受洗礼，他们以马克思主义作为根本的指导思想，正确制定了党的民主革命纲领，开展了轰轰烈烈的工人运动，进一步在人民群众中宣传和传播马克思主义，迎来了新的革命高潮。正如毛泽东所说：“自从有了中国共产党，中国革命的面目就焕然一新了。”[①] 一个以马克思主义理论武装起来的，以为中国人民谋幸福、为中华民族谋复兴为初心使命组织起来的中国工人阶级的先锋队，也是中华民族和中国人民的先锋队的无产阶级革命政党，由此开辟了中国历史的新纪元。

---

①《毛泽东选集》第四卷，人民出版社 1991 年版，第 1357 页。

第三篇　雄关漫道真如铁——马克思主义中国化的艰难历程

第一节　红旗卷起农奴戟：马克思主义在中国大地燃起点点星火

一、枪杆子里面出政权

> ……以后要非常注意军事。须知政权是由枪杆子中取得的。
>
> ——毛泽东

科学社会主义之所以称为“科学”，就是因为它深刻揭示了社会发展的内在规律。马克思和恩格斯在《共产党宣言》这一最为经典的马克思主义著作中，就深刻揭示了无产阶级革命胜利的必由之路——武装斗争。他们明确主张，无产阶级只有以暴力推翻资产阶级的统治，才能使自己上升为统治阶级。正是依据马克思主义的这一基本原理，列宁在 1917 年 11 月 7 日领导了伟大的俄国十月革命，在当时的俄国首都圣彼得堡发动工人武装起义，一举夺得政权，建立了全世界第一个社会主义国家——苏维埃俄国。

中国共产党成立之初，虽然确立了马克思主义的指导地位，但对马克思主义的正确理解和运用，还是不成熟的。在孙中山提出“联俄、联共、扶助农工”三大政策，实现了第一次国共合作，进行北伐战争的背景下，当时的中共领导人陈独秀却没有认识到共产党必须建立自己独立武装力量的必要性和迫切性，片面强调与国民党的合作特别是在军事上完全听命于国民政府，从而犯了右倾机会主义的错误。果然，孙中山逝世后，蒋介石逐渐暴露了他极端反共的右派立场。正当北伐战争高歌猛进、革命形势一片大好之时，以蒋介石为代表的国民党右派却举起了屠刀。1927 年 4 月 12 日，蒋介石在上海突然发动了反革命政变，疯狂屠杀共产党人和革命群众，一时间乌云滚滚，血雨腥风。从 1927 年“四一二”反革命政变到 1928 年中共六大召开的一年多时间里，有 30 多万中共党员和革命群众被反动派屠杀，中共党员的数量从 1927 年 5 月时的近 5.8 万人，锐减到 1.7 万余人，损失幅度几乎达 70%！一批中国共产党最优秀的领导人如陈延年、陈乔年、赵世炎等惨遭杀害。面对武装的反革命，几乎手无寸铁的中共革命力量付出了极为惨痛的牺牲。这是年轻的中国共产党经历的第一次重大挫折，中国革命进入到最艰苦、最血雨腥风的艰难时期。

而也正是这血的教训促使中国共产党拿起枪来。多年后，毛泽东在与他的老朋友美国记者埃德加·斯诺的一次谈话中就颇为感慨地说：“我年轻时的理想就是做一名小学教员，所以我读的是师范学校。但后来我也拿起了枪来，这是因为帝国主义及其走狗蒋介石杀人，我们只能奋起反抗。”毛泽东的至亲骨肉中有五口人都是被国民党反动派杀害的，他们是毛泽东的妻子杨开慧，亲弟弟毛泽民、毛泽覃，堂妹毛泽建，亲侄子毛楚雄。“为有牺牲多壮志，敢教日月换新天”，中国革命的历史，充分地证明了马克思主义阶级斗争学说和暴力革命理论的真理性。

为了反抗国民党反动派的屠杀政策，表明中国共产党革命到底的决心，1927 年 8 月 1 日，在周恩来、贺龙、叶挺、朱德、刘伯承的领导下，党领导和发动了南昌起义，打响了武装反抗国民党反动派的第一枪。起义成功后，根据中央前委的计划，起义部队南下广州，准备重建广东根据地，而后北伐。但在转战途中因在广东潮汕地区遭到占兵力优势的敌军的围攻而失败。保留下来的武装，一部分转移到海陆丰地区继续战斗，另一部分由朱德、陈毅等率领转移到闽粤赣边打游击。南昌起义是中国共产党直接领导的带有全局意义的一次武装起义。它打响了武装反抗国民党反动派的第一枪，宣告了中国共产党把中国革命进行到底的坚定立场，标志着中国共产党独立地创造革命军队和领导革命战争的开始。而

“8 月 1 日”也成了中国人民解放军的标志和建军纪念日。

“八一”在中国共产党历史上是建军的标志，但真正从党史意义上确立中国共产党武装斗争方向的，则是在 1927 年 8 月 7 日于湖北武汉召开的中央政治局扩大会议，即历史上有名的“八七会议”。正是在这次会议上，毛泽东同志首次明确提出了“枪杆子里面出政权”的著名论断。毛泽东针对当时中央所犯的右倾错误特别是军事上的问题尖锐地指出：“从前我们骂中山专做军事运动，我们则恰恰相反，不做军事运动专做民众运动，蒋、唐都是拿枪杆子起的，我们独不管。现在虽已注意，但仍无坚决的概念……新政治局的常委要更加坚强起来注意此问题……以后要非常注意军事。须知政权是由枪杆子中取得的。”① 危机之际，八七会议采纳了毛泽东的主张，确定了发动武装起义和开展土地革命的总方针。八七会议后，中国共产党领导的武装起义在神州大地上如火如荼地开展起来。毛泽东发动了秋收起义，彭德怀发动了平江起义，邓小平、韦拔群等人发动了百色起义，张太雷等人发动了广州起义……中国共产党人在全国各地发动了大大小小 100 多次武装起义。武装斗争的星星之火到处点燃。

“军叫工农革命，旗号镰刀斧头。匡庐一带不停留，要向潇湘直进。地主重重压迫，农民个个同仇。秋收时节暮云愁，霹雳一声暴动。”这是 1927 年 9 月 9 日，由毛泽东直接领导的秋收起义爆发后，毛泽东写下的词作《西江月·秋收起义》，极为形象生动地描述了秋收起义的场景，更明确了这是党领导下得到工农大众积极响应的人民革命。

但此时，对于年轻的中国共产党来说，还没有真正懂得把马克思主义的基本原理与中国革命的具体实际相结合，党在这一时期犯了教条主义和把俄国革命经验神圣化的错误。按照马克思和恩格斯的主张，工人革命必须要在工人阶级力量比较集中的地方进行，这对于当时的欧洲来说，当然是指大城市了。列宁成功实践了马克思主义的这一原则，在当时的俄国首都圣彼得堡发动工人武装起义，一举夺得政权。我们党在这

① 《毛泽东文集》第一卷，人民出版社 1993 年版，第 47 页。

一时期，把马恩的论述和列宁的成功经验概括为“城市中心革命论”，试图在中国复制俄国革命的成功。这当然是完全脱离中国革命实际的。因此，在这一原则指导下发起的各地武装起义最终在军事上都是基本失败的。按照当时中央的指令，秋收起义的目标是要拿下湖南省会长沙。但由于反动武装势力强大，双方实力悬殊，五千人的起义部队才打到浏阳城下，已经只剩千余人了，起义在军事上实际已经失败。毛泽东敏锐地察觉到，以目前起义军的实力攻打敌军重兵防守的大城市无异于以卵击石，应该放弃攻打长沙，将部队带到敌人力量薄弱的农村去。

继南昌起义、秋收起义后，受城市中心革命论的影响，中国共产党人还发动了广州起义。1927 年 12 月 11 日凌晨，在张太雷、叶挺、黄平、周文雍、恽代英、杨殷、叶剑英、聂荣臻等领导下，国民革命军第四军教导团和部分警卫团以及广州赤卫队 7 个联队、市郊部分农民武装等约 5000 人举行了武装起义。当时一部分在广州的苏联、越南、朝鲜的革命者也参加了这次起义。起义经过两个多小时的激烈战斗，占领了广州绝大部分地区。起义当天宣布成立了广州苏维埃政府。[①] 暂时占领广州后，叶挺察觉在反革命力量明显强于革命力量的形势下，长时间坚守广州可能性不大，随即提出起义军应趁粤军主力尚未回到广州之时及时撤出。这时共产国际代表伊曼强烈反对此提议，他认为马克思主义武装起义的原则就是“进攻、进攻、再进攻”，而不是“逃跑”。叶挺的建议没有被采纳，继续进攻导致张太雷等许多指挥员先后牺牲，起义失败。为了保存革命力量，撤出广州的部分起义武装，整编成工农革命军第四师，一部分转移到广西左右江地区，后来参加了邓小平、韦拔群等领导的百色起义；一部分参加了朱德、陈毅领导的部队，上了井冈山。

从 1927 年南昌起义到 1929 年底，中国共产党在全国发动了大大小小 100 多次起义，斗争的星星之火燃遍 10 多个省份，形成了全党探索革命道路的新局面。这些起义大部分都没能取得军事上的成功。但正如

① 沙健孙:《中国共产党史稿(1921—1949)》第三卷，中央文献出版社 2006 年版，第 47 页。

聂荣臻元帅当年在一首诗中所写到的：“将成即毁原尝试，虽败犹荣应赞扬。”在强大的反革命势力面前，完全照搬照抄马列的论述和苏维埃俄国的经验去发动城市武装起义和攻打中心城市是根本行不通的，应该根据中国的革命实际走出一条新路。

二、实事求是闯新路

> 要发动群众，恢复工作，山区的人上山，滨湖的人上船，拿起枪杆子进行斗争，武装保卫革命。
>
> ——毛泽东

关于“上山”的思想早在大革命失败前就有人提了出来。八七会议后，曾担任中共中央临时总负责的瞿秋白就曾经指出，汪精卫与蒋介石暗中勾结，已逐渐转向公开了，我们极可能要被迫上梁山，要求下面的同志做“上山”的准备。[①] 同年6月，毛泽东在给从湖南召集到武汉的共产党员和积极分子开会时“要大家回到原来的工作岗位，长沙站不住，城市站不住，就到农村去，下乡组织农民。要发动群众，恢复工作，山区的人上山，滨湖的人上船，拿起枪杆子进行斗争，武装保卫革命”。[②] 据李维汉回忆，在八七会议上毛泽东曾提出一个湖南暴动计划，“他（指毛泽东）认为即使武装起义失败也不应去广东而应该上山。毛泽东同志自1927年马日事变以后，就明确指出农民武装在处境十分不利的情况下，即应上山”[③]。

秋收起义爆发后，国民党反动当局立即“通令各军，如获毛逆者，赏洋5000元”。面对反革命武装的围追堵截，为了保存革命实力，毛泽东决定“上山”当“山大王”。这是毛泽东长期注重农村问题、农民运动的必然结果。对于这个想法，有人提出了反对。当时担任工农革命军第

① 参见羊牧之：《我所知道的瞿秋白》，《革命回忆录》（Ⅰ），人民出版社1980年版。
② 《毛泽东年谱（1893—1949）（修订本）》上卷，中央文献出版社2013年版，第201页。
③ 李维汉：《回忆与研究》（上），中共党史资料出版社1986年版，第172页。

一师师长的余洒度就是其中之一。余洒度根本没有理会毛泽东的主张，他擅自下令进攻平江，结果损失严重。1927 年 9 月 14 日晚，毛泽东在浏阳文家市提出应到敌人统治力量薄弱的农村去当“山大王”，然而余洒度又因主张进攻长沙同毛泽东发生了激烈争执。余洒度反对毛泽东让部队转移宁冈的主张，认为“前番说去湘南，一本正经决议下来，这会儿又说要去宁冈，简直是朝秦暮楚，让人无所适从”！毛泽东则平静地解释：“这并不是朝秦暮楚，而是适应形势的变化。中央有明确规定，前委到了哪个省，就要受哪个省委的节制。现在江西省委发来指示信，要求我们到宁冈去，那儿又叫井冈山，是个囤积粮草兵马的好去处。”随后他又耐心地说道：“俗话说，打铁没样，边打边像。军事上的进退，不是一成不变的。《水浒传》里有个水泊梁山，朝廷的千军万马拿他们没得办法。我们到了井冈山这样的地方，反动派也奈何不了我们，我们就是到那儿去当红色‘山大王’！”

在毛泽东的说服和带领下，秋收起义部队辗转到井冈山，建立了中国革命史上第一个农村革命根据地。为什么要选择井冈山？毛泽东在《井冈山的斗争》中说：“整个的罗霄山脉我们都走遍了，各部分比较起来，以宁冈为中心的罗霄山脉的中段，最利于我们的军事割据。”[①]1927 年 11 月上旬，毛泽东在召开宁冈、永新、莲花三县地方党组织负责人会议时对这个问题回答得很清楚，他指出：整个地区群众基础好，一是由于大革命时期各县曾建立过党的组织和农民协会，一方面有袁文才、王佐领导的地方农民武装长期在这里斗争，他们对我们是持欢迎态度的；井冈山地势险要，易守难攻，又处于两省交界处，离国民党统治的中心城市比较远，同时两省的军阀之间又有矛盾，敌人的统治力量比较薄弱；周围各县自给自足的农业经济，为部队筹款筹粮提供了便利。1928 年 4 月 28 日，毛泽东率领的秋收起义部队，和朱德、陈毅领导的湘南起义和南昌起义部分部队在井冈山胜利会师，经中共湘南特委决定，两军合编为工农革命军第四军，这对巩固扩大井冈山革命根据地，推动全国革命

---

①《毛泽东选集》第一卷，人民出版社 1991 年版，第 79 页。

事业的发展具有深远意义。

井冈山根据地的革命斗争历时仅两年零四个月，但毛泽东对井冈山却一直情有独钟。在毛泽东的一生中有三首以井冈山为题的诗词——《西江月·井冈山》《水调歌头·重上井冈山》和《念奴娇·井冈山》。这在毛泽东的诗词作品中是最具独特性的。井冈山是毛泽东军事思想的发源地，他的游击战“十六字诀”就是在井冈山斗争实践中得出的。井冈山自古就是土匪出没、绿林栖身之地，1921 年 12 月，驻守湖南的粤军连长朱孔阳因不满上司克扣军饷就曾率领部队进入井冈山做起“山大王”，成为井冈山一支有名的绿林武装。为对付官兵的围剿，朱孔阳利用地形环境等有利条件，与官兵周旋，他的名言“不需能打仗，只要会打圈”，就是用这个“打圈”的方法使得官兵疲于奔命。这给了毛泽东很大的启示，他告诉大家：“从前，井冈山有个‘山大王’，叫朱聋子（朱孔阳绰号），和官兵打了多年交道，总结的‘打圈圈’是个好经验。当然，土匪‘打圈圈’是消极的。我们工农革命军既要会打圈，又要会打仗。打圈是为了避实击虚，歼灭敌人，使根据地不断巩固扩大。”“总之，打得赢就打，打不赢就走，赚钱就来，蚀本不干，这就是我们的战术原则。”①后来发展成“敌进我退，敌驻我扰，敌疲我打，敌退我追”的游击战原则。

在创立井冈山革命根据地的过程中，毛泽东运用马克思主义基本原理，先后写下《中国的红色政权为什么能够存在？》《井冈山的斗争》等重要著作，对开展武装斗争、土地革命和政权建设的经验进行了初步总结，在此基础上提出了“工农武装割据”思想。如果说创立井冈山革命根据地是“上山”思想的实践，那么在农村建立红色政权就是“下乡”思想的实践。井冈山的斗争实践，是以毛泽东为代表的中国共产党人坚持把马克思主义同中国革命实际相结合的典范，为开创农村包围城市、武装夺取政权的革命道路奠定了理论基础。

① 王柳芳、孙伟：《井冈山时期毛泽东如何用活语言艺术》，《学习时报》2020 年 6 月 26 日。

三、星星之火可燎原

> 中国是全国都布满了干柴，很快就会燃成烈火；“星火燎原”的话，正是时局发展的适当的描写。
>
> ——毛泽东

湘赣两省之交，千里罗霄之腹，五百里井冈山，峰峦叠翠，气象万千。但真正让井冈山名扬天下的，却并非它的美景，而是它在中国革命历史上的独特地位，是那段历史所熔铸的伟大的井冈山精神。

2016 年 2 月初，习近平总书记专程来到井冈山革命老区，他说：“井冈山是中国革命的摇篮。井冈山时期留给我们最为宝贵的财富，就是跨越时空的井冈山精神。”他充满深情地讲：“每次来缅怀革命先烈，思想都受到洗礼，心灵都产生触动。回想过去那段峥嵘岁月，我们要向革命先烈表示崇高的敬意，我们永远怀念他们、牢记他们，传承好他们的红色基因。”

大革命失败后，中国革命陷入低潮。党的工作重点由城市转入农村，关于中国革命道路究竟该怎么走，党内不少同志给出过有价值的意见。1929 年 9 月，周恩来就曾指出：“先有农村红军，后有城市政权，这是中国革命的特征。”①1930 年 5 月，中共中央机关刊物《红旗》发表署名周子敬的信，明确提出：“若是革命势力占据了广大农村之后，可以联合起来包围城市，封锁城市，用广大的农村革命势力向城市进攻，必然可以得着胜利。”而毛泽东作为中国革命道路探索的代表者，创建了中国革命第一个农村革命根据地——井冈山，是在实践中论证走农村包围城市道路可能性和必要性的第一人。

井冈山革命根据地，是在大革命失败，中国革命处在血雨腥风的最艰难时刻创立的，它彰显了共产党人对革命理想的不懈追求和坚定信念。正如毛泽东所说：敌人的疯狂杀戮，并没有使“中国共产党和中国人民被吓倒，被征服，被杀绝。他们从地下爬起来，揩干净身上的血迹，掩

---

①《周恩来年谱（1898—1949）（修订本）》上卷，中央文献出版社 1998 年版，第 173 页。

埋好同伴的尸首，他们又继续战斗了”。正是在井冈山，毛泽东创造性地点燃了工农武装割据的“星星之火”，以卓越的求是精神，开启了马克思主义中国化的伟大进程。也是在井冈山，中国共产党开始了为中国农民谋利益的土地革命战争，依靠人民共同奋斗。在井冈山两年零四个月的斗争中，牺牲了48000多名革命先烈，平均每天就有50多人倒在这片红土地上。正是由于他们英勇顽强的浴血奋斗、一往无前的英雄气概，塑造了“坚定执着追理想、实事求是闯新路、艰苦奋斗攻难关、依靠群众求胜利”的井冈山精神，才迎来了“黄洋界上炮声隆，报道敌军宵遁”的战斗胜利。毫不夸张地说，井冈山精神是具有原创意义的中国革命精神。没有井冈山精神，就没有中国革命道路的开辟，就没有新中国。

今天的人们很难想象井冈山当年的极度艰辛。井冈山地理位置偏僻，物产匮乏，“人口不满两千，产谷不满万担”，再加上反动政府对井冈山的封锁，红军吃饭吃盐都成了大问题。去过井冈山的人，都一定知道有一个“红军挑粮小道”，当年已年逾四旬的朱德军长，与普通战士一道沿着这条崎曲的小路挑粮上山。而这种官兵一致同甘苦的景象，却是第一次向世人展现了一支新型人民军队的诞生。“红米饭那个南瓜汤，挖野菜那个也当粮，毛委员和我们在一起，餐餐味道香。”这首脍炙人口的红军歌曲，就是当年井冈山斗争时期红军生存状况的真实写照。但这种极度困难的环境，也确实使得根据地的一些同志产生了对革命前途的疑惑。1930年新年前夕，当时年仅23岁的红四军第一纵队队长（亦即司令员）林彪写信给毛泽东，提出了“红旗到底能打多久”的疑问。

客观地说，在当时那种革命力量极其弱小、敌人极度强大的战略态势下，林彪提出这样的问题还是情有可原的，甚至也是有一定代表性的。但也只有在这样的绝对逆境中，伟大的历史人物也才能真正显现出英雄本色和洞穿历史的非凡战略眼光。作为红四军前委书记的毛泽东回信林彪，对这一疑问进行了细致的、有理有据的分析和回答。毛泽东的这封回信便是后来收入了《毛泽东选集》第一卷中著名的《星星之火，可以燎原》。

这是一篇极为经典的重要文献，深刻体现了毛泽东是如何把马克思主义普遍真理与中国革命实际相结合的。正是在这篇文献中，毛泽东从当时中国半殖民地半封建社会性质出发，明确提出“红军、游击队和红色区域的建立和发展，是半殖民地中国在无产阶级领导之下的农民斗争的最高形式，和半殖民地农民斗争发展的必然结果；并且无疑义地是促进全国革命高潮的最重要因素”①。毛泽东还明确指出要建立地方政权，深入土地革命，扩大武装组织等，初步形成了工农武装割据、武装夺取政权的理论。

创立了“农村包围城市”革命道路思想后，如何走好这条路呢？特别是这条道路主要是以武装斗争的形式进行的，如何建立一支能够担负革命使命的人民军队就成为亟待解决的重大问题。在中国工农红军初创时期，大量农民和其他一些具有社会复杂成分的人员被吸收到党的组织和军队内，各种非无产阶级思想盛行。军队中的宗族观念、封建残余、军阀作风大量存在。我们从现存的一些红军初期的历史老照片中，可以看到当时的红军队伍服装杂陈、武器落后，颇有一点“乌合之众”的味道。而作为主要军事对手的国民党已经执掌全国政权，建立了“国家军队”，双方的力量对比极为悬殊。但历史最终却交出了一张几乎不可能完成的奇异答卷：22 年后的 1949 年，“百万雄师过大江”，威武雄壮的中国人民解放军“横扫千军如卷席”，彻底埋葬蒋家王朝。而这一历史奇迹的答案究竟是什么呢？

“雄伟的井冈山，八一军旗红，开天辟地第一回，人民有了子弟兵。从无到有全靠谁，伟大的共产党、伟大的毛泽东！”

这首雄壮的军歌唱出了历史的答案，人民军队成长成功的根本缘由，就是毛泽东同志奠定的“党指挥枪”的建军原则。有人说毛泽东的马克思主义是“山沟里的马克思主义”，这种马克思主义是否可行？事实总能说明一切。井冈山革命根据地建立后，红军中党的建设面临着严峻的局面。有些带有旧军队意识和习惯势力的干部对党领导军队的原则不满，认为“前委包办代替了军委工作”“党代表的权力太大”，要求“军事领

---

①《毛泽东选集》第一卷，人民出版社 1991 年版，第 98 页。

导政治”，喊出“司令部对外”的口号。有的同志认为党代表是“家长制”，不是民主，应该事无大小都交下级讨论，然后上级再做决定，主张所谓“自下而上的民主”。有人则仍存留军阀主义思想，认为“不打不骂带不出好军队”“城隍庙的鼓三天不打就上灰尘”，主张取消“士兵委员会”。还有一些人带有流寇思想，热衷于“走州过府”“招兵买马”“大碗喝酒，大块吃肉”，不愿意做群众工作。甚至在是否建立军委的问题上，攻击毛泽东是“家长制”“书记专政”“自创原则”“不服中央”等，认为权力太集中于前委，对朱德也多有指责。

按照马克思、恩格斯、列宁的论述，无产阶级政党应该是以工人阶级为主体的。之前的太平天国农民运动失败的原因之一就是受农民阶级局限性影响，封建家族观念、地方主义、军阀主义、流寇等落后思想随着农民加入党组织确实给党的发展建设带来不良影响。甚至连共产国际的领导同志都担心长此以往中国共产党是否会离工人阶级太远，逐渐丧失无产阶级化。如何保持无产阶级先锋队的性质？毛泽东在 1929 年前后给出了答案。他在井冈山的时候就注意到：“无产阶级思想领导的问题，是一个非常重要的问题。边界各县的党，几乎完全是农民成分的党，若不给以无产阶级的思想领导，其趋向是会要错误的。”[①] 周恩来以中共中央名义写给红四军前委的指示信明确提出：“但只有加强无产阶级意识的领导，才可以使之减少农民意识。”[②]1929 年 12 月下旬，古田会议召开，毛泽东作了政治报告。他首先对党内存在的各种非无产阶级思想进行了批评，指出造成这个问题的原因一方面是农民和小资产阶级成为党组织的主要构成成分，另一方面党的领导机关对于这些不正确思想缺乏坚决的斗争，缺乏对党员作出正确教育。同时提出加强党的思想建设的任务，要求党员注意调查，反对主观主义等。

邓小平曾说：“把列宁的建党学说发展得最完备的是毛泽东同志。在井冈山时期，即红军创建时期，毛泽东同志的建党思想就很明确。大家

---

①《毛泽东选集》第一卷，人民出版社 1991 年版，第 77 页。

②《建党以来重要文献选编（1921—1949）》第六册，中央文献出版社 2011 年版，第 517 页。

看看红军第四军第九次党代表大会的决议就可以了解。”[①] 毛泽东在井冈山对马克思主义的运用与发展，充分证明了这个“山沟里的马克思主义”行。

第二节　万里征途路漫漫：马克思主义中国化的艰难探索

一、历经坎坷寻大道

> 一切国家的一切共产党人要普遍而彻底地认识到必须使自己的策略具有最大的灵活性。
>
> ——列宁

从 1927 年大革命失败到 1937 年抗日战争全面爆发前，中国共产党在推动革命复兴、争取革命胜利的道路上经历了一个极其艰苦、曲折的复杂斗争过程。1927 年底到 1928 年初，1930 年 6 月至 9 月，1931 年至 1934 年，“左”倾冒险主义三次在党中央领导机关占据统治地位，给中国革命事业造成严重危害，其中尤其以 1931 年至 1934 年的王明“左”倾教条主义危害最大。

在中国革命生死存亡之际，以毛泽东为代表的中国共产党人力挽狂澜，将中国革命带回正确的轨道上。

大革命失败后，党中央着重清算了右倾机会主义的影响，选出了以瞿秋白为首的中共中央，并取得了卓有成效的工作。然而，党在反右的时候没有注意防“左”，致使党内又出现了“左”的错误倾向。这里的“左”，主要表现为在思想指导上出现严重的主观超越客观，在具体实践中把共产国际的指示和苏联革命的经验神圣化，本质上是主观主义和教条主义。南昌起义、秋收起义、广州起义等的失败是以城市中心论指导

---

①《邓小平文选》第二卷，人民出版社 1994 年版，第 44 页。

武装斗争的失败，带有盲动主义的影响。然而，年轻的中国共产党没有及时察觉、反思这种错误思想倾向，反而使此类错误在后来不断发生。

1927年末和1928年初，“左”倾盲动主义错误第一次在中共中央的领导机关占据了统治地位。在共产国际代表罗明纳兹的指挥下，1927年11月9日至10日，中共中央在上海召开由瞿秋白主持的临时政治局扩大会议。会议通过了由罗明纳兹起草的《中国现状与党的任务决议案》以及组织问题、政治纪律问题等决议。此时，革命处于低潮，党的组织和工农群众革命运动遭到敌人的极大摧残。共产党员从大革命时期的近六万人减至一万多人。然而这次会议通过的各个决议案，却仍然错误地认为当时中国革命形势仍在继续高涨，因而必须“不断革命”，反对退却，继续进攻。会议强令上海、南京、天津、北京以及山东、福建、广东、江苏等许多省市的党组织，按照他们的指示执行毫无胜利希望的武装暴动的总策略。例如，当时江苏省委贯彻了中央的指示，强迫群众参加暴动。在他们的领导下，宜兴、无锡两地农民各三千人，相继于11月8日和10日发动了暴动。这些暴动，虽然由于群众的英勇战斗给了当地反动政权一定的打击，但在反动军警镇压下很快失败了，使大革命失败后保留下来的革命力量进一步遭到了国民党的残酷镇压。

同时，在这种“左”倾错误领导下，党内实行惩办主义，错误地处分了领导南昌起义、秋收起义的一批党组织和干部，给党的事业造成了严重危害。在秋收起义军事上失败后，毛泽东及时总结失败的教训，毅然改变进军路线，将队伍转向反革命力量比较薄弱的乡村——井冈山。这在后来中国共产党的历史上，是载入史册的一个伟大创造，即“农村包围城市、武装夺取政权”的新民主主义革命道路的开创。但历史的复杂之处就在于往往要在历史的风烟散去，我们才能真正看清楚历史的真相。而在彼时，却常常被历史的晨雾所遮盖。毛泽东在当时，就被中央扣上“对抗中央、右倾逃跑”的帽子，给予了“开除出中央政治局（实际上是撤销职务）”的处分。但在当时极为险恶的环境下，中央的指示是不可能通过所谓的“红头文件”，穿过国民党反动派的层层关卡来传达的，而只能通过相关人员口头传达。1928年3月，中央安排湘南特委派代表到井冈山传达命令，却误传为将毛泽东“开除党籍”，并且取消了由毛泽东任书记的党的前委，使红军和根据地的工作失去领导中心。他们不顾毛泽东的反对，强令红军远离井冈山革命根据地向湘南冒进，去配合当地暴动。结果敌人乘虚进攻，井冈山根据地被敌人占领了一个多月。毛泽东后来对他的老朋友美国记者埃德加·斯诺讲过这段曲折的经历。毛主席说，1928 年有一段时间他在井冈山非常郁闷，因为他做了大半年的“党外民主人士”。这段往事告诉我们，没有人会随随便便成功，即使是毛泽东也有过他的人生低谷。

1928 年 6 月至 7 月，党在莫斯科召开了第六次全国代表大会。这是中国共产党历史上唯一一次在国外召开的党的全国代表大会。这主要是由于当时国内白色恐怖十分严重，很难找到一个能够保证安全的地方开会，最后选定在已经建立了社会主义政权的苏联召开会议。正是在中共六大召开期间，共产国际鉴于以往派驻中国的代表屡犯错误和中国白色恐怖严重的情况，决定改变派代表到中国指导革命的办法，采取在莫斯科设中共驻共产国际代表团，协助共产国际指导中国革命的新措施。六大通过的党章修正案则进一步规定，中国共产党中央是第三共产国际的“一个支部”，这一方面为共产国际支持和指导中国革命提供了更多便利，但另一方面也成为后来出现的把共产国际决议神圣化，以及在共产国际支持下王明获得党的领导权的直接缘由，并为这一时期共产国际对中共的过多直接干预埋下了伏笔。

六大结束后，由于瞿秋白的“左”倾盲动错误，在实际工作中给党造成许多损失，引起党内许多同志的批评和抵制。1928 年召开的共产国际执行委员会第九次会议通过的关于中国问题的决议，也批评了这次“左”倾错误。至此瞿秋白“左”倾盲动错误在全国范围的实际工作中基本停止。

虽然盲动主义的执行在中央第四十四号通告发出之后“就在全国范围的实际工作中基本上结束了”①，但依然年轻的中国共产党却还没有

---

①《毛泽东选集》第三卷，人民出版社 1991 年版，第 958 页。

从理论上、思想上对“左”倾错误进行认真清算，发生“左”倾错误的思想基础依然存在。1929年开始，资本主义世界爆发了资本主义经济史上最持久、最深刻、最严重，波及范围最广，打击最为沉重的经济危机，西方发达资本主义国家工人运动有了明显发展。与资本主义国家的境遇相反，社会主义国家苏联未受到影响，相反还完成了第一个五年计划，展现出一派欣欣向荣的景象。这使得当时的共产国际推出“第三时期”理论，认为：“第三时期是资本主义总危机增长，帝国主义的内部和外部基本矛盾迅速加剧，从而必然导致帝国主义战争，导致大规模的阶级冲突，导致各主要资本主义国家新的革命高潮发展，导致殖民地伟大的反帝国主义革命的时期。”① 与此同时，中国内部的军阀混战此时也愈演愈烈。国民党内的汪精卫为了夺权，联合阎锡山、冯玉祥、李宗仁、张发奎等发起挑战蒋介石南京国民政府的所谓“中原大战”。这场战争使得反革命势力暂时无暇顾及革命根据地，客观上有利于中国革命。

但是，主要发生在欧美的资本主义经济危机并没有对仍处在半殖民地半封建的中国产生较大影响，国内的军阀混战也没有从全局改变敌强我弱的战略态势。而当时的中共中央高层却对形势作出了整体上的误判。1930年6月到9月，中国共产党内又发生了以李立三为代表的“左”倾冒险主义的错误，这次“左”倾错误主要表现为急于使革命走向复兴而导致的急性病抬头和冒险主义倾向。1930年6月11日，中共中央在上海召开政治局会议。会议通过了由时任中共中央政治局常委、秘书长、宣传部长李立三起草的《目前政治任务的决议》（即《新的革命高潮与一省或几省首先胜利》），对于中国革命形势、性质和任务等问题提出了一系列错误主张。这个决议运用和发展共产国际过分夸大资本主义总危机的“第三时期”理论和其他一些“左”的理论，片面夸大国内统治阶级的危机，过高估计革命力量的发展，否认中国革命和世界革命发展的不平衡性，混淆民主革命和社会主义革命的界限，并且不切实际地提出争取以武汉为中心的附近省区的首先胜利，进而在全国推翻国民党政权，

---

①［美］福斯特：《三个国际的历史》，人民出版社1958年版，第365页。

建立全国革命政权的“左”的“策略总路线”。不久，李立三等人制订了一个全国中心城市武装起义和集中全国红军攻打大城市的冒险计划，命令红军攻打南昌、长沙、武汉、九江、柳州。其间，红三军团占领长沙后，李立三又进一步提出“争取武汉附近省区之首先胜利”，命令各路红军进攻武汉附近的城市，最后形成“会师武汉，饮马长江”的局面。这一冒险口号致使红军受到重创，党在白区的各级组织暴露损失惨重。这就是中共党史上的“立三路线”。

二、欲渡黄河冰塞川

> 犯教条主义错误的同志们披着“马列主义理论”的外衣，仗着六届四中全会所造成的政治声势和组织声势，使第三次“左”倾路线在党内统治四年之久，使它在思想上、政治上、军事上、组织上表现得最为充分和完整，在全党影响最深，因而其危害也最大。
>
> ——《关于若干历史问题的决议》

“立三路线”带来的损失是极为严重的。在惨痛的教训面前，党认识到了这一路线的错误。在中共六届三中全会以后，中央实际停止了立三路线的执行。但遗憾的是，对立三路线的错误根源却没有正确认识，反而在批判立三路线的过程中，形成了危害更大、持续时间更长的王明路线。

在马克思主义的发展史上，马克思主义的创始人总是一再提醒后人，千万不能把马克思主义教条化、神化。1890 年，恩格斯在致保尔・恩斯特的信中明确指出：“如果不把唯物主义方法当做研究历史的指南，而把它当做现成的公式，按照它来剪裁各种历史事实，那它就会转变为自己的对立物。”[①]1895 年，就在恩格斯生命的最后岁月，他在《致威纳尔・桑巴特》信中再一次讲：“马克思的整个世界观不是教义，而是方

① 《马克思恩格斯选集》第四卷，人民出版社 2012 年版，第 595 页。

法。它提供的不是现成的教条，而是进一步研究的出发点和供这种研究使用的方法。”而在种种反马克思主义的思潮中，归结起来也不外乎就是两种手法，一种就是对马克思主义采取完全否定的态度；另一种就是对马克思主义采取教条主义的态度，把马克思主义经典作家在特定历史条件下作出的个别结论，当作一成不变的教条，照搬硬套。无产阶级革命的历史经验反复证明，无论是企图否定马克思主义，还是对马克思主义采取教条主义的态度，都会使革命事业陷入严重的困境，给革命和建设事业带来极大的危害。在中国共产党的历史上，王明就是将马克思主义教条化的典型代表。

王明（1904—1974），原名陈绍禹，安徽金寨县人，1925年夏加入中国共产党。王明在中国共产党的历史上是一个比较特殊的存在，他在名义上并没有担任过党的最高领袖，却是1931到1934年末党内出现的“王明路线统治时期”的实际主要负责者。1925年秋，王明受党的指派赴苏联莫斯科中山大学学习，他给自己起了个俄文名字——“克劳白夫”（鸟的意思）。很快，这只“鸟”就找到了时任俄文班列宁主义课教员、年仅24岁的中山大学副校长米夫作为自己的栖息靠山。每当米夫教授列宁主义课时，王明总是争着第一个发言，赢得了米夫的好感，开始有意培养和重用王明。应当承认，王明在学习期间，比较系统地学习了马克思主义理论，并且表现出较高的马克思主义理论水平。由此在当时一众留学苏联的中国共产党干部中得到了校方乃至共产国际的青睐。但王明的最大问题在于他对马克思主义的学习仅仅局限于书本，并且以这种唯书、唯上的思想观念和背诵式的学习方式，形成了一套把马克思列宁主义教条化的“本事”。1929年3月，王明结束了在中山大学三年半的学习和工作，被共产国际东方部派回国内。回国后，王明先后在上海中共沪西区委、中共沪东区委宣传部工作，后又被调到中共中央宣传部、中共中央机关报《红旗》编辑部、全国总工会等部门工作。此时的王明，也是“立三路线”的积极追随者，他先后在党的刊物《劳动》《红旗》《布尔塞维克》上发表了19篇文章。这些文章主要是为立三“左”倾冒险主义推波助澜。

但颇具讽刺意义的是，本来是“立三路线”积极追随者的王明，却因为善于对马列著作引经据典、对共产国际决议照抄照搬的教条主义特征，与“创造性”地执行共产国际“左”倾政策的李立三在某些理论观点上发生了分歧。1930 年 7 月 9 日，在中央机关工作人员讨论 6 月 11 日中央政治局会议通过的《新的革命高潮与一省或几省的首先胜利》的决议的会议上，王明就决议中的一些问题提出了不同意见，与李立三等人展开了一场学院式的争论。而争论中的意见分歧不过都是在“左”的前提下某些具体看法和做法的不同而已。

1930 年 9 月召开的中共六届三中全会，批判和停止执行“立三路线”。特别是 1930 年 10 月，共产国际发出了《共产国际执委给中共中央关于立三路线问题的信》（史称“共产国际十月来信”），对“立三路线”进行了严厉批评。但需要说明的是，中共中央是在 11 月 16 日才正式收到共产国际十月来信的，而王明等人则在之前已从由莫斯科回国的沈泽民、夏曦、何凯丰、陈昌浩等中山大学学生口中得知了共产国际十月来信的基本精神。王明和博古抢先于 11 月 13 日联名给中共中央写信，提出立三路线“是反马克思主义的反列宁主义的路线”，把自己塑造成具有政治敏锐的反“立三路线”的正确路线代表。在这期间，王明还突击写成了《两条路线》（即《为中共更加布尔塞维克化而斗争》）。这篇 6 万余字的意见书，全面阐发了他的“左”倾理论，成为王明“左”倾教条主义的纲领。

1930 年 12 月，共产国际委派此时担任共产国际东方部副部长的米夫亲自来华，以贯彻国际路线为由，扶植王明上台。1930 年 12 月，米夫以国际代表的身份突然秘密来到上海，刚到上海他便立即单独召见王明，认真听取王明的汇报，并面授机宜，直接插手中国共产党的内部事务，提出要召开四中全会。1931 年 1 月 7 日，六届四中全会在上海公共租界一幢西式洋楼里秘密举行。这是中共党史上最不正常的一次中央全会。中央全会理应由中央委员参加，但出席会议的 37 名代表中，中央委员 14 人，候补委员 8 人，余下的 15 名包括王明在内的自称“国际派”的参会人员中没有一人是中央委员，却既有发言权又有表决权，同中央委员享有同等的权力。会前，米夫亲自起草了《中共四中全会决议案》，并拟定了准备补选的中央委员和改组后的政治局委员名单，以共产国际远东局和中共中央政治局的名义提出。虽然在选举时不少代表反对王明任政治局委员，但在米夫的精心安排下，原来连中央委员都不是的王明一步登天，在六届四中全会上不仅被补选为中央委员，而且成为中央政治局委员。从这时起，以王明为代表的“左”倾教条主义在中共中央领导机关内开始了长达4年之久的统治。

六届四中全会以后，虽然中共中央总书记仍是向忠发，但实际上由共产国际支持下的王明掌握了党的最高领导权，以王明为代表的“左”倾教条主义开始全面推行。1931年6月22日，向忠发被捕叛变后，中共中央的工作便由王明主持，他成了中共中央实际的最高领导人。向忠发虽然叛变却依然被蒋介石密令处决。血雨腥风的白色恐怖令王明提心吊胆。恰在此时，共产国际需要中共派一个负责人到莫斯科任中共驻共产国际代表，并参加共产国际的领导工作。王明认为这是一个既能脱离极端危险的国内环境，又可以凭借共产国际领导人的身份实际控制党的最高领导权的良机，于是决定离开国内，再次去苏联。为了保证自己离开后“左”倾冒险主义继续推行，王明在组织上作了安排。他提议并经共产国际批准，指定博古、张闻天、卢福坦、李竹生、康生等组成中共中央临时政治局，其中博古、张闻天、卢福坦任常委，并由博古负总责。时年24岁的博古还不是中央委员，任中国共产主义青年团中央局书记。由于他坚决拥护和执行王明“左”倾冒险主义，一跃成为临时中央政治局负责人。由此也开始了中共历史上的一个特殊时期：王明在莫斯科以共产国际的指示坐镇发令，以博古为首的中共中央在国内贯彻执行。

由此时到1935年党的遵义会议召开之前，就是王明“左”倾教条主义路线统治党内并给党的事业带来巨大危害的时期。他们提出，党内的主要危险不是“左”，而是“右倾”。强调要实行“进攻路线”，主张在湘鄂赣各省“真正实现一省或几省的首先胜利，进而推进与争取全国范围内的胜利”。为贯彻其“左”倾冒险主义，一批所谓的“斗争干部”“新生力量”被用来“改造和充实”党的各级领导机关，致使“钦差大臣满天飞”，一批王明教条宗派的“干将”被委以重任，而大批反对王明“左”倾冒险主义的好干部则遭受“残酷斗争，无情打击”，蒙冤受屈。王明“左”倾冒险主义的贯彻给中国革命事业带来惨重损失，后面导致了中央苏区全部损失，各地方革命根据地损失近95%，白区的党组织也屡遭破坏，中国革命面临灭顶之灾。

但也正是这段曲折的历史，促使中国共产党人不断觉醒，使得毛泽东等党内的正确代表开始深刻思考，在中国革命的历史进程中，必须首先搞清楚什么是马克思主义、怎样对待马克思主义这一重大的基本理论问题。

三、千锤百炼始成钢

> 人世间没有一帆风顺的事业。综观世界历史，任何一个国家、一个民族的发展，都会跌宕起伏甚至充满曲折。“艰难困苦，玉汝于成。”“多难兴邦，殷忧启圣。”“失败为成功之母。”毛泽东同志也常说，前途是光明的，道路是曲折的。这是一切正义事业发展的历史逻辑。我们的事业之所以伟大，就在于经历世所罕见的艰难而不断取得成功。
>
> ——习近平

马克思主义之所以是科学，首先就是它具有科学的世界观和方法论——辩证唯物主义。马克思主义者崇尚尊重事实、尊重规律、尊重实践，同时又能以辩证的方法全面地发展地联系地分析事实、创造性地运用规律、在实践中不断探索和总结经验，在实践中发现真理、检验真理和发展真理。中国共产党人在大革命失败的惨痛教训中深刻认识到了枪杆子的极端重要性，遵循马克思主义所指引的武装夺取政权的基本原理，将武装斗争作为推翻国民党反动派的主要斗争形式。但在具体的斗争中，诞生在19世纪中叶欧洲的马克思主义却不可能为中国革命遇到的每一个具体问题提供现成的答案。怎样科学地灵活地运用马克思主义的基本原理，并将其与中国革命实际“随时随地”地结合起来，就成为摆在中国共产党人面前必须解决的重大课题。

以毛泽东为代表的中国共产党的正确路线，就是实践马克思主义与中国实际相结合的典范。而这一过程则是毛泽东在长期革命斗争中经过千锤百炼才逐渐做到的。毛主席曾经形象生动地说过："我是靠总结经验吃饭的。"不但在成功中总结，也在失败中总结。1970 年，毛泽东的老朋友、美国记者埃德加·斯诺在与毛主席谈话时，曾当面问过主席一个问题："主席有着极为辉煌的军事生涯，不但在中华民族的军事史上，甚至在世界军事史上都是极为卓越的伟大军事家。但在您的一生中却从未读过任何军事院校，您是怎样取得这些奇迹般的军事成就的？您当真是一位旷古未有的军事天才？"面对斯诺的赞誉和询问，毛泽东非常诚恳地回答："没有什么天才，我不过是在战争中学会了战争。"毛泽东回忆，秋收起义时他是党代表，军事上的事主要是由秋收起义总指挥卢德铭同志负责的。（卢德铭毕业于黄埔二期，是我党早期一位非常杰出的军事领导人）但不幸的是，卢德铭同志在战斗中英勇牺牲，我不得不直接指挥军事。毛泽东说："那时我哪会打仗啊？但中央命令我们攻打长沙，部队损失惨重，使我意识到以当时的实际，我们不可能复制列宁在圣彼得堡夺取政权的胜利，这才改变了进军路线，去了井冈山。"毛泽东幽默地说："在井冈山，蒋介石来'剿'我，没想到成了我的第一位军事教官。我向蒋先生学习的方法就是'反其道而行之'，蒋先生喜欢抢地盘，我则不在乎一城一地的得失，重在歼灭敌人的有生力量。蒋先生喜欢打阵地战、堡垒战，我就打运动战、游击战。"正是在和敌人的生死搏杀中，打出了一个越来越会打仗的军事奇才毛泽东。

先前提到的新军阀之间的所谓"中原大战"以蒋介石的胜利而告终。腾出手来的蒋介石在 1930 年 10 月，集合 10 万兵力，以国民党江西省主席兼第九路军总指挥鲁涤平为总司令，第十八师师长张辉瓒为前线总指挥，向中央革命根据地发起第一次"围剿"。红一方面军 4 万余人在毛泽东、朱德的指挥下，采取"诱敌深入"的方针向苏区中部逐次转移。曾留学日本陆军士官学校的敌师长张辉瓒一向骄横，面对红军的主动撤退自以为得计，采取"长驱直入，分进合击"的战术贸然进犯根据地中心区域。12 月底，张辉瓒等三个师进占富田、东固、龙冈、源头一带。毛泽东决定首先歼灭孤军冒进的张辉瓒部。29 日晚，大雾弥天，熟悉地形的红三军、红四军、红十二军及红三军团一部共 2 万多人静悄悄地埋伏到了龙冈附近的山中。30 日凌晨，毛泽东同朱德一起登上小别山指挥战斗。30 日早上 7 时许，张辉瓒亲率十八师从龙冈以东，小别山以西开始登山。他万万没想到，此时已经进入了红军设下的"大口袋"。上午 10 时，冲锋号声四面响起，红军将士犹如天兵神降杀将出来，大雾中的敌军如无头苍蝇四处逃窜。到当日下午 4 时，张辉瓒全师 9000 余人全部为红军消灭或俘虏。乔装逃跑躲在草丛中的张辉瓒被红军搜出活捉了。大雾中身在指挥所的毛泽东听到了前方将士抓到张辉瓒的胜利欢呼声。

"万木霜天红烂漫，天兵怒气冲霄汉。雾满龙冈千嶂暗，齐声唤，前头捉了张辉瓒。　　二十万军重入赣，风烟滚滚来天半。唤起工农千百万，同心干，不周山下红旗乱。"①

毛泽东这首《渔家傲·反第一次大"围剿"》，极为形象生动地刻画了当年的胜利场景。1931 年 2 月，蒋介石又调集 20 万兵力，采取所谓"稳扎稳打，步步为营"的战术，对中央革命根据地进行第二次"围剿"。红军 3 万人在毛泽东的指挥下，仍坚持"诱敌深入"的方针，集中兵力，各个歼灭。在 5 月中下旬，连续取得五场战斗的胜利，粉碎了敌人的第二次"围剿"。

"白云山头云欲立，白云山下呼声急，枯木朽株齐努力。枪林逼，飞将军自重霄入。　　七百里驱十五日，赣水苍茫闽山碧，横扫千军如卷席。有人泣，为营步步嗟何及！"②

这是毛泽东的第二首庆祝胜利的诗词《渔家傲·反第二次大"围剿"》。气急败坏的蒋介石亲任总司令，何应钦任前敌总司令，并聘请德、日、英军事顾问，在 1931 年 6 月以 30 万兵力发起了对中央根据地更大规模的第三次"围剿"。敌人采取"厚集兵力，分路围攻，长驱直入"的

---

①《毛泽东年谱（1893—1949）（修订本）》上册，中央文献出版社 2013 年版，第 336 页。
②《毛泽东年谱（1893—1949）（修订本）》上册，中央文献出版社 2013 年版，第 344 页。

战术，分三路向中央根据地进行“围剿”。而当时刚刚经历艰苦作战取得第二次反“围剿”胜利的红军，来不及修整就要投入第三次反“围剿”的战斗。此时的红军主力依然只有3万多人，面对10倍于我军的强敌，毛泽东和朱德采取了“诱敌深入”，“避其主力，打其虚弱”的作战方针，从福建千里回师赣南，并以一部兵力结合地方武装，迟滞敌进。在千里跃动中寻找战机，在局部形成优势兵力对敌各个击破，从6月到8月初的80天内，将敌军拖得筋疲力尽、士气低落，并伺机对疲惫退敌实行追击歼灭，歼敌3万余人，缴枪1.26万余支，胜利粉碎了敌人的第三次“围剿”。著名的“敌进我退、敌驻我扰、敌疲我打、敌退我追”的十六字游击战方针也在此期间得到了总结和全面体现。

连续三次反“围剿”的胜利极大地鼓舞了红军的士气。特别是第三次反“围剿”胜利后，红军的战斗力明显增强，根据地也不断壮大。赣南、闽西两块根据地连成一片，发展到21个县境，人口250万，面积5万多平方公里，成为中央苏区的全盛时期。1931年11月7日（也是十月革命胜利纪念日），中华苏维埃共和国临时中央政府在江西中央苏区成立，毛泽东任主席，定都瑞金，中国工农红军成为国家武装力量。年轻的中国共产党在成立后的10年内，不仅建立了自己的武装，并且开始了在局部建立政权的伟大实践。在血雨腥风中打出来的苏区，证明了马克思主义的武装斗争理论在中国是完全行得通的，也证明了以毛泽东为代表的中国共产党的正确路线科学运用马克思主义理论的实践是中国革命胜利的必由之路。

第三节　千磨万凿出深山：实事求是开创中国革命新局面

一、遵义会议放光芒

一九三五年一月党中央政治局在长征途中举行的遵义会议，确立了毛泽东同志在红军和党中央的领导地位，使红军和党中央得以在极其危急的情况下保存下来，并且在这以后能够战胜张国焘的分裂主义，胜利地完成长征，打开中国革命的新局面。

——《关于建国以来党的若干历史问题的决议》

中国革命的万分艰难与千般曲折，是今天的人们很难想象的。在毛泽东、朱德领导下取得三次反“围剿”胜利、中华苏维埃共和国成立的大好形势下，王明的“左”倾教条主义路线却逐渐占了上风。事实上，从 1931 年起，亲手创建了中央红军和中央苏区的毛泽东，已经遭到排斥和打击。毛泽东忍辱负重，亲自指挥并取得了反“围剿”战争的胜利。但本应是功臣的毛泽东从实际出发采取的主动退却、诱敌深入的成功战术，因为违背了王明等人制定的“不断进攻”的方针，反被污蔑为“一贯右倾”。1931 年 11 月召开的赣南会议，撤销了毛泽东中共苏区中央局代理书记和红一方面军临时总前委书记职务，剥夺了他在党内的领导权。1932 年 10 月的宁都会议，又进一步撤销了毛泽东的军事领导职务。从此时到遵义会议召开前，毛泽东被完全排斥在党和红军的领导岗位之外达两年多的时间。但由于毛泽东的巨大威望，机会主义者不得不保留了毛泽东中华苏维埃共和国主席的职位，这一职务在当时其实已经没有实权，但至少还是一个名义上的高级职位。

1933 年 1 月，国民党反动派发起了对苏区的第四次“围剿”。毛泽东虽然离开了领导岗位，但具体负责指挥的周恩来、朱德等仍然采取了毛泽东主张的集中兵力在运动中各个歼灭敌人的方针，最终取得了第四次反“围剿”的胜利。然而，当 1933 年 9 月蒋介石发动对中央苏区长达一年的第五次“围剿”时，中共中央总负责博古却无比信任地把军事指挥权交给了共产国际驻中国的军事顾问、德国人李德。李德掌控红军的军事指挥权后，完全抛弃了毛泽东的战略战术，用一些听起来很激进的革命口号，脱离实际地指挥红军作战。面对敌人的战略优势和进攻，李德却提出“以阵地对阵地、以堡垒对堡垒”，“与每一寸苏区土地共存亡”，用阵地战代替游击战和运动战，准备“御敌于国门之外”“毕其功于一役”，以所谓“正规”战争代替人民战争。这种不顾自己的实力与敌人硬拼死打的战法，使红军完全陷于被动，红军越打越少，根据地越打越小。刘伯承同志曾愤怒地批评李德：“你这是叫花子与龙王比宝。”彭德怀更是怒不可遏地痛斥李德等人“崽卖爷田心不疼”。经过一年的苦战，随着广昌保卫战的失利，第五次反“围剿”失败。

北风初起，赣水苍凉，1934 年 10 月 10 日，临时中央仓促命令中央领导机关和红军主力退出根据地进行战略转移，中央红军被迫走上此后被称为“长征”的万里征程。“左”倾机会主义的一个显著特点，就是往往在革命形势好的时候急于求成、好大喜功，主观严重超越客观。而一旦遇到挫折，遭遇失败，又惊慌失措，悲观失望。在长征初期，博古、李德等人的错误指挥，把中央红军的战略转移一度变成了“一种惊慌失措的逃跑以及搬家式的行动”。战略转移开始后，错误路线的执行者却将这次战略转移当作是从一个根据地到另一个根据地的大搬家。曾任中华人民共和国国家主席的杨尚昆同志在他的回忆录中回忆到，长征出发前，为帮助中央机关及直属兵工厂、印刷厂、医院等单位撤退，刚成立的中央教导师派出 3000 多人负责卫护和搬家，整理出了一千多担物资，大到印钞票的石印机、军工机器，小到卫生便盆。有的笨重的机器要 20 个人抬竟然也带上了。为了不使这些家当丢失，战斗部队分成前后左右，保卫着庞大的中央两个纵队作甬道式的前进。这样，“使能征善战的部队，像是抬着轿子的轿夫，只起着开路和掩护作用，丧失了寻机击敌的主动性”。

长征之初，中央红军的战略目的地是突破湘江后向湘西挺进，试图和在湘西的红二、红六军团会合，建立新的革命根据地。但这一战略意图太过明显，国民党军设置了层层防线。博古、李德等人一开始消极避战，错失战机，后面又全然不顾红军实力的实际，僵化地执行共产国际命令，在明知敌人已有充分准备的情况下，仍执意突破湘江。依靠全军将士的英勇顽强，在付出了巨大牺牲后，全军终于突破四道封锁线渡过湘江，但中央红军却由出发时的 8.6 万多人锐减为 3 万余人。党和红军面临着最严重的局势。

湘江战役后，蒋介石调整部署，迅速向湖南省西部的黔阳、洪江地区转移兵力，赶筑工事，企图“围歼”中央红军于去往湘西的路上。1934 年 12 月 11 日，中央红军翻越老山界，攻占了湖南省怀化市最南端的通道县城。此时，中央红军若按计划继续去湘西会合红二、红六军团，必然要和以逸待劳的优势国民党军决战，将会有覆灭的危险。而此时，巨大的挫折也在教育和教训着党和红军，广大将士越来越对中央的军事决策产生严重怀疑，都觉得李德的军事指挥不行，一路被动挨打，因而要求改变领导人的情绪也越来越强烈。所有人都在思考一个严峻的问题：红军向何处去？在此危急关头，已经失去党内和军队领导权的毛泽东，不顾个人荣辱，毅然以中华苏维埃共和国中央政府主席的名义向党中央建议：坚决放弃原定计划，改向国民党统治力量薄弱的贵州前进，以摆脱敌人，争取主动。

12 月 12 日，中共中央在通道原县城县溪镇的“恭城书院”召开紧急会议，史称“通道会议”。会议上，李德坚持要按原定计划：红军主力立即北上湘西与红二、红六军团会合。毛泽东坚决反对李德的意见，认为红军的战略已被敌人察觉，国民党军已经调集主力部队近 20 万人，在湘西一带，布成一个“大口袋”，等着红军往里钻。毛泽东说，我们何不来个避实就虚，甩掉眼前的强敌到贵州去，这叫大路朝天，各走一边嘛。毛泽东的建议得到了中央多数同志的支持。会议结束后，中央革命军事委员会发出了一份标注为“万万火急”字样的命令电报，这是我军历史上极为罕见的一封军事电令。“万万火急”电令发出的第二天清晨，中央红军在通道境内分两路转兵西进，避开了敌人布下重兵的包围圈，打了蒋介石一个措手不及。这就是红军长征中著名的“通道转兵”。

刘伯承元帅后来回忆道：“部队在 12 月占领湖南西南边境之通道城后，立即向贵州前进，一举攻克了黎平。当时，如果不是毛主席坚决主张改变方针，所剩 3 万红军的前途只有毁灭。”事实证明，通道转兵是中央红军在生死关头摆脱险境的唯一正确抉择，为党和红军开辟了一条胜利之路。通道转兵之后，绝处逢生的红军自此“行得通，走上道”，一路势如破竹，先攻克黎平，随后分两路向以遵义为中心的川黔边地区前进。1935 年 1 月 2 日至 6 日，中央红军分别从回龙场、江界河、茶山关渡过乌江，7 日晨先头部队进占遵义。

1935 年 1 月 15 日至 17 日，中共中央政治局在遵义召开扩大会议，即“遵义会议”。这是中国共产党历史上第一次具有重大意义的伟大转折；也以此次会议为标志，开启了马克思主义中国化第一次伟大飞跃的历史进程。参加会议的成员有中央政治局委员毛泽东、朱德、陈云、周恩来、张闻天、秦邦宪（博古）；中央政治局候补委员王稼祥、邓发、刘少奇、何克全。其他参会人员还有刘伯承、李富春、林彪、聂荣臻、彭德怀、杨尚昆、李卓然、邓小平、李德、伍修权。会议着重总结了第五次反“围剿”失败的经验教训，对博古、李德等人代表的王明错误路线进行了批判，肯定了毛泽东关于红军作战的基本原则，通过了《中共中央关于反对敌人五次“围剿”的总结的决议》（简称《遵义会议决议》）。

遵义会议的卓越贡献首先在于从组织上终结了王明错误路线在党内长达 4 年多的统治，改组了中央领导机构。会议决定由张闻天同志接替博古任中共中央总负责（总书记），周恩来为党内委托的对于指挥军事下最后决心的负责者（军事总负责）。正是由于第五次反“围剿”的失败和长征初期红军遭受的重创，中共中央、中央革命军事委员会的许多领导人深刻地认识到博古、李德等所推行的“左”倾冒险主义给中国革命造成的严重危害。他们坚决主张端正党的路线，恢复毛泽东在中共中央和红军中的领导地位。遵义会议恢复了毛泽东的各项领导职务，并将其增选为中共中央政治局常务委员。

这里，有一个历史细节必须特别加以说明。那就是，为什么党的十一届六中全会的《决议》说，遵义会议是“事实上确立了毛泽东同志在党中央和红军的领导地位”。那是因为，按照遵义会议决议，名义上接替博古担任党中央总负责的是张闻天同志，接替李德的军事总负责是周恩来同志。但正如恩格斯在他的名著《论权威》中所深刻指出的：“问题总是由权威来解决的。”遵义会议后，摆在党和红军面前生死存亡的重大问题就是军事上必须摆脱国民党军的围追堵截。而无论是周恩来还是张闻天同志，都意识到自己并不具备这样的能力。而井冈山以来的革命实践，已经充分证明了毛泽东同志卓越的军事指挥能力。因而，在遵义会议后进一步明确军事指挥领导权问题时，中央决定成立毛泽东、周恩来、王稼祥三人小组，负责指挥红军的行动。而毛主席接过指挥权后，不负众望，以一系列的神来之笔——四渡赤水、巧渡金沙江、兵临贵阳、强渡乌江、飞夺泸定桥、强渡大渡河……使中共中央和中央红军得以在极其危急的情况下保存下来。这是中国共产党和红军历史上一个生死攸关的转折点。也正是在这样的实践检验中，全党全军一致意识到，毛泽东才是当之无愧的党和军队的领袖。

遵义会议后不久的 1935 年 2 月 24 日至 28 日，在毛泽东的策划指挥下，由彭德怀亲率部队攻克了遵义东北部的天险娄山关，这是红军长征以来取得的第一个重大的军事胜利。一夫当关、万夫莫开的娄山关被攻克后，中央主力红军就把国民党的包围圈打开了一个缺口。这是一次战略性的胜利。豪情满怀的毛泽东带中央纵队登上娄山关巅的“西风台”，挥毫写下了不朽词作《忆秦娥·娄山关》：

“西风烈，长空雁叫霜晨月。霜晨月，马蹄声碎，喇叭声咽。　　雄关漫道真如铁，而今迈步从头越。从头越，苍山如海，残阳如血。”

遵义会议实现了中国共产党历史上的第一次伟大转折。在毛泽东的领导下，红军创造了长征胜利的伟大奇迹。长征中，中央红军共进行了 380 余次战斗，红军牺牲了营级以上干部多达 430 余人，平均年龄不到 30 岁，共击溃国民党军数百个团，其间共经过 14 个省，翻越 18 座大山，跨过 24 条大河，走过荒草地，翻过雪山，行程约二万五千里。红一方面军于 1935 年 10 月到达陕北革命根据地，与陕北红军胜利会师。1936 年 10 月，红二、四方面军到达甘肃会宁地区，同红一方面军会师。红军三大主力会师，标志着万里长征的胜利结束。

二、没有调查就没有发言权

你对于那个问题不能解决吗？那末，你就去调查那个问题的现状和它的历史吧！你完完全全调查明白了，你对那个问题就有解决的办法了。

——毛泽东

纵观从1927年中国共产党建立自己的武装、开展土地革命到1937年实现第二次国共合作的这十年，年轻的中国共产党在探索中国革命道路上屡受挫折。先后出现了瞿秋白、李立三特别是以王明为代表的“左”倾思想错误，也包括后来出现的张国焘分裂党和红军的错误。导致这些错误出现的原因有很多，但正如毛泽东同志所指出的：“一切政治上、军事上和组织上的错误，都是从思想上违背马克思列宁主义的辩证唯物论和历史唯物论而来，都是从主观主义和形式主义、教条主义和经验主义而来。”① 为此，毛泽东提出，只有提高马克思主义理论水平，确立正确的思想路线，才能从根本上防止各种错误的产生。应该说，遵义会议后，我们党在把马克思主义普遍真理与中国实际相结合、实现马克思主义中国化的历程中进了一大步。而这一切，又是从毛泽东高度重视调查研究，确立“实事求是”作为党的思想路线开始的。

“见到这本小册子，就好像见到了30年没见过面的儿子。”1961年，毛泽东面对一本失而复得的小册子，如获至宝。这就是他在1930年写成的《调查工作》。1964年在《毛泽东著作选读》甲种本和乙种本首次公开发表时，改成《反对本本主义》。战争年代由于战事频繁，这篇文章曾经丢失，毛泽东一直为此感到惋惜。直到1957年2月，福建上杭县的一位农民赖茂基将自己珍藏的油印小册子作为文物捐献了出来，毛泽东喜不自禁。他曾这样说过：“我对自己的文章有些也并不喜欢，这一篇我是喜欢的。这篇文章是经过一番大斗争以后写出来的。”② “那时没有用‘教条主义’这个名称，我们叫它做‘本本主义’。”③ 从这篇文章里，我们既能看到当时思想斗争的情况，也能看到毛泽东对中国革命基本问

①《毛泽东选集》第三卷，人民出版社1991年版，第990页。
②《毛泽东文集》第八卷，人民出版社1999年版，第252页。
③《毛泽东年谱（1893—1949）（修订本）》上册，中央文献出版社2013年版，第306页。

题的理性思考，是马克思主义理论与中国革命实际相结合的具体体现。

1928年下半年开始，红军中存在的教条主义倾向日益严重，尤其表现在对待党的“六大”决议案上。经历了大革命失败，以及南昌起义、秋收起义、广州起义等失败，中共六大决议案所提出的党的基本路线基本上是正确的，对党的发展起到了重大的推进作用。然而，当时党内有些人却不懂马克思主义辩证法，认为：“……现在的斗争策略已经是再好没有了，党的第六次全国代表大会的‘本本’保障了永久的胜利，只要遵守既定办法就无往而不胜利。”[①] 这种看法实际上带有明显的主观主义或教条主义倾向。早在1929年12月，毛泽东写了《关于纠正党内的错误思想》一文，其中鲜明地提出要反对主观主义。他说：“主观主义，在某些党员中浓厚地存在，这对分析政治形势和指导工作，都非常不利。因为对于政治形势的主观主义的分析和对于工作的主观主义的指导，其必然的结果，不是机会主义，就是盲动主义。”[②] 他还指出了克服主观主义的方法，如教育党员用马克思列宁主义的方法去作政治形势的分析和阶级力量的估量；党员应注意社会经济的调查和研究等。这篇文章实际上已经论及党的思想路线问题。在《反对本本主义》中，毛泽东进一步发展了这个思想。他尖锐地指出本本主义总是以为上了书的就是对的，专门从书本上讨生活，对于上级指示则不根据实际情况进行讨论和审查，一味盲目执行。其实质就是理论和实际相脱离，是一种唯心精神；其结果必然产生唯心的阶级估量和唯心的工作指导，不是机会主义，就是盲动主义。而且第一次明确地提出和使用了“思想路线”的概念，发出了马克思主义“必须同我国的实际情况相结合”的号召，强调共产党人要坚持“从斗争中创造新局面的思想路线”。

怎样才能坚持正确的思想路线呢？毛泽东提出“没有调查，没有发言权”“调查就是解决问题”的名言。他在文章中这样说：“你对于那个问题不能解决吗？那末，你就去调查那个问题的现状和它的历史吧！你

---

①《毛泽东选集》第一卷，人民出版社1991年版，第115—116页。
②《毛泽东文集》第一卷，人民出版社1993年版，第84页。

完完全全调查明白了，你对那个问题就有解决的办法了。一切结论产生于调查的末尾，而不是在它的先头。”“必须努力作实际调查，才能洗刷唯心精神。”“调查就像‘十月怀胎’，解决问题就像‘一朝分娩’。调查就是解决问题。”[①]同时他还提出迈开双脚到实际中作调查和召开调查会两种方法。现实中，毛泽东也是如此付诸实践的。早在大革命时期，毛泽东写于1925年的《中国社会各阶级的分析》、1926年的《中国佃农生活举例》和1927年的《湖南农民运动考察报告》都是他自觉运用马克思主义理论的实践，其中《中国佃农生活举例》还被当作“中央农民运动讲习所”的教材。

1930年2月，红四军前委与赣西特委在江西吉安县的陂头村召开会议，明确了红军和根据地的统一领导、分配土地的政策问题，但没有解决当时急切的富农问题，对城市贫民和商业资本家的认识也模糊不清，而这些问题正是开展土地革命所必须正确解决的。为此同年5月，毛泽东利用群众工作之便在寻乌开展社会调查，内容涉及人口、土地、经济、文化、风俗等情况。他走街串巷，多次到商会、苏维埃政府、工会等处走访。同时还深入田间地头与农民一起劳动，拉家常，使毛泽东了解到许多真实的情况。为了让调查的情况更准确，内容更广泛，毛泽东决定召开有一定规模的、各方面人士都参加的调查会，并精心挑选了一批出席调查会的对象。因为在此之前红四军攻克信丰县城时曾没收过10多家商店的货物，造成城市恐怖和市民生活不便，不利于争取城市贫民群众。鉴于此问题，毛泽东在调查过程中十分重视寻乌县城的商业状况，特别对寻乌县及周边城镇的商业状况，如市场、土特产品、进出货物、运输、流通交换、土客商经营行业的盛衰情况等问题问得最多、最详细。[②]调查结束后，毛泽东写下了8万多字的《寻乌调查》，并从中提炼出一篇3000多字的文章——《调查工作》。他十分珍惜自己的调研成果，《寻乌调查》《兴国调查》和《调查工作》都是随身携带。

---

①《毛泽东选集》第一卷，人民出版社1991年版，第110—111页。

② 参考冯扬德：《毛泽东〈反对本本主义〉背后的故事》，《中国老区建设》2010年5月。

综观毛泽东这个时期的著作，不难看出他开始将马克思主义哲学特别是辩证法应用到中国革命的实践中，对中国问题的思考开始上升到哲学高度。这为后面《实践论》《矛盾论》《改造我们的学习》的写作，为“实事求是”的提出和运用奠定了理论基础。

三、山沟里也可以出马克思主义

> 我们在第二次国内革命战争末期和抗战初期写了《实践论》《矛盾论》，这些都是适应于当时的需要而不能不写的。
>
> ——毛泽东

抗日战争初期，毛泽东写下《实践论》《矛盾论》两篇著作，从哲学上探求“实事求是”的理论。延安时期，为了从全党范围清算“左”倾错误，毛泽东发表《改造我们的学习》一文，彻底确立了实事求是的思想路线，开创了中国革命新局面。《实践论》和《矛盾论》的发表并非偶然，从大革命时期到遵义会议前，年轻的中国共产党经历陈独秀右倾错误以及多次“左”倾错误，给党和红军带来了深重的灾难。遵义会议后，林彪就曾埋怨红军走的尽是“弓背路”，主张走“弓弦”，走捷径。他攻击毛泽东说：“这样会把部队拖垮的，像他这样领导指挥还行？”林彪还给彭德怀打电话说：“现在的领导不成了，你出来指挥吧。再这样下去，就要失败。我们服从你领导，你下命令，我们跟你走。”彭德怀回绝了。林彪还给三人团写信，要求朱德、毛泽东下台。随后不久，又发生了张国焘分裂中央和红军的事件。由此可以看出，虽然遵义会议挽救了红军，挽救了党，从军事上、组织上抵抗住了“左”倾思想带来的危机，但是“左”倾、右倾错误思想还没有得到及时批判，党内思想认识还没达到完全统一。

1935 年，日本帝国主义制造了蚕食侵犯华北地区一系列事件，企图一步步啃噬掉中国，中华民族的危机已到了空前严重的程度，中日矛盾上升为主要矛盾。同年 7 月，针对日益严重的法西斯恐怖，共产国际第七次代表大会提出了反对法西斯战争、建立广泛的统一战线的策略。会后，各国共产党和社会民主党贯彻大会精神，纷纷建立了反法西斯人民阵线或统一战线，积极投入到反法西斯战争之中。面对国际国内复杂的局势，要迎接新的革命形势，需要尽快统一全党认识，这就必须批判过去的错误路线。

1935年8月1日，中国共产党发表《为抗日救国告全体同胞书》（即《八一宣言》），从理论和策略上正式确立了中国共产党关于建立抗日民族统一战线策略的总路线。而这时党内出现了关门主义。关门主义者看不到民族资产阶级、小资产阶级进入抗日民族统一战线的可能性，他们主张革命的道路笔直又笔直，革命的队伍纯而又纯，这同马克思主义理论要求建设一个具有广大群众性的、马克思主义的无产阶级政党的要求不相符，这是一种右倾错误思想。为此，毛泽东在1935年12月27日作了《论反对日本帝国主义的策略》的讲演，他批评关门主义是“为渊驱鱼，为丛驱雀”，把“千千万万”和“浩浩荡荡”都赶到敌人那一边去，只博得敌人的喝彩。他指出关门主义实际上是日本帝国主义和汉奸卖国贼的忠顺的奴仆，它的所谓“纯粹”和“笔直”，是马克思列宁主义向之掌嘴，而日本帝国主义则向之嘉奖的东西。“我们一定不要关门主义，我们要的是制日本帝国主义和汉奸卖国贼的死命的民族革命统一战线。”① 与此同时，他还批评了党内过去长期存在的冒险主义急性病，指出了中国革命的不平衡性和长期性，强调革命转变要根据形势，防止冒险主义。《论反对日本帝国主义的策略》实际上是继遵义会议后对“左”倾政治路线的进一步批判，为党的政治路线转变奠定了理论基础。1936年12月毛泽东在红军大学作了《中国革命战争的战略问题》讲演，这是继遵义会议后对“左”倾军事路线的进一步批判。

一定的政治路线和军事路线是以一定的思想路线为基础的，只批判错误的政治路线和军事路线，不能从根本上消除“左”倾、右倾错误思想的不良影响，因此必须要从思想上进行彻底的清算。1937年7月至8

---

①《毛泽东选集》第一卷，人民出版社1991年版，第155页。

月，毛泽东写了《实践论》和《矛盾论》两篇文章，斯诺在他的《西行漫记》中曾这样描述毛泽东的写作动机："在卢沟桥事变后的几个星期里，毛在延安有一段暂时的空闲时间，军队开赴前线，毛腾出时间来收集材料，准备在延安抗大作关于哲学基础的讲演。这批青年学生经过三个月的短期训练准备在今后几年做政治辅导工作，需要为他们写一些简明而基本的讲义。在党的坚持下，毛写了《矛盾论》和《实践论》，总结了中国革命的经验，把马克思主义的基本原理和中国的具体实践结合起来。"①《实践论》和发表时的题解明确指出，"是为着用马克思主义的认识论观点去揭露党内的教条主义和经验主义——特别是教条主义这些主观主义的错误而写的"，《矛盾论》是"为了同一的目的，即为了克服存在于中国共产党内的严重的教条主义思想而写的"。只有破除教条主义、主观主义的束缚，才能为实事求是提供实践空间。

《实践论》和《矛盾论》以马克思主义为理论来源，同时也融入了中国传统哲学思想，再结合对中国革命过程中发生的重大事件和重要的历史经验的分析而成。《实践论》直接使用了马列著作中的九条引文，涉及马克思的《关于费尔巴哈的提纲》，列宁的《怎么办》《唯物主义和经验批判主义》《〈黑格尔〉一书的摘要》，还有斯大林的《论列宁主义基础》，通过阐明中国哲学史上长期争论不休的知行关系问题，系统论述了实践第一和认识过程的两次飞跃观点，揭示了人类认识发展的根本规律。《矛盾论》则涉及《〈政治经济学批判〉导言》《反杜林论》《谈谈辩证法问题》等经典著作，将古代哲学家对矛盾问题的阐述融入其中，对矛盾普遍性和特殊性、主要矛盾和次要矛盾、矛盾诸方面的同一性和斗争性等问题形象而生动地加以解释。

《实践论》和《矛盾论》并不是纯粹的思辨哲学文章，可以看出这些哲学著作是紧紧围绕马克思主义与中国实际相结合这个中心展开的，其更加深刻地论述了马克思主义认识论和辩证法，批评了主观主义特别是教条主义错误，进一步为党确立实事求是思想路线作了理论上的论证。

---

① 斯诺著，董乐山译：《西行漫记》，三联书店 1979 年版，第 283—284 页。

四、确立党的“实事求是”思想路线

> 这种态度，就是实事求是的态度。“实事”就是客观存在着的一切事物，“是”就是客观事物的内部联系，即规律性，“求”就是我们去研究。
>
> ——毛泽东

“实事求是”是古代就有的词汇，毛泽东在特定的条件下又赋予它全新的马克思主义内涵。东汉著名历史学家班固所著《汉书·河间献王传》讲道：“河间献王德以孝景前二年立，修学好古，实事求是。从民得善书，必为好写与之，留其真，加金帛赐以招之。”这是“实事求是”第一次出现，是班固对刘德研究精神的评价。到了唐代，颜师古对这句话重新作了评论：“务得事实，每求真是也。”中国历史上赫赫有名的四大书院之一岳麓书院，修建于北宋开宝九年（976年），坐落于湖南长沙湘江西岸的岳麓山下，其讲堂檐前悬挂着一个题有“实事求是”四个大字的匾额。1917年，湖南公立工业高等专门学校迁入岳麓书院办学，时任校长的宾步程为学校题写了“实事求是”匾额，作为该校的校训，旨在教育学生崇尚科学、追求真理。他也是推崇“实事求是”理念的早期教育家之一，追求“实事求是”也成为近代湖南学子追求的学风。凑巧的是，毛泽东在1916年到1917年间曾两次在岳麓书院居住和学习，熟知实事求是一词之来历，深受此学风之影响。

1937年11月底，时任中共驻共产国际代表、共产国际执委会委员、主席团委员和候补书记的王明回国。由于他并不了解中国抗战的实际形势，被蒋介石某些进步措施所迷惑，对实力相对国民党军队较弱的红军信心不足，把战胜日本帝国主义的希望寄托于国民党军队，把人民的命运寄托于国民党反动统治区的合法运动，再加上他一贯主张教条主义作风，把共产国际指示神圣化，他否认抗日统一战线的独立自主原则，主张“一切经过统一战线”，“一切服从统一战线”，放弃了党对统一战线的领导。抗日战争初期，他在武汉任长江局书记时，给党带来了巨大损失。当时，党内不少人受王明右倾机会主义影响较深，如不及时纠正势必影响抗战的顺利进行。1938 年 9 月，中共扩大的六届六中全会在延安桥儿沟召开，这次会议的主要目的是总结抗战以来的斗争经验，纠正王明在抗战前期的右倾机会主义错误，明确党在民族战争中的地位，以争取抗日战争的胜利。就是在这次会议上，毛泽东在他的文章《中国共产党在民族战争中的地位》中首先使用了“实事求是”的概念，他明确要求：“共产党员应是实事求是的模范，又是具有远见卓识的模范。因为只有实事求是，才能完成确定的任务；只有远见卓识，才能不失前进的方向。”[①] 他还指出要做“实事求是”模范，“共产党员又应成为学习的模范，他们每天都是民众的教师，但又每天都是民众的学生。只有向民众学习，向环境学习，向友党友军学习，了解了它们，才能对于工作实事求是，对于前途有远见卓识”[②]。

对于毛泽东关于反对主观主义、教条主义的号召，王明并没有真正响应。他以反立三路线的“英雄”自居，不接受毛泽东指出的共产国际后期存在着的“左”倾机会主义这个问题。1940 年 3 月，王明再版了他在土地革命时期所写的《为中共更加布尔塞维克化而斗争》的小册子，这实际上是一个“左”倾路线的纲领。为什么党内连续出现“左”倾错误以及右倾错误？刘少奇指出了其中一个原因——党的马克思主义理论水平不高。1941 年 7 月，他在《答宋亮同志》一文中尖锐指出：“中国党的组织能力并不弱。中国党的英勇牺牲精神亦是很好的。……然而，中国党有一极大的弱点，这个弱点，就是党在思想上的准备、理论上的修养是不够的，是比较幼稚的。因此，中国党过去的屡次失败，都是指导上的失败，是在指导上的幼稚与错误而引起全党或重要部分的失败，而并不是工作上的失败。直至现在，缺乏理论这个弱点，仍未完全克服……因此，现在提倡党内的理论学习，就成为十分必要。中国党只要

①《建党以来重要文献选编（1921—1949）》第十五册，中央文献出版社 2011 年版，第 640 页。

②《建党以来重要文献选编（1921—1949）》第十五册，中央文献出版社 2011 年版，第 640 页。

克服了这个弱点，就能有把握地引导中国革命到完全的胜利。”[1]

毛泽东也意识到这个问题的重要性，为了说明区分真假马克思主义和对待马克思主义的态度问题，1941年5月19日，他在中央宣传干部学习会上作《改造我们的学习》的报告。这个报告里对“实事求是”作了详细的阐释，他说：“在这种态度下，就是要有目的地去研究马克思列宁主义的理论，要使马克思列宁主义的理论和中国革命的实际运动结合起来，是为着解决中国革命的理论问题和策略问题而去从它找立场，找观点，找方法的。这种态度，就是有的放矢的态度。‘的’就是中国革命，‘矢’就是马克思列宁主义。我们中国共产党人所以要找这根‘矢’，就是为了要射中国革命和东方革命这个‘的’的。这种态度，就是实事求是的态度。‘实事’就是客观存在着的一切事物，‘是’就是客观事物的内部联系，即规律性，‘求’就是我们去研究。我们要从国内外、省内外、县内外、区内外的实际情况出发，从其中引出其固有的而不是臆造的规律性，即找出周围事变的内部联系，作为我们行动的向导。”[2]1941年冬天，中央党校礼堂在延安小沟坪建成，当时的党校负责人请毛泽东同志为此题词，毛泽东同志沉思片刻，欣然挥笔写下了“实事求是”四个苍劲有力的大字。直到今天，“实事求是”仍然是中央党校的校训。1988年，中央党校主办的理论刊物由《红旗》更名为《求是》。

纵观中国共产党百年发展史，所经历的每一次挫折失败都与没有坚持实事求是思想路线有关，取得的每一个伟大成就都与坚持了实事求是思想路线有关。掌握了“实事求是”这一法宝的中国共产党逐渐从幼稚走向成熟，带领全国人民取得一个又一个胜利，开创了中国革命的新局面。

---

①《建党以来重要文献选编（1921—1949）》第十八册，中央文献出版社2011年版，第499页。

②《建党以来重要文献选编（1921—1949）》第十五册，中央文献出版社2011年版，第298页。

第四节　在毛泽东的旗帜下胜利前进：马克思主义中国化的第一个理论成果

一、马克思主义中国化的第一次伟大飞跃

> 不研究中国的特点，而去搬外国的东西，就不能解决中国的问题。……我们要把马、恩、列、斯的方法用到中国来，在中国创造出一些新的东西。
>
> ——毛泽东

毛泽东思想是马克思主义中国化的第一个历史性飞跃的理论成果，是马克思列宁主义基本原理和中国革命具体实际相结合的产物，是中国共产党人集体智慧的结晶。经过土地革命时期的初步发展，到了抗日战争时期，这个理论已经成熟，涉及政治、军事、党建等方面。延安整风运动统一了全党思想，为把马克思主义与中国实际相结合提供了有利条件，中共七大将毛泽东思想写入党章，确立其为全党的指导思想。

延安时期是毛泽东文章高产时期，人民出版社 1991 年版的《毛泽东选集》四卷，共收录毛泽东文章 159 篇，其中延安时期创作的就有 112 篇。1940 年底，一批从前线归来的战士到延安中央党校学习马列主义，他们吃小米，住窑洞，过惯紧张战斗生活的他们，反而不习惯后方的安逸。毛泽东知道后在杨家岭接见了他们，并意味深长地说道："听说你们不习惯蹲窑洞，这是要不得的。延安的窑洞是最革命的，延安的窑洞有马列主义，延安的窑洞能指挥全国的抗日战争。"诞生于延安时期的这些著作标志着毛泽东思想科学体系的成熟，也是马克思主义中国化的优秀成果。

毛泽东在凤凰山麓李家窑里夜以继日创作《辩证法唯物论（讲授提纲）》，其中的《实践论》《矛盾论》，用中国革命惨痛的教训论述了认识与实践之间的关系，这两篇文章以及《毛泽东哲学批注集》标志着毛泽东哲学思想的成熟。同样是在这个时期，特别是卢沟桥事变爆发后，以

毛泽东为代表的中国共产党制定了正确的政治、军事战略和策略，毛泽东在中共扩大的六届六中全会上提出的统一战线的三个原则以及在《〈共产党人〉发刊词》中总结出的统一战线的六个规律，赋予了统一战线作为中国共产党三大法宝之一的重要地位，大大地丰富了马克思主义关于统一战线的理论。创作于1936年的《中国革命战争的战略问题》到《抗日游击战争的战略问题》《论持久战》《战争和战略问题》等著作，全面阐述了中国革命战争的战略战术，说明具有中国特点的毛泽东军事思想已经系统化并达到成熟。

抗战初期，日军相继攻陷北平、天津、上海、南京等大城市，其妄图“三个月灭亡中国”的口号使一部分对抗战失去信心者大肆宣扬“亡国论”。与此同时，在八路军取得平型关大捷，国民党军队取得台儿庄大捷后，又有人高歌“速胜论”，两种论调都没有看清中国抗日战争的实际，扰乱民心。毛泽东写《论持久战》就是为了彻底批判“亡国论”和“速胜论”，为此他翻阅了大量国内外战争理论著作。写作期间废寝忘食，毛泽东当年的警卫员翟作军这样回忆道：“主席写《论持久战》，已经有两天两夜没有睡觉了，还一个劲儿伏在桌子上写呀写的。实在写得太累太困的时候，才叫我们给他打盆水洗洗脸，清醒清醒，又继续写。饭吃得少，脸色也不好看。大家生怕主席累病了，便在值班时加倍注意，劝主席多休息。”“大概写到第八九天的半夜，主席把我叫去，交给我一卷用报纸卷好的卷卷，叫我过延河送到清凉山解放社去。过了两三天，解放社送来了校样，主席拿到手以后就又手不释卷，不分昼夜，反反复复地修改起来。”[①]1938年5月底6月初，毛泽东在延安抗日战争研究会上发表《论持久战》的长篇演讲，他驳斥“亡国论”“速胜论”，回答了抗日战争为什么是持久战及最后胜利为什么是中国这两个基本问题，科学地预见了要经历的战略防御、战略相持和战略进攻阶段，提出“民兵是胜利之本”的著名论断，系统地论述了人民战争的思想，坚定了全国人民上下一心为争取民族解放而斗争的必胜信心。

---

① 参考曹宇：《毛泽东写作〈论持久战〉》，《人民日报》2018年11月13日。

抗日战争相持阶段到来后，国民党顽固派企图推行法西斯主义，反对马克思主义，他们主张从军事上削弱中国共产党力量，同时叫嚣社会主义和共产主义不适合中国。民族资产阶级的一些代表，既对国民党独裁专制和抗战不力表示不满，又对共产党曾经的“左”倾错误表示忧虑，他们不了解马克思主义，尝试走英美式的资本主义道路。在杨家岭的煤油灯下，毛泽东撰写《新民主主义论》，代表共产党向全国人民说明了“怎么办，中国何处去”的重大问题，这标志着中国共产党革命理论的成熟。这个新理论的创立，离不开周恩来、刘少奇、朱德、任弼时、张闻天等人的贡献，而毛泽东的贡献毫无疑问是最杰出的。《新民主主义论》包括新民主主义革命论和新民主主义社会论两个部分，在新民主主义革命论中，毛泽东分析了中国近代以来的主要矛盾以及中国革命产生的根源，随后指出中国革命的性质、对象、动力、道路、前途等基本问题；在新民主主义社会论中，毛泽东指出中国革命要分两步走，在进入社会主义社会之前需要一个新民主主义社会，这是一种特殊的社会模式，“是真正革命的三大政策的新三民主义共和国”，“这是一定历史时期的形式，因而是过渡的形式，但是不可移易的必要的形式”①。毛泽东提出了新民主主义社会政治、经济、文化三个纲领，描绘了新民主主义共和国的蓝图。

1940 年 1 月 9 日，毛泽东在陕甘宁边区文化协会第一次代表大会上发表题为《新民主主义的政治与新民主主义的文化》，据当时台下听讲者回忆，“这个长篇讲话，从下午一直讲到入夜起煤气灯的时分”，在会场的五六百名听众“被他的精辟见解和生动话语所鼓舞、所吸引，聚精会神，屏息静听，情绪热烈，不时响起一阵阵的掌声”②。这就是我们熟知的《新民主主义论》，此文章一经问世，引起巨大反响。近代著名新闻工作者、无产阶级战士邓拓在晋察冀边区读到《新民主主义论》后，激动地写下《读毛主席〈新民主主义论〉》：“万水千山只等闲，长城绕指到眉端。阵图开处无强敌，翰墨拈来尽巨观。风雨关河方板荡，运筹帷幄

---

①《毛泽东选集》第二卷，人民出版社 1991 年版，第 675 页。

② 温济泽：《征鸿片羽集》，当代中国出版社 1995 年版，第 473 页。

忘屯艰。苍龙可缚缨在手，且上群峰绝顶看！”无论是边区党外分子还是国统区的爱国知识分子，都对这篇文章产生浓厚兴趣，给予认同。李鼎铭听了毛泽东的《新民主主义论》演讲后，改变了对共产党的看法，认为：“新民主主义的实行……与中国人民的战时战后的需要相符合。”国统区的陶行知看到这篇文章时欣喜若狂，民盟创始人杜斌丞得到这个讲话，立刻被吸引，闭门谢客，专心阅读。尽管国民党三令五申限制《新民主主义论》传播，仍不能阻止这篇文章在国统区的流传，“在读者埋头看书的时候，书店主会偷偷地塞给你一本线装的《金刚经》，翻开封面一看，不禁使你欣喜万分，原来这是毛主席的《新民主主义论》”[①]。甚至在国民党眼皮底下，《新民主主义论》也有不经伪装出售的。据当时在成都读书生活出版社工作的吴海如回忆，1940 年 10 月初的一个夜晚，八路军办事处的同志送来一千多本《新民主主义论》(封面上赫然写着“新民主主义论”)，嘱咐要迅速将这部有重要政治影响的书卖出去。次日，书店刚开张不到半小时，“包括邮购部分在内的一千本书就全部售完了”，国民党随后对书店的清查也是无果而归。[②]

新民主主义理论的提出，是以毛泽东为代表的共产党人对马克思主义基本原理同中国具体实际相结合的理论创新，是马克思主义无产阶级革命学说、国家学说的一个重大发展。这使得毛泽东的一系列理论观点连成了一个整体，标志着马克思主义同中国实际相结合的第一次理论飞跃——毛泽东思想的形成。

二、在全党奠定马克思主义的学风

> 凡此主观主义与宗派主义的思想与行动，如不来一个彻底的认真的深刻的斗争，便不能加以克服，便不能争取革命

---

① 宗泉超：《历史上的东安市场》，载北京史研究会编《北京史论文集》，燕山出版社 1980 年版，第 228 页。

② 参考王毅：《民国知识界言说中的〈新民主主义论〉》，《党的文献》2016 年第 3 期。

的胜利。而要进行斗争，加以克服，非有一个全党的动员是不会有多大效力的。

——毛泽东

遵义会议后，在以毛泽东为代表的正确政治路线、军事路线指引下，中共中央高举抗日旗帜，积极促成抗日民族统一战线的建立，投入民族救亡洪流中。虽然遵义会议上党批判纠正了王明的错误，却因当时紧张的国际国内局势而没来得及在全党范围内对历史的经验教训进行系统的总结，以至党内在指导思想上仍存在分歧，新加入的大批党员马克思主义理论水平有限，各种非无产阶级思想、主观主义、宗派主义严重，一场轰轰烈烈的思想整风运动势在必行。

整风运动分为全党干部特别是高级干部学习阶段和全员学习阶段。1941 年 5 月 19 日，毛泽东在中央宣传部干部学习会上作《改造我们的学习》报告，这个报告可以看成是整风运动的思想动员。9 月，中共中央政治局召开扩大会议，在中央领导层干部中开展整风，这个过程中张闻天带头作自我批评，随后博古、任弼时、王稼祥等绝大多数同志都联系实际作了自我批评，力求从惨痛的历史教训中学习提高。9 月 10 日，王明第一次发言，他对自己的批评仅仅是"没有很好地研究中国问题"，不了解蒋介石是有可能转向抗日的，表示要"从头做向下学习"，丝毫没有涉及他"左"倾教条主义路线的问题，也不提自己的错误。到他第二次发言时，他竟然批评李维汉的自我检讨"不诚恳""不彻底"，他以六大为引子，点了许多同志的名，这个是右派代表，那个是立三派，或暗藏的托派、奸细，唯独对自己的错误讳莫如深。9 月会议后，王明不但不肯承认错误，反而在 10 月 8 日的书记处工作会议上作长篇发言，向以毛泽东为代表的正确路线发起进攻。他认为毛泽东《新民主主义论》"太左"，对自己武汉的工作诸多狡辩，甚至颇为不服地冲毛泽东说："你是党的领袖，我的话对否，做结论权在你。"面对王明的无理取闹，与会同志给予了反驳，并采取成立全党高级学习组、成立清算过去历史委员会和复查错误路线下被打击干部委员会以及改革教育等措施推进加强高级干部的整风运动。

1942年2月1日，毛泽东在中共中央党校作《整顿党的作风》报告。2月8日，毛泽东又发表《反对党八股》的演说。延安整风运动进入全党普遍开展阶段。对于主观主义的批评，毛泽东从1929年古田会议时就开始了，主观主义和教条主义影响党的理论创新。而宗派主义则严重影响党内的团结，例如六届四中全会后，王明等把持的中共中央提拔了一些“左”倾教条主义者进入中央领导岗位，过分打击了犯立三冒险主义错误的领导人，并进行宗派主义的“反右倾”斗争，打击了提出不同见解的何孟雄、林育南、李求实等党的优秀干部。党八股则是指写文章和讲话中的空话和套话之风。毛泽东列举党八股的八大罪状：空话连篇，言之无物；装腔作势，借以吓人；无的放矢，不看对象；语言无味，像个瘪三；甲乙丙丁，开中药铺；不负责任，到处害人；流害全党，妨碍革命；传播出去，祸国殃民。党八股是主观主义和宗派主义的表现形式，反主观主义和宗派主义就必须连党八股一起清算。

整风运动的目的是提升文化水平有限的党员及干部的马克思主义理论水准。同时，大批文化水平较高的知识分子来到延安又带来了一些新的问题。这些青年知识分子虽仰慕中国共产党，对抗日救国充满热情，然而由于他们对党的历史不熟悉，对主观主义、宗派主义和党八股对革命的危害缺乏感受，遇到一些问题不加深入了解便以偏概全，言辞激烈地加以讽刺挖苦，有的攻击某些领导干部是“异类”，机关举办个文娱晚会就被讥讽为“歌啭玉堂春，舞回金莲步的升平气象”，对干部生活待遇的差别挖苦为“衣分三色，食分五等”，主张“彻底民主”“绝对民主”等。文艺界的问题最为明显，有的说，文艺应该“暴露黑暗”，“作家不是百灵鸟”；有的说，“延安和重庆同样存在黑白莫辨的云雾”；还有主张不要使文艺成为“政治的附属物”，要给艺术创作以“自由独立的精神”等等。为了解决这些不良苗头，毛泽东提议召开一次文艺座谈会，他同何凯丰联名邀请在延安的100多位文艺界人士召开了三次全体会议。1942年5月23日，是文艺座谈会的最后一次会议，毛泽东的讲话是晚餐后在点着汽灯的广场上讲的，这就是《在延安文艺座谈会上的讲话》中的“结论”部分。他指出要把马克思列宁主义的基本原理与中国革命文艺的实践相结合，系统地论述了文艺为人民大众服务的方针问题。随后，中央文委、中央组织部动员文艺工作者带头下乡，得到文艺工作者的热烈响应，几年后一批具有划时代意义的优秀作品问世，如《白毛女》《王贵与李香香》《李有才板话》《太阳照在桑干河上》《暴风骤雨》等，这些都是文艺工作者深入生活、面向工农兵的成果，掀开了中国文艺运动史上崭新的一页。①

整风运动过程中，党的建设等理论也得到了丰富和发展。1938 年 3 月 15 日，中共中央作出大量发展党员的决议，破除只注重从工人中发展党员的王明“左”倾关门主义模式，要求积极大胆地从工人、农民、青年学生、知识分子、小职员、中农、下级官兵中吸收新的积极分子入党。这样就使得党员人数有了突飞猛进的增长，1937 年 7 月仅有党员 4 万人，到 1940 年 7 月发展为 80 万人，三年增长了 20 倍，到 1945 年七大召开时，党员人数已经达到 121 万人。一个艰巨的任务摆在了中国共产党的面前，如何加强党的建设，如何建设一个思想上政治上组织上完全巩固的布尔什维克政党，毛泽东、刘少奇等中共领导人给出了答案。这个时期中共中央发表了一系列加强党建的文件，毛泽东的《〈共产党人〉发刊词》《中国革命和中国共产党》等，刘少奇的《论共产党员的修养》《人为什么犯错误》《论党内斗争》等，对党的思想建设、政治建设、组织建设、作风建设以及坚持党的领导等问题作出了论述，形成了相对独立和完善的理论，丰富发展了马克思主义的建党学说。

经过反复讨论和修改，1945 年 4 月 20 日，中共六届七中全会通过了《关于若干历史问题的决议》。该《决议》从政治、军事、组织和思想等方面清算了党内“左”倾和右倾错误，特别是王明“左”倾冒险主义错误，并分析了这些错误产生的根源，提出了克服的办法，同时高度评价了毛泽东的功绩。《决议》的通过标志着全党达到了空前的统一和团结，也标志着整风运动的基本结束。整风运动具有伟大的历史意义，它

---

① 参考沙健孙主编：《中国共产党史稿（1921—1949）》第四卷，中央文献出版社 2006 年 10 月第 1 版，第 611、616—617、620 页。

使广大党员彻底接受了一次马克思主义的洗礼，使广大党员深刻认识到将马克思列宁主义与中国实际相结合的必要性，使广大党员看到了毛泽东思想的创新之处，为确立毛泽东思想在全党的指导地位奠定了坚实的基础。

三、把马克思主义普遍真理与中国革命的具体实际相结合

> 中国共产党，以马克思列宁主义的理论与中国革命的实践之统一的思想——毛泽东思想，作为自己一切工作的指针，反对任何教条主义的或经验主义的偏向。
>
> ——1945 年《中国共产党党章》

作为党的早期领导人，李大钊等曾经提过要把马克思列宁主义应用到中国实践当中的思想，但幼年时期的中国共产党对这个问题并没有形成深刻的、完整的、统一的认识，只是唯唯诺诺、小心翼翼地执行共产国际的指示，遇到问题教条地照抄照搬马、恩、列、斯的“本本”。遵义会议后，中国共产党真正认识到这个问题的重要性。延安整风运动后，全党在思想上高度统一，开始独立自主、创造性地运用、发展马克思主义。

毛泽东是这方面的典范，他一生博览群书，不仅数量大且领域广，更难能可贵的是他喜欢阅读专业性很强的文史和自然科学论著，有批注的习惯，这种方式使他的阅读不仅广博而且专深。作为一名马克思主义政治家，马列著作始终摆在毛泽东阅读的首位。全党马克思主义理论水平整体落后于实际水平的事实让他十分苦恼。1938 年，毛泽东在党的六届六中全会上作题为《论新阶段》的政治报告，里面首次提到“马克思主义中国化”这个命题。他指出：“对于中国共产党说来，就是要学会把马克思列宁主义的理论应用于中国的具体的环境。成为伟大中华民族的一部分而和这个民族血肉相联的共产党员，离开中国特点来谈马克思主义，只是抽象的空洞的马克思主义。因此，使马克思主义在中国具体化，

使之在其每一表现中带着必须有的中国的特性，即是说，按照中国的特点去应用它，成为全党亟待了解并亟须解决的问题。”①1940 年，他在延安新哲学会第一届年会上讲：“中国革命有了许多年，但理论活动仍很落后，这是大缺憾。”1941 年，毛泽东在研读苏联哲学家西洛可夫、爱森堡等合著的《辩证法唯物论教程》时写了大量批注，如“中国主观主义与张国焘主义者的方法论都是机械论”，“不注意具体特点，妄把主观构成的东西当作特点（抽象的特点，没有客观实在性的特点），李立三及其后的主观主义者正是如此”等，他还感叹道：“中国的斗争如此伟大丰富，却不出理论家！”② 这表达了他要创造性发展马克思主义的强烈愿望。

与此同时，中共许多领导人和一些理论工作者，也越来越深切地感到，毛泽东代表了中国革命的正确方向，他们也在思考如何对这个以毛泽东为主提出的中国革命的理论冠以适当的命名和正确的评价。1941 年 3 月，张如心最先使用了“毛泽东同志的思想”这一提法。在他的《论布尔什维克的教育家》一文中指出毛泽东的著作和言论“是马列主义理论与中国革命实践结合典范的结晶体”，党的教育人才“应该是忠实于列宁、斯大林思想，忠实于毛泽东同志的思想”的。随后，他又在《解放日报》上发表《学习和掌握毛泽东的理论和策略》一文，指出“毛泽东同志的理论就是中国革命的马克思列宁主义”。1941 年 9 月举行的中央政治局扩大会议上，陈云提出“毛主席是中国革命的旗帜”；李维汉认为毛泽东是“创造的马克思主义者之模范、典型”；王稼祥说“过去中国党毛主席代表了唯物辩证法”；叶剑英指出“毛主席由实践到理论，这是我们应该学习的”③。此后，朱德、陈毅、刘少奇都从不同方面表述了他们对毛泽东思想理论的看法。1943 年 7 月，王稼祥在《解放日报》上发表《中国共产党与中国民族解放道路——纪念共产党二十二周年与抗战六周年》的文章里第一次公开提到“毛泽东思想”的概念。邓小平

①《毛泽东选集》第二卷，人民出版社 1991 年版，第 534 页。

②《毛泽东年谱（1893—1949）（修订本）》中册，中央文献出版社 2013 年版，第 349 页。

③《关于建国以来党的若干历史问题的决议注释本》，人民出版社 1983 年版，第 480 页。

在12月北方局党校整风动员会上的讲话中不仅使用了中国化的马列主义（即毛泽东思想的概念），而且明确指出中国共产党及其中央是以毛泽东思想为指导的。1944年5月，中国第一部《毛泽东选集》出版发行，这不仅系统地宣传了毛泽东思想，也为确立毛泽东思想为全党的指导思想做出了重要贡献。

1945年4月23日至6月11日，中国共产党第七次全国代表大会在延安杨家岭中央大礼堂召开，此时距1928年6月召开的中共六大已过去17年的时间。实际上，早在1931年1月的中共六届四中全会上，中央就曾有过准备召开七大的动议。然而，国民党连续五次“围剿”以及后来的长征、抗日战争全面爆发等原因，七大的准备工作一拖再拖。中国共产党前六次全国代表大会都是在别人修好的房子里召开的，中共七大的会址杨家岭大礼堂于1939年开始修建，1942年完工，可容纳上千人。这在当时的延安称得上是一座“宏伟建筑”，朱德曾风趣地说，这是中国共产党第一次在自己修建的房子里召开代表大会。七大是一次团结的大会，选举党的第七届中央委员会是七大的一项重要议程。毛泽东对委员会成员的选举很关注，他所说的“不要把犯了错误的人推出去”指的就是在第五次反“围剿”中犯了错误的王明、博古，毛泽东始终认为对过去犯错误的同志不应一手推开，只要他们承认错误，并决心改正错误就行了。中共七大专门制作的代表证、流传最广的七大全景照片，正是对这次重要大会的历史记录。而留给历史的最深刻的印记，无疑就是会议主席台上方弧形上沿所镌刻的七大主题：在毛泽东的旗帜下胜利前进！

中国共产党第七次全国代表大会通过的党章，第一次明确规定了毛泽东思想是党的指导思想，党章指出：“中国共产党，以马克思列宁主义的理论与中国革命的实践之统一的思想——毛泽东思想，作为自己一切工作的指针，反对任何教条主义的或经验主义的偏向。中国共产党以马克思主义的辩证唯物主义与历史唯物主义为基础，批判地接收中国的与外国的历史遗产，反对任何唯心主义的或机械唯物主义的世界观。”刘少奇在题为《论党》的修改党章的报告中，强调了确定以毛泽东思想作为党的指导思想的重大意义，对毛泽东在创立毛泽东思想过程中的巨大贡献给予高度评价。他号召“动员全党来学习毛泽东思想，宣传毛泽东思想，用毛泽东思想来武装我们的党员和革命的人民，使毛泽东思想变为实际的不可抗御的力量”①。

中共七大选举毛泽东为中共中央主席兼政治局、书记处主席，形成了以毛泽东为代表的党中央第一代领导集体，将毛泽东思想第一次公开写在中国共产党的旗帜上，这是马克思主义中国化的第一次飞跃，也是中国马克思主义发展史上的重大事件。在毛泽东思想的指导下，中国革命一步步走向胜利，中国的命运彻底被改变。

第五节　直挂云帆济沧海：马克思主义深刻改变中国命运

一、抗日战争的中流砥柱

> 中国人民抗日战争胜利是中国共产党发挥中流砥柱作用的伟大胜利。
>
> ——习近平

马克思主义进入中国，就同中国共产党的命运、人民的命运、中华民族的命运紧紧连在一起。在坚持马克思主义与中国革命实际相结合的原则下，中国共产党从一个只有 50 多人处于地下状态的革命党逐渐发展成为一个被人民所拥护的大党，成为抗日战争的中流砥柱，成为人民民主统一战线的推动者，成为新中国的创立者和建设者。马克思主义为中国革命提供了强大的思想武器，以马克思主义为指导思想的中国共产党深刻改变了中国人民和中华民族的前途和命运。

抗日战争是近代以来中国反抗外敌入侵的第一次取得完全胜利的伟

---

①《建党以来重要文献选编（1921—1949）》第二十二册，中央文献出版社 2011 年版，第 393 页。

大的民族解放战争。中国共产党作为中华民族解放的先锋队，以自己的坚定意志和模范行动，在抗日战争中发挥了中流砥柱作用。为什么说中国共产党是抗日战争的中流砥柱？四个“最”足以给出答案。

中国共产党是最早喊出全民抗日宣言的政党。毛泽东曾在《论联合政府》的报告中这样提到：“中国人民的抗日战争，是在曲折的道路上发展起来的。这个战争，还是在一九三一年就开始了。”①1931 年 9 月 18 日夜，日本关东军炸毁沈阳柳条湖附近日本修筑的南满铁路路轨，并嫁祸于中国军队，炮轰中国东北军北大营，制造了震惊中外的“九一八”事变，由于蒋介石政府的不抵抗政策，东北三省迅速沦陷。此时的中国共产党还在井冈山，面对日本帝国主义的侵略，事变第二天中共满洲省委就发布了《为日本帝国主义武装占领满洲宣言》，这是第二次世界大战史上第一个反法西斯的正义宣言；第三天，中共中央发表《中国共产党为日本帝国主义强暴占领东三省事件宣言》，号召全国人民一致动员起来反抗日本帝国主义的侵略。而国民政府直到 1937 年 8 月 14 日才正式发表《国民政府自卫抗战声明书》，相比中国共产党整整晚了近六年的时间。

中国共产党是最早领导东北抗日的政党。“九一八”事变后，受“不抵抗”政策的约束，张学良约 20 万装备精良，建制完整的东北军撤到关内。9 月 21 日，中共满洲省委作出《日本帝国主义武装占领满洲及目前党的紧急任务》的决议，要求各地党组织一面创立党直接领导下的抗日游击队，一面采取切实步骤领导与援助各地抗日义勇军，而且派了许多共产党员和进步群众到义勇军中工作。中国共产党带头组建东北抗日联军，成为牵制日军的主要力量。1938 年中国共产党扩大的六届六中全会称赞东北抗联是“在冰天雪地与敌周旋七年多的不怕困苦艰难奋斗之模范”。1942 年 1 月 1 日，中共中央东北局专门作出决定，称东北抗联是“中国共产党光荣历史不可分割的一部分”。东北抗日异常艰辛，其间涌现出许多英雄个人和团体，赵尚志、杨靖宇、赵一曼等烈士为抗日奉献

---

①《毛泽东选集》第三卷，人民出版社 1991 年版，第 1034 页。

出自己宝贵的生命，“八女投江”、小孤山“十二烈士”等英雄壮举至今仍激励着无数共产党人。东北义勇军抗战的事迹，为中华人民共和国国歌《义勇军进行曲》的创作奠定了思想基础。

中国共产党是坚持抗战时间最长的政党。从1931年“九一八”事变到1945年日本投降，中国共产党持续抗日长达十四年。以卢沟桥事变为界，前六年为局部抗战时期，后八年为全国抗战时期。局部抗战时期，虽然军事行动主要发生在东北、华北等局部地区，但它却为全国抗战做了思想、军事、人心等方面的准备，它对积蓄抗日力量、凝聚人心、唤醒民族觉醒起到了重要作用。全国抗战时期，中国共产党秉承民族大义，积极推进抗日民族统一战线的建立，促进西安事变和平解决，创造性地开辟敌后抗日根据地，有效配合正面战场进行敌后游击战争，为抗战胜利贡献了决定性力量。在中国人民抗日战争胜利60周年、70周年纪念大会上，胡锦涛同志、习近平同志都使用了“十四年抗战”的说法。

中国共产党承担了最艰苦的敌后战场战略任务。1937年9月至1938年10月，中国共产党先后建立了晋察冀、晋西北抗日根据地，以及大青山、晋冀豫、晋西南、山东、华中等六大抗日民主根据地，并巩固了陕甘宁边区，八路军发展到15.6万多人，新四军发展到2.5万人，敌后根据地总人口达5000万以上。到1940年，抗日根据地扩大为16块，加上陕甘宁边区，党领导的抗日根据地已拥有1亿人口，超过了当时全国人口的四分之一。敌后抗日根据地的建立和壮大，使得无论是日本侵略者还是蒋介石都将中国共产党视为“眼中钉，肉中刺”，无一不将“反共”作为自己的施政纲领，他们通过丑化共产党和共产主义，为反共防共及沦陷区“清乡”“绥靖”寻找理论根据。中国共产党建立的每一块敌后根据地几乎都面临日军、伪军、国民党顽固派军事上的三方夹击。日军的反复“扫荡”以及“三光”政策，使得敌后抗日根据地再度面临空前严重的经济危机。

在这种不利形势下，中国共产党毅然坚持抗战理念，以毛泽东为代表的中国共产党人不记血海深仇，和平解决西安事变，促成国共第二次合作。1937年9月，《中共中央为公布国共合作宣言》公开发表，宣告国共重新合作和抗日民族统一战线形成。《中国共产党抗日救国十大纲领》《论持久战》指明了坚持长期抗战、争取最后胜利的具体道路。抗日根据地轰轰烈烈的大生产运动，为度过严重困难、进行长期作战奠定了物质基础。这是怎样一幅壮丽的画面！游击战中的地道战、地雷战、麻雀战打得敌人魂飞胆丧，平型关大捷打破了日军“不败”神话，百团大战既提高了八路军和共产党的威望，又在抗日局面低沉时振奋了全国民心。面对国民党顽固派的军事进攻，中国共产党坚决予以还击，对于皖南事变的阴谋，中共中央及时揭露，有理有利有节地捍卫着全民族抗日统一战线。根据地官兵群众投入大生产运动中，涌现出诸多“气死牛”的人物，王震带领的三五九旅开荒南泥湾，造就了“陕北好江南”。“狼牙山五壮士”、回民支队司令员马本斋、八路军副参谋长左权等英雄人物、英雄团体至今为世人称颂，从普通士兵到高级干部，舍生忘死、冲锋向前，为了抗战贡献一切。

1945 年 8 月 15 日，日本宣布无条件投降，抗日战争结束。以马克思主义为指导思想，以毛泽东同志为主要代表的中国共产党人，面对民族危机，为争取国家独立和民族解放，坚持把马克思主义基本原理同中国具体实际相结合，在全民抗战中发挥了中流砥柱作用，对促进新民主主义革命的最终成功产生了十分重要而深远的影响。

二、中国人民的主心骨

> 必须站在人民群众这一边，绝不能站到人民敌人那一边去。这是一个马克思列宁主义者的根本立场问题。
>
> ——毛泽东

“得道者多助，失道者寡助”，专制独裁的国民党面临政治危机、经济崩溃，军事上屡屡受挫，人心尽失，成为美帝国主义扶不起的“阿斗”。中国共产党，通过解放区的土地改革、国统区的统一战线建设，军事上节节获胜，人心所向，终教日月换新天。

十四年的抗战的结束，饱受战争摧残的中国人民强烈要求争取和平民主，世界将焦点集中在了国民党和共产党身上。1945 年 8 月 14 日，蒋介石发出第一封电报邀请毛泽东赴重庆谈判。8 月 20 日，蒋介石又发出第二封电报称“内争不容再有”“共同勠力，从事建设”。蒋介石主动邀请、诚恳商谈的态度蒙蔽了一些人，《大公报》社论称蒋介石“蔼然诚坦，溢于言表”，“殷切盼望毛先生不吝此一行，以定国家之大计”；《纽约时报》发表社论，称中国共产党不愿参加合作。国民党继续制造舆论试图掌握战略主动权，8 月 23 日，蒋介石发出第三封电报，继续邀请毛泽东赴重庆谈判。同时为促进这次谈判，苏联共产党也打来两封电报，要求毛泽东前去重庆。这将中国共产党置于风口浪尖，如拒绝邀请，则正好给蒋介石一个挑起内战的借口；如接受邀请，西安事变后张学良、杨虎城将军的遭遇可谓前车之鉴。毛泽东最终决定冒着“坐班房”的危险去重庆会一会蒋介石，他安排好延安的工作后，在周恩来、王若飞的陪同下前往重庆进行会谈。毛泽东的到来使山城重庆沸腾了，中国共产党谋求和平的诚心受到了舆论的称赞，诗人柳亚子赋诗称颂毛泽东这一行动是“弥天大勇”。重庆谈判十分曲折，由于国民党“自信”地认为毛泽东不会来重庆，所以压根没有准备谈判的具体方案，而中国共产党在延安的时候就制定了谈判方案。双方代表唇枪舌剑，既有据理力争也都互有让步，苦谈 43 天后终于达成共识，10 月 10 日双方代表签订了《会议纪要》。10 月 11 日，毛泽东离开重庆返回延安。重庆谈判提高了中国共产党的地位，使全国人民看到了共产党求和平求民主的诚心。谈判期间中国共产党展开政治攻势，争取社会各界的认同和支持，扩大了民主革命统一战线；也使全国人民看到，中国共产党是真的为人民谋幸福、为民族谋复兴的党。

中国共产党历来重视农民和土地问题，《兴国土地法》《井冈山土地法》，以及抗战时期为团结地主、富农对土地政策进行调整无一不是在解决农民问题上的探索和实践。1946 年 5 月 4 日，中共中央发出《关于清算减租及土地问题的指示》，简称《关于土地问题的指示》（亦称《五四指示》），把抗日战争时期削弱封建的减租减息政策改变为消灭封建，实行“耕者有其田”的政策。第二年颁布的《中国土地法大纲》明确宣布废除一切封建和半封建剥削的土地制度，符合民主革命的要求。到1949年上半年，三分之一的中国农民摆脱了封建剥削，解放区农村经济得到恢复和发展，一片欣欣向荣的景象。为了保护革命果实，他们踊跃参军参战，支援前线，巩固解放区，积极配合中国人民解放军粉碎国民党的军事进攻。原蒋介石政治顾问、美国著名的“中国通”拉铁摩尔看到解放区与国统区截然不同的景象时说：“在今日中国，最重要的阶层是农民。他们一向都是持锄的人，但现在却变为持枪的人了。……国民党政府由于竭力统治农民的结果，在内战中业已败北；中共由于满足了农民的要求，在内战中业已获胜。”

1948年，决定中国命运的淮海战役打响。60万“小米加步枪”的人民解放军对战80万拥有当时最先进武器的美式装备的国民党军。单纯从军事力量对比上，解放军无疑处于劣势。但战争的结果，却是解放军彻底战胜了国民党军，蒋家王朝就此走向彻底覆灭。其实，在60万人民解放军背后，还有543万推着小车日夜支前的父老乡亲。[①]

进入位于徐州的淮海战役纪念馆，首先映入眼帘的是五个金光闪闪的大字：人民的胜利！“最后一粒粮食当军粮；最后一尺布缝军装；最后一扇门板做担架；最后一个儿子上战场！”这就是淮海战役时人民的选择。而这一选择的理由其实既简单又明了：“保家护田！”当时处于战区的胶东解放区和苏北解放区，已经实施了土地改革。中国共产党第一次依靠人民实现了中国农民千百年来梦寐以求的“耕者有其田”的理想。老百姓知道，淮海战役的胜败，关乎着他们的胜利果实能否保住。

为了保家保田，翻身农民在极端困难的条件下，不顾自身安危，千方百计地保障着前线的物资供应和各种需求。淮海战役中，莒南民工冒着雨雪，每天在30里长的运输线上往返5次，靠肩挑、小车推，为部队运粮。他们骄傲地说：“包围圈里的敌人每人每天只有二两米，我们的解放军又饱又暖，贼老蒋的美国飞机还比不上咱们这土飞机呢！”陈毅曾

---

① 引自徐州“淮海战役纪念馆”馆藏资料：淮海战役支前民工达543万人。

深情地说："淮海战役的胜利，是人民群众用小车推出来的。"1949 年 4 月解放军南下，冀鲁豫区沿黄河的船工和农民，以千百只木船架起了一座可以通过载重汽车的大浮桥，让南下部队迅速渡过黄河；长江下游的船工和农民，用成千上万只民船，使 30 万部队在敌人炮火下一夜之间渡过长江。民工们的行动如同他们的口号："解放军打到哪里，我们就支援到哪里！""前方需要什么，我们就送上什么！"[①] 这正是以人民为中心的马克思主义政党时刻牢记初心使命的最好的印证。

此时的国统区则是另外一番景象，农村经济急剧衰落，民族工商业大量破产，城市失业人口大量增加。1946 年，京、沪两市失业人数达 100 多万，就是在职工人也因物价的飞涨而很难维持生计，如 1949 年 4 月上海永安印染厂的工人月平均工资只能买到 33 斤大米。公教人员也困苦不堪，甚至出现了大学教授因生活所迫而自杀的现象。广大农民更是饥寒交迫，1946 年各地有 1000 多万人饿死，1947 年饥民达 1 亿以上，各地农村饥民遍野，饿殍载道，满目凄凉。越来越多的市民、工人甚至民族工商业者不满国民党统治，将希望寄托在中国共产党及其领导的人民革命胜利之上。解放战争之初，国民党军总兵力为 430 万人，不仅接收了百万日军的全部装备，并在抗日战争和抗日战争胜利后的一段时间内接收了美国赠予的大量美械装备。人民解放军方面，经过抗日战争，武器装备虽有所改善，但仍然没有脱离"小米加步枪"的基本状况。据解放军总部 1946 年 6 月统计，全军只有日式山炮 58 门，日式"92"步兵炮 124 门，"八二""六〇"迫击炮 1559 门，其余都是步马枪和轻重机枪。连美国自己都对如此援助信心百倍，认为"国民政府在拥有作战装备的军队数量上，对共产党已占压倒的优势"[②]。然而，"一切反动派都是纸老虎"，在"战略上藐视敌人，战术上重视敌人"原则的指导下，中国共产党不仅抵抗住了国民党军队的局部进攻，还重挫国民党军队的

① 沙健孙：《中国共产党史稿（1921—1949）》第五卷，中央文献出版社 2006 年版，第 368 页。

② 沙健孙：《中国共产党史稿（1921—1949）》第五卷，中央文献出版社 2006 年版，第 126 页。

重点进攻。1947 年 5 月孟良崮战役，消灭了国民党五大主力之一的整编第 74 师，歼敌 3.2 万人。解放军得到了全国人民特别是解放区人民的支持，其优待俘虏的原则也使得许多国民党士兵转变为解放军战士。到三大战役结束时，人民解放军已发展到 400 万人，而国民党全部兵力只剩下 204 万，失败已成定局。

三、萧瑟秋风今又是，换了人间

> 70 年前的今天，毛泽东同志在这里向世界庄严宣告了中华人民共和国的成立，中国人民从此站起来了。这一伟大事件，彻底改变了近代以后 100 多年中国积贫积弱、受人欺凌的悲惨命运，中华民族走上了实现伟大复兴的壮阔道路。
>
> ——习近平

抗日战争胜利后，时局发生了变化，为建立新中国而斗争的历史时机已经到来。面对两种命运、两种前途的严重斗争，壮大起来的中国共产党提出了自己的建国主张，民主党派及无党派人士放弃了“第三条道路”的主张，转向新民主主义共和国方案。这是中国共产党在马克思主义的国家学说上所作出的理论建树，向人民交出了一份满意的答卷。

1943 年，蒋介石写了《中国之命运》一书，公开反对共产主义，着力渲染“一个主义”“一个政党”，把三民主义说成“国民革命不变之最高原则”“民族复兴唯一之路线”等，暗指中国共产党领导的武装力量和敌后抗日根据地是“新式封建与变相军阀”，暗示其他党派应放弃自由的主张，强调国民党是“领导革命建设国家的总机关”“永为中国唯一的革命政党”等，为国民党独裁专政造势。毛泽东在中共七大上用一篇《论联合政府》批判反驳蒋介石，主张抗战结束后“建立一个以全国绝大多数人民为基础而在工人阶级领导之下的统一战线的民主联盟的国家制度”，即“新民主主义的国家制度”[①]。毛泽东在《论联合政府》中所阐

① 《毛泽东选集》第三卷，人民出版社 1991 年版，第 1056 页。

述的观点，与蒋介石在《中国之命运》中所主张的独裁政治，形成鲜明的对照，不仅回答了中国向何处去的问题，给中国人民指明了斗争方向，而且系统地阐述了关于新民主主义国家的政权性质、组织原则等新民主主义的国家学说。

毛泽东指出结束国民党独裁政治的两个步骤："第一个步骤，经过各党各派和无党无派代表人物的协议，成立临时的联合政府；第二个步骤，将来时期，经过自由的无拘束的选举，召开国民大会，成立正式的联合政府。"[①] 随后，毛泽东提出联合政府的口号："要改造国民党，改造国民政府，改造国民党的军队。"他风趣地说，对于蒋介石"是请他洗脸，还是要割他的头？直到今天，我们还是请他洗脸，不割他的头"，"这个头割不得！还是执行'洗脸政策'，请他修改他那个错误政策。至于他洗不洗，还要看，今天他不洗！到明天洗不洗呢？那很难说"。虽然如此，我们还是要"给国民党留有余地"，否则，就会犯政治上的错误。"你说要合作，那好得很，但是你必须要洗一下脸，才同你'结婚'；你若不洗脸，那就不好看，就不同你'结婚'。这就是我们的方针。""如果有一天他变成大花脸，发动内战，那时我们党就要号召全国人民起来打倒蒋介石。"[②]

重庆谈判期间，毛泽东曾三访民盟主席张澜，周恩来、王若飞等也在不同场合与张澜、沈钧儒、黄炎培等民盟领导人广泛交换意见。民盟表示支持共产党的正义主张，配合中国共产党在谈判桌上的斗争。根据重庆谈判协定，1946 年 1 月政治协商会议在重庆召开，民盟代表团和中共代表团依据会前达成的"君子协定"，在大小几十个会议上配合默契，攻守相宜，有力地控制了局面，使会议朝着有利于和平、民主、团结、统一的方向发展。民主党派原本是"第三条道路"或"中间道路"的主张者，然而国民党的独裁专制使得民主党派放弃了"第三条道路"。国民党派遣大批特务，对民主同盟、民主促进会、民主建国会、农工民主党、

①《毛泽东选集》第三卷，人民出版社 1991 年版，第 1068—1069 页。
②《毛泽东文集》第三卷，人民出版社 1996 年版，第 414 页。

三民主义同志联合会等民主党派成员和民主人士进行监视、恐吓、逮捕和绑架。1946 年 7 月 11 日，李公朴被国民党特务暗杀。1946 年 7 月 15 日，闻一多被暗杀。1947 年 10 月 7 日，民盟西北地区领导人杜斌丞被国民党胡宗南逮捕杀害。10 月 27 日，国民党政府内政部发言人宣布民盟为“非法团体”，民盟被迫于 11 月 6 日宣布解散。至此，民主党派期望国民党实行民主的幻想彻底破灭。各民主党派纷纷放弃“第三条道路”的主张，选择同中国共产党合作走新民主主义共和国道路：1947 年 5 月，中国致公党在香港召开第三次代表大会，公开揭露和谴责美蒋反动派发动内战、独裁专制和贪污腐化的罪行；1947 年 11 月，台湾民主自治同盟在香港成立，反对帝国主义侵略和国民党的反动统治，拥护中国共产党建立民主联合政府的主张；1948 年 1 月 1 日，中国国民党革命委员会在香港正式成立，宣布赞成中共提出的新民主主义的基本纲领；1948 年 1 月 5 日，民盟一届三中全会在香港召开，明确表示反对南京反动独裁政府，为彻底实现民主、和平、独立、统一的新中国而奋斗到底！

1949 年的元旦，国共两党不约而同地发表了两篇文章，《人民日报》发表题为《将革命进行到底》的新年献词，向全国、全世界表达中国革命不会半途而废，中国共产党势必要夺取全国胜利的信心和决心。国民党那边，蒋介石以“中华民国”名义发表了一个元旦声明，提出要同中国共产党进行和平谈判的要求。国民党的“一国多公，令出多门”与共产党的“团结一致，万众一心”形成鲜明的对比。为了表示“诚意”，蒋介石在 1 月 21 日宣布退隐，回浙江奉化老家养老。然而，为了能继续指挥他的嫡系部队，他老家附近设立了七个电台，企图通过所谓的“和平谈判”“划江而治”获得喘息的机会，争取在 3 ～ 6 个月内编练 200 万新兵，再加上 100 多万残兵，凭借长江天险与中共对抗到底。中国历史上，项羽与刘邦、曹操与孙权、北周与南朝陈、北宋与南唐都曾有过划水而治、划江而治的先例，但是最终还是无法阻止民族统一的大势。其他且不说，仅惩办战争罪犯、废除伪宪法、废除伪法统都是蒋介石及其政党头目所坚决不能接受的。1949 年 4 月，国共双方代表在北平进行谈判，在中共提出的八项条件的基础上几经修改，达成《国内和平协定》，但国民党政府拒绝签字。中共中央在北平和谈破裂后发出“将革命进行到底”的口号，通过渡江战役于1949年4月23日攻下南京。毛泽东激动地写下《七律·人民解放军占领南京》：“钟山风雨起苍黄，百万雄师过大江。虎踞龙盘今胜昔，天翻地覆慨而慷。宜将剩勇追穷寇，不可沽名学霸王。天若有情天亦老，人间正道是沧桑。”

1949年10月1日15时，开国大典在北京举行，标志着中国共产党带领中国人民实现了中华民族从“东亚病夫”到站起来的伟大飞跃。正如《中共中央关于党的百年奋斗重大成就和历史经验的决议》中所说：“在革命斗争中，以毛泽东同志为主要代表的中国共产党人，把马克思列宁主义基本原理同中国具体实际相结合，对经过艰苦探索、付出巨大牺牲积累的一系列独创性经验作了理论概括，开辟了农村包围城市、武装夺取政权的正确革命道路，创立了毛泽东思想，为夺取新民主主义革命胜利指明了正确方向。”

第四篇　日出江花红胜火——马克思主义真理光耀新中国

第一节　风展红旗美如画：共和国旗帜上的马克思主义烙印

一、“进京赶考”新征途

中国的历史，从此开辟了一个新的时代。

——毛泽东

1949 年 10 月 1 日，北京天安门广场“风展红旗如画”。在雄壮的《义勇军进行曲》伴奏下，五星红旗冉冉升起，中华人民共和国成立了！毛泽东主席以“一唱雄鸡天下白”的诗篇昭告世界：占世界人口四分之一的中国人民从此站起来了！

新中国的成立，是中国人民革命的伟大胜利，也是马克思主义在中国的伟大胜利。从 1921 年中国共产党成立起，马克思主义就成为指导中国革命走向胜利的行动指南。正是以马克思主义为指导，我们建立了坚强的无产阶级革命政党——中国共产党；正是秉承马克思主义的唯物史观，我们党从建党之日起就抱负着“为中国人民谋幸福，为中华民族谋复兴”的初心使命，全心全意为人民服务，一切依靠人民、一切为了人民，开启了人民当家作主的新纪元；正是坚持马克思主义的无产阶级专政理论，枪杆子里面出政权，打出了一个红彤彤的新中国；正是以马克思主义作为根本的世界观和方法论，坚持实事求是，把马克思主义普遍真理与中国实际相结合，与中华优秀传统文化相结合创造了马克思主义中国化的第一个理论成果——毛泽东思想，我们党才能够从小到大、从弱到强，从苦难走向辉煌。

马克思主义为中国革命建设改革指明了方向。马克思主义关于无产阶级革命的学说不仅是要砸碎一个旧世界，更是要建设一个新世界。新民主主义革命的胜利，为实现中华民族伟大复兴创造了根本社会条件，中国实现了从几千年封建专制政治向人民民主的伟大飞跃，并将开启从人口众多、一穷二白的东方大国大步迈进社会主义社会的伟大飞跃。而在新民主主义革命胜利后，历史对执政的中国共产党人提出的新的紧迫的理论和实践课题是：怎样找到一条符合中国实际的正确的社会主义建设道路。对中国社会主义发展的理论和实践探讨就此发端。

实际上，还在新中国成立前夕，中国共产党的领导人就已经开始筹划未来的政权建设了。1949 年 3 月 5 日至 13 日，在位于太行山麓的一个小山村——河北省平山县的西柏坡，我们党召开了党的七届二中全会。这是一次被喻为“铲地基”并筹划“起房子”的重要会议。在简陋的会议室里，毛泽东发表了具有深远历史意义的重要讲话。他谆谆告诫全党：“夺取全国胜利，只是万里长征走完了第一步。……中国的革命是伟大的，但革命以后的路程更长，工作更伟大，更艰苦。……务必使同志们继续地保持谦虚、谨慎、不骄、不躁的作风，务必使同志们继续地保持艰苦奋斗的作风。”[①] 这段许多人都耳熟能详的教诲，今天听起来依然是如此亲切、如此令人振聋发聩。

正是在这次会议上，我们党以马克思主义的科学社会主义理论为根本指导，确定了从新民主主义向社会主义过渡的总方针，确定了从新中国成立起我们就必然是一个社会主义国家。但另一方面，限于时代和中国的具体实际，中国的社会主义道路又注定必然不同于马克思、恩格斯所设想的那样。拿国家政体为例，如果按照马克思、恩格斯在《共产党宣言》中提出的无产阶级对待资产阶级的基本态度——“剥夺剥夺者”，无产阶级政权在建立之时是一定要将资产阶级排除在外的。但在新中国成立时，我们事实上是建立了一个各革命阶级（在当时也包括了民族资产阶级）联合执政的联合政府。这体现了中国共产党在建国之初，我们

①《毛泽东选集》第四卷，人民出版社 1991 年版，第 1438—1439 页。

的社会主义实际上已经具有了根据时代特征和中国实际赋予的鲜明特色。

这一特色归根到底又是由中国革命的具体实际决定的。我们当时完成的是反帝反封建的新民主主义革命，而在新民主主义革命过程中，民族资产阶级也是革命的同盟军。因而，1949 年 9 月召开的政协全国第一代表大会的代表名单中，662 名代表包括了中国共产党、各民主党派、无党派人士、社会团体、国外华侨、各区域和人民解放军代表等。其中在 142 名党派代表中，中国共产党作为发起政协会议的最大政党，代表名额与当时参会的中国国民党革命委员会、中国民主同盟相当，同为正式代表 16 人，候补代表 2 人。① 这次会议选举产生了毛泽东等 89 人组成的主席团。毛泽东任中央人民政府主席，选出的 6 名副主席中，党外人士 3 人，分别为宋庆龄、李济深、张澜。宋庆龄是中国国民党革命委员会的名誉主席（未正式加入民革）、李济深为中国国民党革命委员会主席、张澜是中国民主同盟主席，他们都是民族资产阶级的代表。除这三人外，委员 56 人中党外人士 27 人，占到了近一半的比例，其中何香凝、赛福鼎、陈嘉庚、马寅初、黄炎培、蔡廷锴、彭泽民、张治中、傅作义、章伯钧、张奚若等，都是大名鼎鼎、耳熟能详的资产阶级代表人物。②

由此可以看出，新诞生的中央人民政府并不是严格意义上的无产阶级专政政府，而是各革命阶级联合执政的政府。1949 年 9 月 29 日通过的具有宪法性质的《中国人民政治协商会议共同纲领》明确规定："中华人民共和国为新民主主义即人民民主主义的国家，实行工人阶级领导的、以工农联盟为基础的、团结各民主阶级和国内各民族的人民民主专政，反对帝国主义、封建主义和官僚资本主义，为中国的独立、民主、和平、统一和富强而奋斗。"③ 联合政府的成立表明了中国共产党在国家政权建

---

① 参考《中国共产党历史》第二卷（1949—1978 上册），中共党史出版社 2011 年版，第 6、8 页。

② 参考《建国以来重要文献选编》第一册，中央文献出版社 1992 年版，第 20—21 页。

③《建国以来重要文献选编》第五册，中央文献出版社 1993 年版，第 521 页。

设上所做出的具有中国特色的探索，是把马克思主义无产阶级专政学说与中国实际相结合，所创造出的一种新型无产阶级专政，是具有鲜明中国特色的马克思主义建国学说。

与此同时，随着中国共产党历史地位的转变，在西柏坡的毛泽东预见随着革命的胜利，“党内的骄傲情绪，以功臣自居的情绪，停顿起来不求进步的情绪，贪图享乐不愿再过艰苦生活的情绪，可能生长”[①]。他提出的“两个务必”也是对中国共产党长期革命实践的深刻总结，关系到我们这个马克思主义政党能否跳出“其兴也勃焉，其亡也忽焉”的历史周期律，关系到这个马克思主义政党在执政后能否向人民、向历史交出一份满意的答卷。党的七届二中全会闭幕后第十天，毛泽东、周恩来等中共中央领导人启程前往北平。路上毛泽东多次提醒大家，我们绝不当李自成，全党越是在胜利关头，越是需要时刻保持清醒，我们进京“赶考”一定要考出好成绩。

新中国的成立，拉开了中国共产党在长期执政的历史条件下，怎样继续把马克思主义与中国新的实际相结合，走出一条有中国特点的社会主义发展道路的艰辛探索的序幕。

二、创业艰辛建业难

> 我们面前的困难是有的，而且是很多的，但是我们确信：一切困难都将被全国人民的英勇奋斗所战胜。
>
> ——毛泽东

大难甫平，民生憔悴，百废待兴。刚刚摆脱帝国主义、封建主义和官僚资本主义三座大山压迫的新中国，一穷二白，面临着种种难题。新中国刚成立时，0、35、80 这三个数字令人印象深刻。所谓“0”，是指当时的中国重工业基础几乎为零。毛泽东主席在 20 世纪 50 年代曾感慨

① 《毛泽东选集》第四卷，人民出版社 1991 年版，第 1438 页。

地说过，我们连一架飞机、一辆坦克、一辆汽车、一辆拖拉机都造不出啊！所谓“35”，是指当时中国人的人均寿命仅仅35岁。而“80”是指当时中国的文盲比例高达人口的80%。同时还存在国民党反动派的残余势力对红色政权的威胁，几千年封建制度的旧文化、旧思想对人民的残害等等，这些都必须彻底地铲除，中国人民才能从物质上、精神上、政治上真正地站起来！

“领导我们事业的核心力量是中国共产党，指导我们思想的理论基础是马克思列宁主义。”新中国的成立，标志着马克思主义在中国大地上成为具有主导地位的思想意识形态。在新中国成立以后，面对着更加艰巨的革命和建设的任务，党中央在全国范围内掀起了轰轰烈烈的学习马克思主义理论的教育运动，在各高校中系统地开设了以辩证唯物主义和历史唯物主义为主要内容的马克思主义理论课程，在大学生中产生了强烈的反响和积极的效果。马克思主义、毛泽东思想开始真正成为青年学生们改造思想的重要武器，在青年知识分子中形成了一种积极向上的精神面貌和政治氛围。正如当时一个青年学生所描述的：

> 1949年5月武汉解放不久，我就加入了新民主主义青年团，再过3年，又加入了中国共产党。那时理论学习的高潮是读《社会发展史》《实践论》和《矛盾论》。李达校长给大家讲《实践论》。苏联大使、哲学家尤金博士和莫斯科大学校长、数学家彼得罗夫斯基院士来珞珈山演讲，把我们年轻人的理论学习推向了新的高潮。大学生个个争当“红色专家”。
>
> 1955年秋，我考取了留苏研究生。……留苏预备部门为我们开的是马列主义原著导读：《共产党宣言》《自然辩证法》《反杜林论》和《国家与革命》，都是中国人民大学的教师来讲授，而他们又是直接聆听过苏俄马列主义专家讲课的。我们学的近乎“真传”了，虽然有的并不好懂，但总还是一股脑儿地

在阅读、钻研。[①]

在马克思主义真理的感召下，一大批大学生成为“又红又专”的优秀人才。他们在以后的岁月中与人民同甘共苦，为社会主义革命和建设做出了卓越贡献。在“两弹一星”的功臣中，就有相当一批是五六十年代的大学生。马克思主义对社会主义革命和建设的巨大引领和指导作用愈加显现。

社会主义的一个重要原则就是要为最广大人民谋幸福。新中国成立后，以马克思主义为根本指导，我们首先实施了轰轰烈烈的土地改革运动，真正实现了千百年来中国亿万农民“耕者有其田”的夙愿。1950 年 1 月，中共中央下达《关于在各级人民政府内设土改委员会和组织各级农协直接领导土改运动的指示》，土地改革运动由此展开。6 月 30 日，中央人民政府委员会通过和颁布实施《中华人民共和国土地改革法》，成为指导土地改革的基本法律依据。到 1952 年底，全国土改基本完成，3 亿多无地或少地的农民分到了土地。土地改革废除了千年来封建地主阶级的土地所有制，彻底改变了农村的生产关系，促进了生产力的发展，为国家工业化开辟了道路。回顾历史，从 1928 年湘赣边界工农兵政府制定的中国共产党领导下的第一部成文土地法——《井冈山土地法》，到新中国成立后第一部土地法——《中华人民共和国土地改革法》，其制定、实施以及不断发展演变的历程充分显示了中国共产党在土地革命问题上将马克思主义基本原理同中国具体实际相结合，为人民谋幸福的初心使命。土地改革运动的完成，极大地巩固了中国共产党的群众基础，亿万站立起来的中国农民发自内心地拥护党和社会主义制度。

但也就在土地改革运动如火如荼、国家积极开展国民经济恢复工作时，一场不期而遇的战争降临了。1950 年 6 月 25 日，朝鲜内战爆发。随后，美国纠集 16 个国家组成的所谓“联合国军”[②]入侵朝鲜，并不顾

---

① 唐宝林：《马克思主义在中国 100 年》，安徽人民出版社 1997 年版，第 396 页。

② 所谓“联合国军”共有 16 个国家的作战部队：美国、英国、法国、加拿大、澳大利亚、土耳其、新西兰、荷兰、比利时、卢森堡、希腊、哥伦比亚、泰国、菲律宾、南非、埃塞俄比亚。

中国政府的严正警告，向中朝边境不断推进，轰炸中国丹东地区，把战火烧到了鸭绿江边，严重威胁新中国的安全。在这样的严峻时刻，要不要出兵朝鲜？这个空前的考验摆到了中国共产党的领导人面前。刚刚散去战火硝烟的新中国，一穷二白、百废待兴，人民渴望和平。但从战略层面考虑，如果不出兵，一旦美军占领朝鲜全境，从东北到山东，新中国将面临美帝国主义的长期威胁，新中国仅有的一点东北工业基础也将完全置于敌人炮口之下。更重要的是，美帝国主义必定变本加厉，勾连国际反动势力，对新中国形成长期压制。“打得一拳开，免得百拳来！”毛泽东主席高瞻远瞩、一锤定音，这一战我们不想打，但又不得不打！

下这样的决心，是极其艰难的。当时美军的武器装备，是世界上所有军队中现代化水平最高的。在作战空间上，他们拥有着绝对的制空权和制海权，实行的是海、陆、空军联合的全方位立体作战。双方装备相差几十年，哪怕有苏联援助也不过是杯水车薪。面对这样的世界强敌，不少人不主张打，也没有信心打赢。1950 年 10 月 4 日，时任西北军政委员会主席的彭德怀奉命紧急由西安飞赴北京，参加中央政治局讨论是否出兵援朝的会议。“老虎是要吃人的，什么时候吃，决定于它的肠胃。向它让步是不行的。它既要来侵略，我就要反侵略。不同美帝国主义见过高低，我们要建设社会主义是困难的。”在这个危急关头，彭德怀坚决拥护毛泽东同志关于抗美援朝的主张，他掷地有声地说：“出兵援朝是必要的，打烂了，等于解放战争晚胜利几年。”正是在这次会议上，彭德怀被任命为中国人民志愿军司令员兼政治委员。10 月 19 日，数十万志愿军跨过鸭绿江，奔赴朝鲜，伟大的抗美援朝战争就此打响。从此时到 1953 年 7 月 27 日，1000 多个日日夜夜，中国人民志愿军在技术装备落后、后勤供应困难、异国作战、地形生疏、气象恶劣等极其不利的条件下，付出了近 20 万将士的生命（其中还包括了毛泽东的长子毛岸英），终于迫使美军三易主帅、不得不在朝鲜停战协定上签字。

这一战，世界为之惊叹！经此一战，中国人民粉碎了侵略者陈兵国门、进而将新中国扼杀在摇篮之中的图谋，拼来了山河无恙、家国安宁，充分展示了中国人民不畏强暴的钢铁意志！经此一战，中国人民彻底扫除了近代以来任人宰割、仰人鼻息的百年耻辱，充分展示了中国人民万众一心的顽强品格！经此一战，中国人民打败了侵略者，震动了全世界，奠定了新中国在亚洲和国际事务中的重要地位，彰显了新中国的大国地位。经此一战，人民军队在战争中学习战争，愈战愈勇，越打越强，取得了重要军事经验，实现了由单一军种向诸军兵种合成军队转变，极大促进了国防和军队现代化。经此一战，第二次世界大战结束后亚洲乃至世界的战略格局得到深刻塑造，全世界被压迫民族和人民争取民族独立和人民解放的正义事业受到极大鼓舞，有力推动了世界和平与人类进步事业。抗美援朝战争的胜利，极大地团结和鼓舞了中国人民。新中国成立后的几年间，我们党和人民的创造积极性被空前地激发出来，马克思主义在意识形态领域的指导地位也被空前地确立下来，整个国家的精神面貌呈现出意气风发、奋发图强的景象。短短几年，我们恢复了遭受长期战争破坏的国民经济，并依据马克思主义的科学社会主义原则，着重地发展了社会主义国营经济和各种类型的合作社经济，初步地调整了公私营工商业之间的关系，这就为有计划地进行经济建设和逐步过渡到社会主义社会准备了条件。从 1953 年起，我国就开始了经济建设的第一个五年计划，着手有系统地逐步实现国家的社会主义工业化和对农业、手工业和资本主义工商业的社会主义改造。在 1954 年召开的中华人民共和国第一届全国人民代表大会上，周恩来总理作的工作报告中明确指出："经济建设工作在整个国家生活中已经居于首要的地位。"

三、社会主义开新篇

我们的社会主义改造是搞得成功的，很了不起。这是毛泽东同志对马克思列宁主义的一个重大贡献。

——邓小平

中国新民主主义革命的前途是建立一个社会主义的共和国，这是中国共产党的既定目标。时光回溯到 1940 年 1 月 9 日，毛泽东站在陕甘宁边区文化协会第一次代表大会的讲台上，洋洋洒洒地发表了题为《新民主主义的政治与新民主主义的文化》的讲话，这就是后来影响深远的《新民主主义论》。在这篇文献中，毛泽东从政治、经济、文化三个方面给我们描绘出从新民主主义社会过渡到社会主义的蓝图。中华人民共和国的成立，不仅意味着新民主主义革命的胜利，同时也标志着我国社会主义革命的开始。新中国建政时召开的第一届中国人民政治协商会议通过的《共同纲领》，实质上是一个建设新民主主义社会的纲领。

新中国成立的头三年，也是中国共产党踏踏实实带领全国人民建设新民主主义社会的三年。1952 年底，全国工农业生产已超过历史最高水平。此时，从新民主主义社会理论提出到实现已经过去 12 年时间。在第一届政治协商会议期间，就有党外人士询问毛泽东新民主主义社会要延续多长时间，也就是过渡到社会主义社会需要多长时间？对于这个问题，毛泽东暂时没有想出一个确切的答案，他表示："大概二三十年吧！"这可能是对新民主主义社会延续时间的最长估计。随后，在 1951 年 12 月，毛泽东又提出："准备以二十年时间完成中国工业化和农业化。"即在 20 年内还是新民主主义时期。针对这个问题，在党和政府的正式决议上并没有明确规定。综观毛泽东、周恩来、刘少奇等人的谈话，时间大体相同，即 15 年至 20 年。

然而，站起来的中国人民在中国共产党的领导下以极大的热情投入到新中国建设中，国内的政治经济形势发展大大超出中央预期。新中国成立后的三年实践，让党中央逐步认识到国家工业化不能脱离社会主义改造孤立进行。工业化对国营经济的依靠，会不可避免地要同非公有制经济发生冲突，分散落后的个体农业无法为工业化提供大量的原材料、商品粮以及资金等。而国有经济实力的增强坚定了中共中央决定由新民主主义逐步过渡到社会主义的信心。这些变化使得党中央改变了之前从新民主主义向社会主义转变需要经过相当长的时间，待物质条件和精神条件成熟后一举进入社会主义的设想，创造性地提出目前可以从建设新民主主义社会逐步过渡到社会主义社会的战略构想。正所谓万事俱备，只欠东风。这个东风便是过渡时期总路线。

1953年12月28日，经毛泽东两次审阅，由中央宣传部编写的《为动员一切力量把我国建设成为一个伟大的社会主义国家而斗争——关于党在过渡时期总路线的学习和宣传提纲》中提出了过渡时期的总路线，即“从中华人民共和国成立，到社会主义改造基本完成，这是一个过渡时期。党在这个过渡时期的总路线和总任务，是要在一个相当长的时期内，逐步实现国家的社会主义工业化，并逐步实现国家对农业、对手工业和对资本主义工商业的社会主义改造”[①]。1954年2月，中共七届四中全会正式批准了这条总路线，同年9月，党的过渡时期总路线写入《中华人民共和国宪法》总纲。后来，人们把这个总路线简称为“一化三改造”。

此后，对农业、手工业以及资本主义工商业的改造踏上了一条具有中国特色的社会主义改造之路。这条路上既有继承又有创新。当年，对进入社会主义社会后怎样改造小生产的个体农业，马克思还没有来得及细致研究就去世了。但在马克思去世后，恩格斯完成了专门研究农民问题的著名文献《法德农民问题》，提出了把农民的私人小生产和私人占有变为合作社的生产和集体占有的思想。列宁晚年的“政治遗嘱”《论合作社》，进一步为共产党执政后进行个体农业改造提供了受国家支配和控制的“国家资本主义”的方式建议，但最终由于列宁去世较早，并没有真正实施。

中国共产党却在坚持社会主义原则和方向的前提下，创造性地完成了“三大改造”，尤其是对资本主义工商业的社会主义改造。鉴于在新民主主义革命过程中，民族资产阶级也曾做过一定的贡献，我们没有采取“剥夺剥夺者”的革命方式，而是以独创的“和平赎买”，即国家拿钱买断资本家的产业的方式，较顺利地完成了对资本主义工商业的社会主义改造。在整体地对农业、手工业、资本主义工商业的改造中，采取了从低级到高级的多种过渡形式，这样一来使得被改造者能够逐步适应新的经济制度，避免了社会和经济的动荡。更难能可贵的是，中国的社会主

①《建国以来重要文献选编》第四册，中央文献出版社1993年版，第548页。

义改造是同社会主义建设同时进行的，这就将坚持发展生产力与变革生产关系有机统一起来，也正如毛泽东所指出的那样，将“关于社会制度方面的由私有制到公有制的改革”同“技术方面的由手工业生产到大规模现代化机器生产的革命”结合在一起。

原本按照中共中央宣传部关于过渡时期《宣传提纲》的解释，过渡时期规划时间为经济恢复的3年加上三个五年计划15年，共18年的时间，也就是中国将在1967年进入社会主义社会。令人意想不到的是，凭着一股“敢教日月换新天”的拼搏精神，到1956年底，全国入社农户已占农户总数的96.3%，其中入高级社的农户占农户总数的87.8%。[①] 截至1956年底，全国绝大部分地区基本上实现了对资本主义工商业的社会主义改造，资本主义工业中占产值99.6%、占职工总数99%的工业企业已转变为公私合营企业。个体和私营商业总户数的82.2%和从业人员的85.1%的商业企业转变为国营、合作社营、公私合营商业或合作商店、合作小组。对个体手工业的社会主义改造同样也在1956年底基本完成。这样一来，就在中国大陆地区基本上铲除了剥削制度，建立起社会主义经济制度。原来预期需要18年完成的任务，只用7年就基本完成了。[②]

1956年底，三大改造的顺利完成标志着社会主义制度的最终确立，马克思主义与中国实际紧密结合，共和国旗帜上深深刻下了马克思主义的烙印。邓小平曾经这样评价三大改造：“我们的社会主义改造是搞得成功的，很了不起。这是毛泽东同志对马克思列宁主义的一个重大贡献”。[③] 同时，这也是马克思列宁主义关于社会主义革命理论在中国的正确运用和创造性发展的结果。它不仅再次证明了马克思主义的真理性，而且以其独创性的理论原则和经验总结丰富和发展了马克思主义的科学社会主义理论。

---

① 当代中国研究所：《中华人民共和国史稿（1949—1956）》第一卷，人民出版社、当代中国出版社2012年版，第196页。

② 当代中国研究所：《中华人民共和国史稿（1949—1956）》第一卷，人民出版社、当代中国出版社2012年版，第208页。

③《邓小平年谱（1975—1997）》下卷，中央文献出版社2004年版，第721页。

第二节　而今迈步从头越：马克思主义与中国实际的“第二次结合”

一、“二次结合”见真章

> 前八年照抄外国的经验。从一九五六年提出十大关系起，开始找到自己的一条适合中国的路线……开始反映中国客观经济规律。
>
> ——毛泽东

用“多事之秋”形容1956年恐怕再合适不过了。这一年无论是国际还是国内都出现了不少大事件。其中，苏联共产党第二十次全国代表大会的召开，无疑是这一系列事件中最具爆炸性的。

1956年2月14日至26日召开的苏共二十大，是斯大林逝世后苏共召开的第一次全国代表大会。然而令人感到诧异的是：这次大会的主席台上竟然没有悬挂斯大林的画像！而此时的斯大林，是作为与马克思、恩格斯、列宁并列的无产阶级革命领袖和导师，得到了全世界无产阶级和共产党国家的高度尊崇，却在党代会上被摘除了按惯例必须悬挂的肖像，这是极不寻常的政治信号。果然，就在苏共二十大原议定议程已经完全结束，代表们准备离开时，却被紧急通知在2月24日晚临时增加了未列入大会议程的内容，由当时的苏共领导人赫鲁晓夫在克里姆林宫大厅作了长达四个半小时题为《关于个人崇拜及其后果》的秘密报告。这篇洋洋洒洒的报告，主题其实只有一个，就是对斯大林的全面批判。赫鲁晓夫对斯大林作了彻底的否定，其用语极为尖刻，不乏“任性”“专横”“猜疑”“傲慢”“病态”“粗暴”等词汇。曾经被苏联人民无比爱戴和拥护，被苏共党员视为生命的伟大领袖斯大林竟然在一夜间被赫鲁晓夫无情地从神坛打到了地狱。虽然赫鲁晓夫曾强调不能把这件事捅到党外，尤其不能捅到报刊上去，但是，苏共二十大刚刚闭幕，他心血来潮，全然不顾自己在会上说的“应当知道分寸”的话，贸然决定把秘密报告

“捅”出去。最后，这个报告在整个苏联家喻户晓。美国《纽约时报》在3月中旬通过驻派在东欧国家的记者了解到这一“内情”，6月4日《纽约时报》全文发表了赫鲁晓夫的秘密报告。此举一出，世界为之震惊，也造成了极其严重的政治后果，1956年当年就发生了波兹南事件和匈牙利事件，死伤上千人。

匈牙利事件指1956年匈牙利人民共和国发生的政治事件。1956年2月苏联共产党第二十次代表大会之后，在匈牙利劳动人民党内、社会各界人士和人民群众中，要求批判中央第一书记拉科西·马加什的情绪日益强烈。1956年7月，匈牙利劳动人民党中央全会宣布解除拉科西中央第一书记职务，由格罗·艾尔诺接替。匈牙利政治形势日趋恶化。布达佩斯从10月23日清晨起，先是由几千名大学生，随后增加到10余万市民举行示威游行。大多数参加者要求纠正以前的错误，实行新的经济政策，要求纳吉·伊姆雷出任总理。格罗·艾尔诺发表广播演说指责示威游行，进一步激化了矛盾。当天夜晚，一批暴乱分子武装袭击国家广播大楼，随即攻占电台以及一些武器仓库和警察哨所，进而袭击公安部队人员和共产党人。深夜，匈牙利政府宣布改组，由纳吉·伊姆雷出任总理。纳吉·伊姆雷向全国发表广播讲话，声称这次事件为“反革命事件”，政府已请求驻扎在匈牙利的苏联部队协助平息叛乱，要求闹事者放下武器。此后，暴乱波及全国。10月28日，纳吉·伊姆雷在广播讲话中宣布苏军将撤离布达佩斯，解散国家保安局，成立新政府。这事实上意味着匈牙利的社会主义政权已经被推翻。随后，苏联宣布出兵匈牙利，经过激烈巷战，最后才重新恢复了匈牙利的社会主义政权。1958年，纳吉·伊姆雷被认为应为匈牙利事件负责，被匈牙利政府以“叛国罪”处以绞刑。

赫鲁晓夫的反斯大林事件，有着极为深刻的历史教训。首先应当承认，个人崇拜确实是当时的一些社会主义国家带有一定普遍性的问题。在斯大林当政期间，也确实由于对他的极端个人崇拜而导致的绝对权力，给苏联共产党和社会主义建设都带来了相当大的损害。所以对斯大林错误的批评本身是无可厚非的。毛泽东在了解这一事件后曾说过“一则以喜”，就是一方面表明了我们反对个人崇拜的历史唯物主义态度，也让我们意识到不能迷信苏联的经验，甚至也不能迷信斯大林。另一方面，毛泽东更“一则以忧”，就是因为赫鲁晓夫的秘密报告无论是在内容上还是在方法上，都有严重错误。[①]

赫鲁晓夫对斯大林的批判是极为片面的、粗暴的，而且采取了一种“突然袭击”的卑劣方式彻底否定斯大林，给世界社会主义事业造成了难以估量的巨大伤害。时任美国国务卿的强硬反共政客杜勒斯，在看到赫鲁晓夫的这个报告后不禁喜出望外。他认为，这个报告将会彻底摧毁新一代苏共领导人的布尔什维克信念，他把苏共二十大以后成长起来的新领导人称为“二十大产儿”，从而把苏共亡党的希望寄托在他们的第四代或第五代领导人身上。杜勒斯的这个预言可以说不幸而言中。苏共的第一代领导人是列宁，第二代领导人是斯大林，第三代领导人是赫鲁晓夫，第四代领导人是勃列日涅夫、安德罗波夫，第五代领导人是戈尔巴乔夫、叶利钦。正是在戈氏等人手中，苏共苏联亡党亡国。

鉴于西方媒体已经报道了有关赫鲁晓夫作秘密报告的消息，毛泽东认为有必要尽快地公开表明中共中央在斯大林问题上的态度。1956 年 4 月 5 日，《人民日报》发表了由毛泽东亲自指导，并作了七次修改的文章《关于无产阶级专政的历史经验》。文章从总结无产阶级专政历史经验的高度，正确评价了斯大林是非功过，实事求是地分析了这位共产党领袖人物犯错误的思想认识根源，并从中揭示出共产党人应当从中吸取深刻教训。同年，来华参加中共八大的英国共产党主席波利特在与毛泽东交谈时高度评价了这篇文章，称其为共产主义运动中关于斯大林问题的最好文章，是对共产主义的伟大贡献。

正是从赫鲁晓夫反对斯大林的深刻教训中，毛泽东明确提出了“以苏为鉴”“以苏为戒”的主张。在 1956 年中共中央政治局讨论赫鲁晓夫秘密报告的会议上，毛泽东提出：“最重要的是要独立思考，把马列主义

---

① 吴冷西：《忆毛主席：我亲身经历的若干重大历史事件片断》，新华出版社 1995 年版，第 4、5 页。

的基本原理同中国革命和建设的具体实际相结合。民主革命时期，我们吃了大亏之后才成功地实现了这种结合，取得了新民主主义革命的胜利。现在是社会主义革命和建设时期，我们要进行第二次结合，找出在中国怎样建设社会主义的道路。……我们应该从各方面考虑如何按照中国的情况办事，不要再像过去那样迷信了。其实，我们过去也不是完全迷信，有自己的独创。现在更要努力找到中国建设社会主义的具体道路。”① 这是马克思主义中国化历程中又一个极为重要的里程碑，标志着中国共产党走上中国特色社会主义道路的探索历程。

1956 年 4 月，毛泽东在中共中央政治局扩大会议上作了《论十大关系》的报告，他提到：“特别值得注意的是，最近苏联方面暴露了他们在建设社会主义过程中的一些缺点和错误，他们走过的弯路，你还想走？过去我们就是鉴于他们的经验教训，少走了一些弯路，现在当然更要引以为戒。”②《论十大关系》涉及重工业和轻工业、农业的关系，沿海工业和内地工业的关系，经济建设和国防建设的关系，国家、生产单位和生产者个人的关系，中央和地方的关系，汉族和少数民族的关系，党和非党的关系，革命和反革命的关系，是非关系以及中国和国外的关系。这个报告是党的第一代领导集体探索社会主义建设道路的开端，总结了建国后社会主义建设的经验，提出了探索适合中国国情的社会主义建设道路任务，一定意义上成为中共八大政治报告的纲领性文献。邓小平曾这样评价《论十大关系》：“这篇东西太重要了，对当前和以后，都有很大的针对性和理论指导意义。”③

在思考如何跳出苏联模式的过程中，“中国式的社会主义”第一次被提及，这种提法同中国特色社会主义有着异曲同工之妙。为了解决如何建设中国式的社会主义的问题，1956 年 9 月 15 日至 27 日，中国共产党第八次全国代表大会在北京召开，这是中国共产党在全国执政后的第一次代表大会，这次会议作出了一系列正确的决策，在探索社会主义建

①《毛泽东年谱（1949—1976）》第二卷，中央文献出版社 2013 年版，第 557 页。
②《毛泽东文集》第七卷，人民出版社 1999 年版，第 23 页。
③《邓小平年谱（1975—1997）》（上），中央文献出版社 2004 年版，第 68 页。

设道路上做出一个又一个理论贡献。中共八大明确国内主要矛盾“已经是人民对于建立先进的工业国的要求同落后的农业国的现实之间的矛盾，已经是人民对于经济文化迅速发展的需要同当前经济文化不能满足人民需要的状况之间的矛盾”①。同时提出“党和全国人民的当前的主要任务，就是要集中力量来解决这个矛盾，把我国尽快地从落后的农业国变为先进的工业国”②。中共八大还制定了既反保守又反冒进、在综合平衡中稳步前进的经济建设方针。针对经济管理体制中的缺点，明确对经济管理体制进行改革的任务。毛泽东在党的八大开幕词中开宗明义地指明大会的任务是：“总结从七次大会以来的经验，团结全党，团结国内外一切可能团结的力量，为了建设一个伟大的社会主义的中国而奋斗。”人们热切感受到，中国历史上一个新的全面的大规模的社会主义建设时期开始了。

从 1956 年 6 月到 1957 年 6 月，以毛泽东为代表的中国共产党人针对社会主义建设发表了一系列建设性文章，发展了马克思主义理论。其中《关于正确处理人民内部矛盾的问题》最为醒目。针对国内国外的不安形势，毛泽东在 1957 年 2 月亲自草拟了一个讲话提纲，这个提纲共 10 页，约 1800 字。这个原题为《如何处理人民内部矛盾》的讲稿，经过毛泽东历时 55 天的修改完善，于 1957 年 6 月 19 日在《人民日报》上公开发表，题目为《关于正确处理人民内部矛盾的问题》。

这篇文章是马克思主义发展史上第一次关于社会主义社会矛盾的阐述。首先，基于马克思主义的矛盾学说，承认社会主义社会与其他任何社会一样依然是充满矛盾的社会；依然表现为生产力和生产关系之间、经济基础和上层建筑之间的矛盾。但同时，社会主义社会的矛盾又可以分为对抗性的敌我矛盾和非对抗性的人民内部矛盾，且主要是人民内部矛盾，对这两种不同的矛盾应采取不同的解决方法。中国共产党关于如

---

①《中共中央文件选集（1949 年 10 月—1966 年 5 月）》第 24 册，人民出版社 2013 年版，第 248 页。

②《中共中央文件选集（1949 年 10 月—1966 年 5 月）》第 24 册，人民出版社 2013 年版，第 248 页。

何处理人民内部矛盾的探索，是对马克思主义基本原理的创新，是唯物辩证法在社会主义社会矛盾问题上的成功运用。这一学说的创立，有利于调动一切积极因素，团结一切可以团结的力量建设现代化社会主义国家，同时也有利于党和国家把工作重点转移到社会主义建设上来，对于探索适合中国国情的社会主义道路具有长远的指导意义。

《论十大关系》的发表、中共八大的召开，以及《关于正确处理人民内部矛盾的问题》，标志着中国共产党独立探索社会主义建设道路的开始，其总结了中共七大以来，特别是新中国成立以来革命和建设的经验，为全党全国人民进行社会主义建设指明了方向，也为继续深入探索适合中国国情的社会主义道路奠定了良好的基础，拉开了马克思主义与中国实际“第二次结合”的大幕。

二、万丈高楼平地起

现在是社会主义革命和建设时期，我们要进行第二次结合，找出在中国进行社会主义革命和建设的正确道路。

——毛泽东

马克思主义的精髓就是实事求是。诞生于19世纪中叶的马克思主义，在其后的一百多年来能够始终保持勃勃的生机，其内在缘由就是马克思主义从来都是发展和开放的学说。反之，如果把马克思主义当成不变的教条，不能根据时代的发展变化与时俱进，就会损害党和人民的事业。斯大林时代，苏联的社会主义事业蒸蒸日上，取得了巨大的成就。但在这种成就的背后却也有着潜在的危机。首先是经济体制逐渐僵化，不顾经济规模的扩大，始终坚持单一的高度集中的指令性计划经济，用行政命令管理经济，使经济效率日益下降。同时，在苏联内部实行了绝对的一党制，不存在其他任何的党派。在与其他社会主义国家的共产党关系中大搞“家长制”，以粗暴的手段肆意干涉兄弟党的内部事务，严重损害了国际社会主义事业。主张“南斯拉夫人的南斯拉夫”的南斯拉夫领导人铁托就是因为不满苏共对南斯拉夫的操纵，同斯大林产生严重分裂，随后南斯拉夫被开除出世界共产主义运动。这些事件后来都成为毛泽东“以苏为鉴”的反思素材。

正是在破除迷信的基础上，毛泽东提出要实现马克思主义同中国实际的“第二次结合”，对中国社会主义建设的许多重大问题进行了探讨。譬如，在新的历史条件下，民主党派是否还有必要继续存在下去，在共产党内和民主党派内部有着不同的看法。有人认为各民主党派的阶级基础主要是民族资产阶级和小资产阶级，进入社会主义了，剥削阶级已不复存在，民主党派自然是“皮之不存，毛将焉附”，也就没有存在的必要了。针对这个问题，毛泽东在《论十大关系》中谈到“究竟是一个党好，还是几个党好？现在看来，恐怕是几个党好。不但过去如此，而且将来也可以如此，就是长期共存，互相监督”。[①] 毛泽东再次提到民族资产阶级及以知识分子为主的许多民主党派在抗日战争、解放战争中做出的贡献。明确要有意识地留下民主党派，让他们有发表意见的机会，让他们继续发挥监督的作用，一切善意地向我们提意见的民主人士，我们都要团结。随后，刘少奇在中共八大政治报告中郑重宣布：“应当采取共产党和各民主党派长期共存、互相监督的方针。”[②] 这个方针的提出，标志着中国共产党领导的多党合作的基本格局在社会主义条件下的进一步确立，为正确处理中国共产党与民主党派的关系、实行合作共事奠定了理论基础。毛泽东还在多次审阅《关于无产阶级专政的历史经验》一文的过程中，对怎样注意吸取苏联的教训、探寻中国社会主义的建设道路作出了许多重要指示，如提出“我们需要建立一定的制度来保证群众路线和集体领导的贯彻实施，而避免脱离群众的个人突出和个人英雄主义，减少我们工作中的脱离客观实际情况的主观主义和片面性”[③]。

毛泽东不仅十分关注社会主义的政治经济，也十分关注社会主义的文化和文艺工作。毛泽东的一生本就对艺术情有独钟，他的诗歌大气

①《毛泽东年谱（1949—1976）》第二卷，中央文献出版社 2013 年版，第 568 页。

②《中共中央文件选集（1949 年 10 月—1966 年 5 月）》第 24 册，人民出版社 2013 年版，第 98 页。

③《毛泽东文集》第七卷，人民出版社 1999 年版，第 19 页。

磅礴，洋溢着革命家的坚韧与乐观；他的书法自成一体，展现出革命者的自信与洒脱。出于对艺术的热爱，毛泽东始终关注文艺工作的开展。1951 年，国内文艺界因京剧的发展问题引发了一场争论。有的主张全部继承，有的则主张全部取消，这就涉及对待传统文化的态度问题。毛泽东特意为京剧题词“百花齐放，推陈出新”，主张对待京剧艺术要去其糟粕，取其精华，有选择地加以继承。1953 年，又一场争论发生在历史研究中，当时两位历史学家郭沫若与范文澜在中国历史分期问题上有不同观点。陈伯达向毛泽东请示如何解决，毛泽东说出“百家争鸣”四个字。回顾中国历史，有两个可以称之为“百家争鸣”的时期：一个是春秋战国，多种学术派别兴起，异说纷呈，孔子就是在这时创立了儒家学派；另一个则是近代的新文化运动，可谓各种思潮风起云涌，而马克思主义正是在这些涌动的思潮中最终成为挺立潮头的思想力量。1956 年 4 月 28 日，毛泽东在中共中央政治局扩大会议上总结道：“艺术问题上的百花齐放，学术问题上的百家争鸣，我看这个应该成为我们的方针。”[①]“双百”方针的提出是为了在文学工作和科学工作中鼓励工作者有独立思考的自由、有辩论的自由、有创作和批评的自由，有发表自己的意见、坚持自己的意见和保留自己意见的自由。这个方针的横空出世，在文艺界和科学界引起了强烈的反响，文化、艺术、科技各部门思想活跃了起来，呈现出一片生机勃勃的景象。

历来在统治阶级的内部集团中，知识分子总是占据大多数和重要位置。他们掌管着国家的统治权力和舆论宣传机器，所以他们的思想观点和行事作风对整个国家和广大人民群众、对后世历史文化的传承与发展起着举足轻重的作用。中国共产党对知识分子的改造是一个史无前例的创举！对于新中国来说，对知识分子进行思想改造，是在全社会构建新的统一意识形态以完成社会主义革命的必经之路。而这样的思想改造，用沈从文的话来说，就是完成从“思”到“信”的转变。毛泽东也看到了这一点，不可否认的是毛泽东对知识分子是尊重的。他一生中有来自

---

①《毛泽东年谱（1949—1976）》第二卷，中央文献出版社 2013 年版，第 570 页。

不同阶级、党派、学科的知识分子朋友，如章士钊、柳亚子、齐白石、臧克家、钱学森、李四光……同时他也会对知识分子寄予厚望，期望他们回归到取之于民、用之于民的道路上来。1956 年 1 月，周恩来在中共中央召开的知识分子问题会上明确宣布知识分子“已经是工人阶级的一部分”，“发展社会主义建设，除了必须依靠工人阶级和广大农民的积极劳动以外”，必须“依靠工人、农民、知识分子的兄弟联盟”[①]。毛泽东肯定“这个会议开得很好”，认为革愚昧无知的命，没有知识分子是不行的，单靠老粗是不行的。中国应该有大批知识分子，他号召全党努力学习科学知识，同党外知识分子团结一致，为迅速赶上世界先进科学技术水平而奋斗。对知识分子的正确认识与评价，解除了知识分子的顾虑，一大批国内外优秀专家、学者纷纷以极大的热情投入到社会主义建设中，为二十世纪五六十年代许多重大成果的取得贡献了力量。

新民主主义革命胜利后，中国共产党发生了两个转变。一是身份的转变，由之前的“秘密党”转变为公开党；二是角色的转变，从一个领导人民为夺取全国政权而奋斗的党转变为在全国执政并长期执政的党。在长期执政条件下建设什么样的党，怎样建设党？马克思和恩格斯因为时代条件的限制并没有对这个命题作出过多论述。列宁由于过早逝世，领导苏联共产党执政时间短暂，限制了他关于这一思想的广度和深度，而接任的斯大林在探索执政党建设的过程中则存在许多值得反思的地方。从 1949 年到 1956 年，中国社会经历了巨变，社会主义制度的建立一方面显示了中国共产党的执政能力，另一方面复杂的政治经济环境给党的建设提出新的挑战。因此，党建问题成为中共八大后一个突出问题，如何正确对待群众以及处理好与群众的关系，是党的建设的核心问题。毛泽东在八大预备会上指出，要建设一个伟大的社会主义国家，单有党还不行，党是一个核心，它必须要有群众。要好好团结群众，团结一切可以团结的人一道工作。这是对马克思主义群众观和群众路线思想理论的不断丰富和发展，并且贯穿中国共产党的建设始终。党的八大将群众路

---

①《周恩来年谱（1949—1976）》上卷，中央文献出版社 1997 年版，第 539 页。

线与执政党建设有机地联系在一起，作出了富有创新价值的理论阐述。党的八大是提出和重视执政党建设实践的开端，它形成的一系列正确思想从马克思主义党建学说发展史来看意义重大。

中国共产党对社会主义建设探索的开端是良好的。时至今日，事实证明正确的民主党派合作政策无论是在国家建设还是中国共产党自身发展过程中都起到了极其重要的作用，老一辈无产阶级革命家对待中华传统文化的态度为中国特色社会主义文化建设提供了借鉴，对于知识分子地位的正确界定扩大了劳动人民的范围，为我国教育、科技事业的发展奠定了人才基础。从中共八大召开到1957年8月短短一年多的时间，中国共产党不断推进马克思主义理论创新，为走出一条中国特色社会主义建设道路奠定了基础。

三、踏平坎坷成大道

从新中国成立到改革开放前夕，党领导人民完成社会主义革命，消灭一切剥削制度，实现了中华民族有史以来最为广泛而深刻的社会变革，实现了一穷二白、人口众多的东方大国大步迈进社会主义社会的伟大飞跃。在探索过程中，虽然经历了严重曲折，但党在社会主义革命和建设中取得的独创性理论成果和巨大成就，为在新的历史时期开创中国特色社会主义提供了宝贵经验、理论准备、物质基础。

——《中共中央关于党的百年奋斗重大成就和历史经验的决议》

近代以来落后挨打的惨痛教训，使中华民族对现代化有着格外强烈的憧憬。早在1912年，清政府统治被推翻后，在南京成立的中华民国临时政府颁布的《中华民国国歌》这样写道："亚东开化中国早，揖美追欧，旧邦新造。"但这个追赶美欧的梦想，在独立和主权尚且维护不了的时代，只能是镜花水月。新中国的成立，社会主义制度的确立，唤起了中国人民内心潜藏已久的建设激情。1957年，新中国的第一个五年计划大幅度地超额完成，工业生产的成就短短几年就远远超过旧中国的一百年。同年10月4日，苏联赶在美国之前向太空成功发射了人类历史上的第一颗人造地球卫星。这一切极大地激发起以毛泽东为代表的共产党人强烈的责任意识、忧患意识。一种“赶超思想”逐渐形成。面对“赶超”什么，如何“赶超”，何时“赶超”，毛泽东有着自己的想法：赫鲁晓夫曾提出苏联十五年超过美国的设想，毛泽东认为新中国也可以这么讲，“十五年后我们可能赶上或者超过英国”，到那时“苏联超过美国，中国超过英国。……我们就无敌于天下了，没有人敢同我们打了，世界也就可以得到持久和平了”[①]。对于资本主义阵营之首的美国，毛泽东也有超越的想法，“假如我们再有五十年、六十年，就完全应该赶过它。”如果六十年还不能超过美国，“那就要从地球上开除你的球籍！”[②]

正是这种强烈的责任意识和危机意识，使得以毛泽东为代表的中国共产党人在“落后就要挨打”“开除球籍”的危机感和“尽早改变我国落后面貌”的强烈夙愿下，用“多少事，从来急；天地转，光阴迫。一万年太久，只争朝夕”的豪迈气概，制定了“鼓足干劲、力争上游，多快好省地建设社会主义”的社会主义建设总路线，并且在1958年开始实施以“超英赶美”为口号的“大跃进”运动，以及大规模的人民公社化运动。祖国大地到处都是一片“一马当先，万马奔腾，大干快变，超英赶美”的壮观场面。必须强调的是，按照马克思主义的唯物史观，对任何历史问题的描述和评价都必须历史地、具体地进行分析。所谓“历史从哪里开始，逻辑就从哪里开始”。首先要指出的是，社会主义建设总路线、“大跃进”、人民公社化运动这“三面红旗”，是党的八大后全党全国人民掀起社会主义建设高潮的重要表现，人民群众高昂的革命和建设热情是中国社会千百年来从未有过的，真正体现了“站起来”的中国人民当家作主的精神风貌。在当时一穷二白的历史条件下，中国人民以空

①《毛泽东年谱（1949—1976）》第二卷，中央文献出版社，第251页。
②《毛泽东文集》第七卷，人民出版社1999年版，第89页。

前的创造精神和奋斗意志，在短短的十几年里从一无所有到初步建立起社会主义的工业体系和国民经济体系，创造了人间奇迹。毛泽东主席曾经感慨过我们的工业在新中国成立之初“一辆汽车、一架飞机、一辆坦克、一辆拖拉机都造不出来”，但在1959年国庆十周年庆典时，我们国产的飞机、坦克和汽车就在巨大的轰鸣声中，在天安门广场惊艳亮相。1964年10月16日，中国罗布泊沙漠的上空升起了一颗人造的太阳——中国第一颗原子弹爆炸成功……这些历史性的巨大成就，见证了新中国的成长壮大，见证了社会主义制度的巨大优越性。

但同时，包括苏联在内的社会主义阵营，一方面出于当时社会主义事业的高歌猛进，另一方面也由于对社会主义建设规律的认识不足，较为普遍地出现了急于求成、过于乐观的情绪。苏联领导人赫鲁晓夫在十月革命40周年庆典上宣布，苏联已经建成了社会主义社会，将向共产主义社会过渡，用15到20年时间把苏联建成全世界第一个共产主义国家。这就是典型的主观超越客观的盲目乐观。而这种情绪也影响到了中国的党和领导人。“三面红旗”的最大问题是忽视了客观的经济规律，无论是后来出现的以浮夸风、高指标为特征的农业“大跃进”，还是以大炼钢铁为中心的工业“大跃进”，由于缺乏经济建设经验和对经济规律的认识，都没有取得预期的效果。特别是人民公社化运动中，吃粮不要钱的粮食供给制，吃饭吃菜不要钱的伙食供给制，甚至涉及衣食住行生老病死全部由公社承办的全部供给制，都严重脱离了当时生产的实际水平，造成了实现“共产主义”的一时错觉，实际上给国家和人民利益带来了极大损害。正如邓小平所说：“一九五七年开始，我们犯了‘左’的错误，政治上的‘左’导致一九五八年经济上搞‘大跃进’，使生产遭到很大破坏，人民生活很困难。”①

当然，挫折和教训也是一种财富，对后人而言，都是宝贵经验。面对当时党在社会主义建设道路的探索中经历的曲折，毛泽东最先察觉到“大跃进”和人民公社化运动中出现的“左”的错误倾向和做法，并开始试图

---

①《邓小平文选》第三卷，人民出版社1993年版，第227页。

纠正这些错误。在这一过程中，毛泽东深刻感受到马克思主义理论创新的重要性，他说："任何国家的共产党，任何国家的思想界，都要创造新的理论，写出新的著作，产生自己的理论家，来为当前的政治服务，单靠老祖宗是不行的。……现在，我们已经进入社会主义时代，出现了一系列的新问题，如果单有《实践论》《矛盾论》，不适应新的需要，写出新的著作，形成新的理论，也是不行的。"①1959 年 12 月至 1960 年 2 月，他在研读苏联《政治经济学教科书》过程中仍提出了不少正确思想，如作出"中国还处在社会主义不发达阶段"的重要判断。他意识到"大跃进"和人民公社化运动是超越社会发展阶段造成的，在 1958 年 11 月第一次郑州会议上明确指出目前所处的阶段仍然是社会主义发展阶段。随后他又对社会主义社会进行了划分，认为"社会主义这个阶段，又可能分为两个阶段，第一个阶段是不发达的社会主义，第二个阶段是比较发达的社会主义"②。他指出当时中国的社会主义还处在不发达阶段，这是符合实际的正确判断，也是后来我们提出社会主义初级阶段理论的重要渊源。

以苏为鉴，毛泽东还对以苏联模式为代表的高度集中的计划经济体制弊端进行反思，他提出"现在要利用这个商品生产、商品交换和价值法则，作为有用的工具，为社会主义服务"③。要分清社会主义商品生产和资本主义商品生产的区别，认识到我国的商品生产还很不发达，社会主义条件下利用商品生产尤其重要。毛泽东对产业发展顺序提出了调整，由《论十大关系》中优先发展重工业前提下，更多地发展轻工业和农业，调整为"农、轻、重、交、商"，"这样提还是优先发展生产资料，并不违反马克思主义"④。此外，毛泽东还提出建设要注意搞好综合平衡，这实际上是对党的八大强调在综合平衡中稳步前进思想的一种回归。1957 年 3 月，毛泽东在全国宣传工作会议上初步提出"我们一定会建设一个

---

①《毛泽东年谱（1949—1976）》第四卷，中央文献出版社 2013 年版，第 250 页。
②《毛泽东年谱（1949—1976）》第四卷，中央文献出版社 2013 年版，第 264 页。
③《毛泽东年谱（1949—1976）》第三卷，中央文献出版社 2013 年版，第 499 页。
④《毛泽东年谱（1949—1976）》第四卷，中央文献出版社 2013 年版，第 85 页。

具有现代工业、现代农业和现代科学文化的社会主义国家”[①]。这是比较早地提到“现代化”目标的一次讲话。

1961年1月，党的八届九中全会正式决定对国民经济实行“调整、巩固、充实、提高”的八字方针。到1966年“文化大革命”开始前，以毛泽东为代表的中国共产党人从新的广度和深度对中国社会主义建设道路进行了探索和思考。“大跃进”中的浮夸风、瞎指挥是对实事求是原则的抛弃。为此毛泽东大声疾呼“大兴调查研究之风”，提出要使1961年成为“实事求是年”。他发扬批评与自我批评的优良作风，说自己官做大了，调查研究少了。在他的带领下，全党一时间形成了一股深入基层、深入群众的风气。1963年11月，毛泽东提出：“社会实践是检验真理的唯一标准。”[②]这是毛泽东时代对真理标准问题和实事求是思想路线的最经典概括。在毛泽东看来，“大跃进”等错误原因除实事求是态度缺失外，民主被破坏也是一个关键因素。

1962年1月，在毛泽东的提议下，党中央召开了扩大的中央工作会议。这次会议本来按常规只应由中央委员和各省部级的主要负责同志参加，但鉴于1959年到1961年出现三年严重困难，给国民经济和人民生活带来的严重困扰，已经迫在眉睫地需要及时解决。经毛主席提议，为尽快对政策进行调整并迅速贯彻执行下去，必须“一竿子插到底”。为此，此次中央工作会议扩大到全国县委书记以上领导干部，一下子来了7400多人，齐聚人民大会堂，所以也史称“七千人大会”。这在中国共产党的历史上，很可能是空前绝后的。会议特别强调了坚持民主集中制在进行社会主义建设、探索社会主义建设规律中的极端重要性。毛主席提出：“没有民主，意见不是从群众中来，就不可能制定出好的路线、方针、政策和办法。我们的集中制，是建立在民主基础上的集中制。无产阶级的集中，是在广泛民主基础上的集中。”[③]经过七千人大会前后将近两年的调整，从1963年夏开始，各项建设事业呈现明显的健康发展势头。到1965年底调

①《毛泽东年谱（1949—1976）》第三卷，中央文献出版社2013年版，第106页。
②《毛泽东年谱（1949—1976）》第五卷，中央文献出版社2013年版，第281页。
③《毛泽东文集》第八卷，人民出版社1999年版，第294页。

整国民经济的任务全面完成。工农业生产总值超过历史最高水平；农轻重的比例关系得到改善；积累与消费的比例关系基本恢复正常；财政收支平衡，市场稳定，人民生活水平有所提高。“大跃进”和人民公社化运动带来的严重困难局面，依靠党和人民艰苦卓绝的努力终于得到改变。

在国民经济调整工作取得明显成效的基础上，党适时提出了新的奋斗目标。根据毛泽东的提议，1964 年底到 1965 年初，周恩来在全国人大三届一次会议上代表中共中央郑重提出四个现代化的奋斗目标，即“把我国建设成为一个具有现代农业、现代工业、现代国防和现代科学技术的社会主义强国”，以及分两步走的发展战略，即“第一步，建立一个独立的比较完整的工业体系和国民经济体系；第二步，全面实现农业、工业、国防和科学技术的现代化，使我国经济走在世界的前列”[①]。从此“四个现代化”成为党和全国各族人民的共同奋斗目标，成为凝聚和团结全国各族人民不懈奋斗的强大精神力量。

中国共产党对错误的反思与纠正，是其勇于直面自身问题的优秀品质的体现。1957 年 8 月到 1966 年 5 月，这期间中国共产党领导全国各族人民展开了轰轰烈烈的社会主义建设，道路虽曲折，但仍积累了社会主义建设的重要经验，取得了巨大成就。我国的工业建设、科学研究和国防尖端技术的发展以及农田水利建设和农业机械化、现代化发展的许多工作，都是从那个年代开始布局的。1966 年同 1956 年相比，全国工业固定资产按原价计算，增长了三倍。钢铁工业除了我国最大的鞍山钢铁基地进一步建设以外，武汉、包头两大内地钢铁基地主要是在这十年中建设起来的。在机械工业方面，分别形成了冶金、采矿、电站、石化等工业设备制造以及飞机、汽车、工程机械制造等十几个基本行业，并且能够独立设计和制造一部分现代化大型设备。1964 年，我国主要机器设备的自给率已达 90% 以上。这一时期，中国人民所表现出了自力更生、奋发图强的精神风貌，不畏任何强敌，敢于斗争、敢于胜利的品格，坚持独立自主、走自己道路的智慧和勇气。“这些遗产，在今天仍然发挥着

①《十九大以来重要文献选编》（中），中央文献出版社 2021 年版，第 823 页。

奠基性的作用，仍然是我们遵循的治党治国的重要原则和方法，仍然有着长久的指导意义。”①

四、中华精神挺脊梁

> 实现中国梦必须弘扬中国精神。这种精神是凝心聚力的兴国之魂、强国之魂。
>
> ——习近平

“夸父与日逐走，入日；渴，欲得饮，饮于河、渭；河、渭不足，北饮大泽。未至，道渴而死。弃其杖，化为邓林。”这是出自《山海经·海外北经》中的一段话。《山海经》是一部上古奇书，书中流传至今的以夸父追日、精卫填海等为代表的神话传说蕴含着丰富的精神内涵，包含了华夏先民们不畏艰险且大无畏的抗争精神和坚持不懈的拼搏精神，是中华民族伟大精神的重要组成部分。中国共产党自诞生以来，经历颇多磨难，克服重重困难，每一次胜利都离不开中华民族伟大精神的传承与发扬。革命时期如此，社会主义建设时期也如此。

创业维艰，守成不易，自1956年八大至“文化大革命”结束，中国的社会主义建设事业经历颇多曲折，但始终旗帜不倒，信仰永存，靠的就是艰苦卓绝、百折不挠的斗争，自力更生、艰苦奋斗的精神。二十世纪五六十年代是记入史册的创业年代，形成了大庆铁人精神、“两弹一星”精神、红旗渠精神、焦裕禄精神等，涉及工人阶级、知识分子、人民群众、党员干部等群体，成为中国共产党人精神谱系的重要组成部分。

王进喜是新中国第一批石油钻探工人，1959年他进京参加劳动模范北京群英会时，看到大街上的公共汽车车顶都背着一个大气包，经询问得知因为缺少石油，里面装的是煤气。这个事实深深刺痛了王进喜。

① 全国纪念毛泽东同志诞辰110周年学术研讨组委会：《毛泽东与当代中国——全国纪念毛泽东同志诞辰110周年学术研讨会论文集（上）》，中央文献出版社2004年版，第41、42页。

1960 年春大庆油田被发现，王进喜从西北玉门油田率领 1205 钻井队赶来，没有吊车，几十吨重的设备卸不下来，王进喜带领工人手拉肩扛，奋战三天三夜，将 36 米高、22 吨重的井架矗立起来。成袋水泥搅拌不开，王进喜跟同事们纷纷跳入齐腰深的泥浆池，他们用身体搅拌水泥的画面成为经典。面对重重困难，王进喜带领全队以“宁可少活二十年，拼命也要拿下大油田”的顽强意志和冲天干劲，苦战五天五夜，打出了大庆第一口喷油井。1964 年，毛主席向全国发出了“工业学大庆”的号召。就是有这么一群“头戴钢盔走天下”的石油工人，努力使新中国从 1965 年起实现了石油自给，用事实粉碎了外国认为中国没有石油的定论。“大庆油田的开发建设，铸就了以‘爱国、创业、求实、奉献’为主要内涵的大庆精神和铁人精神，造就了一支敢打硬仗、勇创一流的优秀职工队伍……形成了团结凝聚百万石油人的强大精神动力，集中展现了我国工人阶级的崇高品质和精神风貌。”①

青海的金银滩草原，曾经是绝密军事基地“221”，如今成为国家级爱国主义教育示范基地，这是“两弹一星”精神的诞生地。1945 年春，美国让全世界见识到了原子弹的威力，一种破坏力极强、从未有过的新式武器出现在人们面前。一时间，谁拥有原子弹，谁就似乎拥有震慑一切的力量。新中国成立后，大批国外求学的知识分子满怀热情归国参与国家建设。世界知名火箭学家、空气动力学家钱学森就是其中一员。此后，无数顶尖科研人员、技术人员、干部职工、部队指战员来到这个荒凉之地，开启中国核武器研制的传奇之路。钱学森、邓稼先、郭永怀等科学家用智慧、青春和热血，同诸多隐姓埋名、甘当无名英雄，把个人志向与民族振兴联系在一起的工作人员，默默奉献，无私付出，甚至牺牲自己的生命，共同书写了一部为祖国核事业鞠躬尽瘁、死而后已的壮美诗篇。1964 年 10 月 16 日，中国自行研制的第一颗原子弹爆炸成功，打破了西方国家的核垄断。仅仅两年多的时间，1967 年第一颗氢弹空爆

① 习近平：《在大庆油田发现 50 周年庆祝大会上的讲话》，《人民日报》2009 年 9 月 23 日第 2 版。

试验成功；1970 年，“东方红 1 号”人造地球卫星发射成功。“热爱祖国、无私奉献、自力更生、艰苦奋斗、大力协同、勇于攀登”的“两弹一星”精神至今仍绽放着光芒。

全心全意为人民服务是中国共产党的宗旨，党员干部被称为人民公仆。焦裕禄同志便是人民的好公仆、好干部的榜样。1962 年，焦裕禄调任河南兰考县委书记，那时的兰考遭受内涝、风沙、盐碱三害，全县的粮食产量下降到历史最低水平。电影《焦裕禄》中描写兰考人民在火车站等车外出讨饭的情节不失为当时兰考人民生活困难的写实。焦裕禄上任后，坚持实事求是的作风，同群众一起战风沙、治内涝，努力改变着兰考的面貌。焦裕禄同志的生命虽然短暂，但是他表现出的“心中装着全体人民、唯独没有他自己”的公仆情怀，凡事探求就里、“吃别人嚼过的馍没味道”的求实作风，“敢教日月换新天”“革命者要在困难面前逞英雄”的奋斗精神，艰苦朴素、廉洁奉公、“任何时候都不搞特殊化”的道德情操，使他不仅成为那个时代的楷模，更是当今共产党员学习的典范。“亲民爱民、艰苦奋斗、科学求实、迎难而上、无私奉献”是对焦裕禄精神最准确的概括。

河南林州，一个中国地图都无法显示的地方，历史上曾流传过这样一首民谣：“水缺贵如油，十年九不收；豪门逼租债，穷人日夜愁。”受气候、地理、地形和地质条件影响，使林州素有“十年九旱”之称。60 年代初，三年困难时期，林县县委面对缺水缺粮的困局，本着对人民负责、为人民服务的初心决定迎难而上，引漳入林。这个工程动工于 1960 年 2 月，竣工于 1969 年 7 月，将近十年的时间。总投工 3740.2 万个，总干渠长达 70.6 公里，干渠、支渠和斗渠总长度 1520 多公里。修建过程中削平了 1250 个山头，打通了 211 条隧道，挖土石方 1818 万立方米，相当于从哈尔滨到广州修筑一道高 3 米、宽 2 米的“万里长城”。[①] 受当时生产条件的限制，这条人工天河基本上是靠人工一锤一钎凿出来的。周恩来总理曾再三向世界介绍红旗渠，说它是同南京长江大桥齐肩的中

---

① 张全景：《永远的红旗渠精神》，《红旗文稿》2012 年第 12 期。

国两大奇迹。什么是红旗渠精神？林州广大干部群众在建设红旗渠的过程中告诉我们：为了人民，依靠人民，敢想敢干，实事求是，自力更生，艰苦奋斗，团结协作，无私奉献，就是红旗渠精神的实质所在。

精神的力量不可估量，在那个全民奋斗空前的创业年代，新中国建设一片生机勃勃，成果斐然。1958 年中国第一台小型通用计算机诞生，第二年又研制出了第一台大型通用计算机；1959 年成功地拆合了天然胰岛素 A 链和 B 链，为人工合成胰岛素寻找到了突破口，并于 1965 年人工合成了结晶牛胰岛素；1960 年中国成功发射了第一枚探空火箭和第一枚自制的运载火箭，同一年中国科学家发现了“反西格马负超子”；1961 年成功研制了中国第一台激光器；[①]1968 年，我国第一艘万吨级远洋轮“东风号”建成……中国的文化事业、教育事业、医疗卫生事业、体育事业等欣欣向荣，涌现出雷锋、欧阳海、南京路上好八连、草原英雄小姐妹等诸多英雄人物和英雄事迹。他们在各自平凡的岗位上作出了不平凡的业绩，塑造了整个时代的社会风尚，至今仍具有重要的教育意义。

伟大时代创造伟大精神，时过境迁，当年那些投身于社会主义建设的人们早已远去，但是他们留下的精神却不灭。如今，中国已不再处于当年那个一穷二白，需要白手起家搞建设的年代，但是要实现第二个百年奋斗目标，要实现中华民族的伟大复兴，仍然离不开伟大精神的激励。领航新征程的中国共产党人，更应在新的赶考路上筑牢信仰之基、补足精神之钙、把好思想之舵，向着第二个百年奋斗目标乘风破浪、扬帆起航！

---

① 罗平汉、赵鹏：《中华人民共和国通史》第二卷（1956—1966），广东人民出版社 2020 年版，第 553 页。

第三节　千磨万击还坚劲：真理的刀锋在实践中砥砺

一、暮色苍茫看劲松

> “文化大革命”不是也不可能是任何意义上的革命或社会进步……“文化大革命”是一场由领导者错误发动，被反革命集团利用，给党、国家和各族人民带来严重灾难的内乱。
>
> ——《关于建国以来党的若干历史问题的决议》

无产阶级的革命导师、俄国十月革命的领导人列宁同志曾经用形象生动的语言描述，革命的道路注定不会像涅瓦大街一样平坦，它很多时候会充满坎坷甚至泥泞。中国共产党探索社会主义建设道路的历程也同样是不平坦的。1956 年发生的赫鲁晓夫反斯大林事件以及匈牙利事件，都在一定程度上干扰了毛泽东的判断，特别是对社会主义社会主要矛盾的判断。针对这一问题，党的八大已经作出了科学的判断，毛泽东也发表了《关于正确处理人民内部矛盾问题》的论述，对社会主义社会的主要矛盾作出了非常精辟的分析。但随着这些事件的不断发酵，产生的后果也日益严重，1960 年前后中苏关系完全破裂，随后两党在意识形态领域尖锐斗争，加之中外的反动势力利用当时我们遇到的经济困难大作文章，对中国社会主义进行疯狂“围剿”，盘踞台湾的蒋介石集团也趁机叫嚣要“反攻大陆”。当时极为复杂的国内外形势使毛泽东不得不重新审视国内的阶级斗争状况，在这一过程中毛泽东由于过于严重地估计了匈牙利事件对我国的影响，同时错误地估计了国内的阶级斗争形势，从而在指导思想上犯了“左”的错误，完全偏离了八大制定的正确路线，逐渐走上一条“以阶级斗争为纲”的错误道路，直至“文化大革命”那样全局性的错误发生。

1966 年，正当国民经济的调整基本完成，国家开始执行第三个五年计划的时候，意识形态领域的批判运动逐渐发展为将矛头指向党的领导层的政治运动。一场长达十年、给党和人民造成严重灾难的“文化大革命”

爆发了。毛泽东发动这场“大革命”的出发点是防止资本主义复辟、维护党的纯洁性和寻求中国自己的建设社会主义的道路。但问题在于毛泽东当时对党和国家政治状况的估计并不是实事求是的。譬如认为党中央出了修正主义，党和国家面临资本主义复辟的现实危险；过去几年的农村“四清”、城市“五反”和意识形态领域的批判，都不能解决问题，只有采取断然措施，公开地、全面地、由下而上地发动广大群众，才能揭露党和国家生活中的阴暗面，把所谓被“走资派篡夺了的权力”夺回来。这是在60年代中期发动“文化大革命”在思想上起主导作用的原因。

在这场所谓的“大革命”中，包括党和国家领导人在内的大批中央党政军领导干部、民主党派负责人、各界知名人士和群众受到诬陷和迫害。党和政府的各级机构、各级人民代表大会和政协组织，长期陷于瘫痪和不正常状态。公安、检察、司法等专政机关和维护社会秩序的机关都被搞乱了。在长时间的社会动乱中，国民经济发展受到严重影响，主要比例关系长期失调，经济管理体制更加僵化。这十年间，人民的实际生活水平基本上没有提高，有些方面甚至有所下降。这场由文化领域发端的“大革命”，对教育、科学、文化的破坏尤其严重，影响极为深远。很多知识分子受到迫害，学校停课，文化园地荒芜，许多科研机构被撤销，在一个时期内造成了“文化断层”“科技断层”“人才断层”。从1967年到1976年10年间，全国高校基本停止招生，取消“高考”。到1973年以后虽然恢复招生，但数量极少，且违背教育规律、靠“推荐”上大学，造成高等教育质量的严重下降和“人才荒”。“文化大革命”还造成了相当的思想混乱，党的建设和社会风气遭到严重破坏。一些投机分子、野心分子、阴谋分子和打砸抢分子乘机混到党内并窃取一部分权力，无政府主义、极端个人主义、个人崇拜以及各种愚昧落后的思想行为泛滥开来，致使一些人对马克思主义的信仰和社会主义的信念受到严重削弱。

党的十九届六中全会通过的《中共中央关于党的百年奋斗重大成就和历史经验的决议》对这一时期党和国家工作出现的失误作出了实事求是的阐述：“遗憾的是，党的八大形成的正确路线未能完全坚持下去，先后出现‘大跃进’运动、人民公社化运动等错误，反右派斗争也被严重扩大化。

面对当时严峻复杂的外部环境，党极为关注社会主义政权巩固，为此进行了多方面努力。然而，毛泽东同志在关于社会主义社会阶级斗争的理论和实践上的错误发展得越来越严重，党中央未能及时纠正这些错误。毛泽东同志对当时我国阶级形势以及党和国家政治状况作出完全错误的估计，发动和领导了‘文化大革命’，林彪、江青两个反革命集团利用毛泽东同志的错误，进行了大量祸国殃民的罪恶活动，酿成十年内乱，使党、国家、人民遭到新中国成立以来最严重的挫折和损失，教训极其惨痛。一九七六年十月，中央政治局执行党和人民的意志，毅然粉碎了‘四人帮’，结束了‘文化大革命’这场灾难。”

但值得指出的是，作为政治运动的“文化大革命”与“文化大革命”历史时期是有区别的。作为运动的“文化大革命”被实践证明是错误的。但从1966年5月到1976年10月这一阶段的“文革时期”，不能简单地与“文革”错误相等同。毛泽东同志发动“文化大革命”被实践证明是错误的，却不能认为毛主席在这一时期的决策都是错误的。事实上，在这一期间，毛主席依然展现了他作为一个伟大的马克思主义者极为卓越的远见和决断的魄力。譬如，正是他以极为敏锐的眼光察觉到林彪、陈伯达一伙的阴谋，在党的九届二中全会上阻断了林彪等人试图窃取国家最高权力的图谋。也是他提出了“三个世界”划分的理论，通过分化美、苏等，使中国获得了最有利的国际地位，并在1971年10月成功恢复了我国在联合国的合法席位，取得了中国外交的重大突破。这一时期，我们也取得了一些重大的建设成就。一批交通运输线、输油管线设施相继建成；1968年建成的南京长江大桥，是当时我国自行设计建造的最大的铁路、公路两用桥；经过改造的宝成铁路成为我国第一条电气化铁路；1970年，中国第一颗人造地球卫星成功送入太空；1974年，我国建成大庆至秦皇岛的第一条长距离输油管道。1975年1月，已是癌症晚期、身形消瘦的周恩来总理在第四届全国人民代表大会上宣读了他人生中的最后一个政府工作报告。在这篇不到5000字的报告中，周恩来代表毛主席宣布，我们将在20世纪末把我国建设成为具有工业、农业、科学技术和国防“四个现代化”的社会主义国家。这对于当时还处在“文化大革命”

中，渴望安定和发展的中国人民来说，是一个巨大的鼓舞。报告念完，全体代表们起立鼓掌达数分钟之久，表达了人民代表的强烈意愿。这也是周恩来总理最后一次重要的公开露面，“四个现代化”成为这位最受人民爱戴的共和国总理留给人民的最后嘱托。

邓小平是毛泽东和周恩来共同选定的关键岗位人选。1974 年 4 月，第二次复出的邓小平率中国代表团出席联合国大会第六次特别会议，发达国家的现状深深震撼了他。1975 年 5 月 12 日到 17 日，邓小平对法国进行了国事访问，这是中共领导人首次出访一个西方国家，出国之行让他看到了中国与世界的差距，使他有机会着手为中国向西方学习做准备。他极力反对江青等一伙鼓吹的空头政治，极力着手恢复经济建设。在他的支持下，1975 年 6 月 16 日至 8 月 1 日的国务院计划工作务虚会中提出了“工业 20 条”，涉及诸如要引进新技术、新设备，扩大进出口，加速工业技术改造，提高劳动生产率；加强企业的科学研究工作；坚持按劳分配的原则等措施，已经隐约看到改革开放的初步思想。

针对科技事业停滞不前的局面，邓小平指示中国科学院主持工作的胡耀邦等人起草《科学院工作汇报提纲》。《提纲》里明确提到“科学技术也是生产力。科研要走在前面，推动生产向前发展”，“没有现代科学技术，也就不可能有工业、农业、国防的现代化”。这些思想都在后来的中国特色社会主义建设中得到了进一步丰富和完善。最难能可贵的是，他还提出要完整准确地领会毛泽东思想，“要全面地学习、宣传和实行”毛泽东思想，这为后来反思党建国以来的历史问题提供了思路。

历经磨难的中国共产党能够取得震古烁今的伟大成就，一路走来并不是大道坦途、一帆风顺，而是经历了一次又一次的挫败，一次又一次的反思，这离不开每个共产党人对信仰的坚信，对真理的追求。这种对真理始终不懈地追求也是共产党人最优秀的品质，中国共产党百年来屹立不倒、生机勃勃的法宝也源于此。正因如此，中国共产党才得以在危机时刻一次又一次力挽狂澜，浴火重生。

二、红日东升破阴霾

不要上号称懂得马克思，而实际上根本不懂马克思那样一些人的当。

——毛泽东

1970年秋的江西庐山，群峦叠翠、雾海茫茫。新中国成立后的第三次“庐山会议”（中共九届二中全会）在这里召开。8月23日夜里，一份恩格斯、列宁、毛泽东以及林彪关于“天才”的语录材料在毛泽东、周恩来都不知道的情况下被搞了出来。这份材料宣讲“天才”问题，吹捧林彪的讲话，坚持要设国家主席。这份材料堂而皇之地以《恩格斯、列宁、毛主席关于称天才的几段语录》命名，殊不知马克思、恩格斯、列宁都是明确反对“天才论”的。马克思、恩格斯在他们合作的《神圣家族》中重点批判了青年黑格尔派的“英雄史观”，列宁在同俄国民粹主义论战中也曾批评过所谓“个人创造历史”的观点。作为坚定的马克思主义者，毛泽东自然不会认同所谓“天才论”之类的唯心观点。

这份材料同毛泽东的意愿背道而驰。他随即写了《我的一点意见》，指出这份称“天才”材料，“欺骗了不少同志”，点名批评陈伯达“采取突然袭击，煽风点火，唯恐天下不乱，大有炸平庐山，停止地球转动之势”。要求全党认真学习马克思、恩格斯、列宁的著作，指出“不要上号称懂得马克思，而实际上根本不懂马克思那样一些人的当”①。此后，他要求在全党开展唯物史观教育，批判“天才论”。这实际上意味着毛泽东对林彪反党集团已经产生了高度警觉；也意味着毛泽东对“文化大革命”的一些具体错误有所认识。

1971年春天，第三十一届世界乒乓球锦标赛正在日本名古屋如火如荼地举行着。4月初的一天，日本各大报纸都在头版显要位置登出了一则报道，这个报道的热度甚至超过了乒乓球比赛的消息。这就是中国政府邀请美国乒乓球队访华，而这一举动正是毛泽东决定的。当时的美国

---

①《毛泽东年谱（1949—1976）》第六卷，中央文献出版社2013年版，第331页。

总统尼克松后来回忆道："这个消息使我又惊又喜。我从未料到对华的主动行动会以乒乓球队访问的形式得到实现。"[①] 随后"小球转动大球"的戏剧性一幕开启，"乒乓外交"打开了中美两国人民友好往来的大门。同年 7 月，时任美国国务卿的基辛格秘密访华，在三天的时间内就台湾问题、尼克松访华等问题同中方进行了六次磋商。尼克松准备访华的消息一经宣布，世界为之震惊。1971 年 10 月 25 日，正当基辛格第二次来华之行即将结束时，一个令全国人民振奋的消息从大洋彼岸传来，中华人民共和国在联合国的合法席位得以恢复。这是"文化大革命"期间中国外交工作的一次重大突破。这与毛泽东始终注重维护国家安全，坚决反对霸权主义，支持各国人民正义斗争密不可分。这一重要事件为中国外交关系打开了一个新局面。

1972 年 2 月 21 日，美国总统尼克松正式访华，保存下来的照片及镜头里的毛泽东神采奕奕地在中南海会见尼克松，然而又有多少人知道在这之前毛泽东的健康状况极不稳定，甚至出现过突然休克。考虑到毛泽东的身体情况，"当时外交部安排只是接见十五分钟，可是主席跟尼克松谈了六十五分钟"[②]，他在这次会见中表现出惊人的毅力。尼克松访华和上海公报的发表，标志着两国关系开始走向正常化。此后，中国同西方国家的关系出现重大变化，中国同邻国日本随后也正式建交。

此外，毛泽东将其对马克思主义统一战线理论的理解从过去政治斗争的运用引入到外交政策方面。1946 年 8 月，毛泽东在与美国记者安娜·路易斯·斯特朗的谈话中第一次提到了"中间地带"理论，他指出："美国和苏联中间隔着极其辽阔的地带，这里有欧、亚、非三洲的许多资本主义国家和殖民地、半殖民地国家。美国反动派在没有压服这些国家之前，是谈不到进攻苏联的。"[③] 新中国成立后，毛泽东逐步恢复并发展了这个理论，形成了"三个世界"划分的战略观点。1974 年 2 月，毛泽

---

①《尼克松回忆录》中册，商务印书馆 1979 年版，第 233 页。

② 吴旭君录像谈话。见《大型电视纪录片〈毛泽东〉》，人民出版社 1995 年版，第 147 页。

③《毛泽东年谱（1893—1949）（修订本）》下卷，中央文献出版社 2013 年版，第 118 页。

东会见赞比亚总统卡翁达时提出了“三个世界”划分理论，他说：“我看美国、苏联是第一世界。中间派，日本、欧洲、澳大利亚、加拿大，是第二世界。咱们是第三世界。”“第三世界人口很多”，“亚洲除了日本，都是第三世界。整个非洲都是第三世界，拉丁美洲也是第三世界”。[①]1974年，邓小平在联合国大会第六届特别会议上发言，第一次正式向全世界阐明了毛泽东这一新理论观点，同时他还明确表明：“中国是一个社会主义国家，也是一个发展中国家，中国属于第三世界。”[②]“三个世界”理论的提出超越了以国家制度划分敌我的旧框框，提出了对国际关系战略的新解释，是对马克思主义外交理论特别是列宁当年提出的帝国主义与无产阶级革命时代思想的发展。这个理论顺应了历史发展的客观需要，为中国外交注入了新活力。时至今日，毛泽东“三个世界”划分的理论依然散发着特有的外交魅力。

“文化大革命”十年的阴霾是掩不住真理光芒的，毛泽东在一些问题上特别是外交理论上还是有着独特贡献的，这些观点和理论都不断充实完善着毛泽东思想的内容。因此如何评价“文化大革命”，如何评价毛泽东及其思想，成为考验中国共产党这个马克思主义政党是否能实事求是的重大课题。

三、解缆春江竞千帆

> 解放思想，开动脑筋，实事求是，团结一致向前看，首先是解放思想……实事求是，是无产阶级世界观的基础，是马克思主义的思想基础。
>
> ——邓小平

清雍正初年，雍正皇帝赐予和硕果亲王一座花园，时称“自得园”。这座园子占地17.45万平方米，是连接圆明园与颐和园的附属园林。“自

①《毛泽东年谱（1949—1976）》第六卷，中央文献出版社2013年版，第520页。
②《邓小平年谱（1904—1974）》下卷，中央文献出版社2009年版，第2012页。

得园”在清末殖民者的疯狂洗劫中化为一片废墟，如今中共中央党校南院所在地就是“自得园”遗址。“文化大革命”期间，中共中央直属高级党校（简称中央高级党校）停办。粉碎“四人帮”后，1977 年的 10 月，中央高级党校复校，定名为中共中央党校，迎来的第一批学员中大约有 100 名学员是由各部委和各省选送的特别有前途的中年以上的干部，这些人中大多数在“文革”中吃过苦、受过罪，对真理的追求使得他们既想弄明白过去十几年究竟出了什么问题，又想搞清楚中国的未来究竟在何方。“文化大革命”虽然结束了，但“两个凡是”在思想上的限制，使得各项工作只能在徘徊中前进。要在“两个凡是”的僵化外壳下，彻底澄清“文化大革命”以及以前的是是非非，就不得不来一场深刻的思想解放运动。那么究竟应当以什么为标准来认识和判定历史是非呢？

1978 年 3 月，《人民日报》发表了一篇《标准只有一个》的思想评论，明确指出：“真理的标准，只有一个，就是社会实践。”然而一些人则认为马列主义、毛泽东思想才是检验真理的标准。1978 年 5 月 10 日，中央党校的内部刊物《理论动态》刊登了《实践是检验真理的唯一标准》的特约评论员文章。这篇文章是由南京大学哲学系青年教师胡福明撰写、经由中央党校理论教研室孙长江和《光明日报》总编辑杨西光等同志集体多次修改完成的。而杨西光正是 1977 年秋季入学中央党校“高级班”的那 100 人中的一位。时任中共中央党校第二校长的胡耀邦同志积极支持了文章的写作，并首先在中共中央党校内刊发表。随后，这篇文章再以“光明日报特约评论员”的名义发表于 1978 年 5 月 11 日的《光明日报》。作为全国性的大报，《光明日报》无疑发挥了更为巨大的作用。以至于今天人们提起这篇文章，都认为是《光明日报》首发的，而忽略了文章其实首发于中央党校的《理论动态》。文章论证的其实是马克思主义的一个基本的哲学命题。在被恩格斯称为“蕴含着马克思主义全部新世界观天才萌芽”的《关于费尔巴哈的提纲》中，马克思就明确指出人类的社会生活在本质上是实践的，并明确提出了实践检验真理的基本思想。《实践是检验真理的唯一标准》一文正是从马克思主义的这一基本原理出发，指出了检验真理的标准只能是社会实践，理论与实践的统一是马克思主义的一个最基本的原则，任何理论都要不断接受实践的检验。这就从根本理论上否定了“两个凡是”的主张。

一石激起千层浪，文章的发表立即引发了巨大的社会关注。5月12日，《人民日报》《解放军报》也全文转载，新华社还发了通稿，不少省市的党报也相继转载。

1978年6月24日，一篇名为《马克思主义的一个最基本的原则》的文章在《解放军报》发表，一万多字的内容，针对性极强，说理充分，被称为《实践是检验真理的唯一标准》的姊妹篇。这篇文章之所以能公开发表，罗瑞卿将军给予了很大的支持，他给《人民日报》负责人打电话说，“这篇文章如果要挨打，我愿先挨50大板”，为的就是坚持对真理的追求。真理标准大讨论就是在这样的交锋中进行的。8月4日，《人民日报》头版头条刊登黑龙江省委扩大会议讨论真理标准问题的消息，这标志着真理标准问题进入一个新阶段。随后，全国陆续有21个省（区、市）主要负责人公开表态支持，形成了全国范围的大讨论。

这场大讨论是一场冲破精神枷锁，启迪思想解放的大讨论。“文化大革命”结束后，“两个凡是”的提出，是“左”倾错误的延续，党内这种错误不能得到根本的纠正，长时期特殊条件下形成的思维方式禁锢着人们的思想，造成普遍的严重的思想僵化。在真理标准问题大讨论中，“实践是检验真理的唯一标准”的提出，正适应了形势发展的客观需要。正是这篇文章鲜明地指出：实践不仅是检验真理的标准，而且是唯一的标准。一个理论，是否正确反映了客观实际，是不是真理，只能靠社会实践来检验。理论和实践的统一是马克思主义的一个最基本原则，任何理论都要不断接受实践的检验。这篇文章直指问题的核心，同“两个凡是”尖锐对立，为广大干部群众解放思想打开了一个突破口，使人们能够破除个人崇拜，打破精神枷锁，实现思想上的大解放。

这场大讨论是一场凝聚全党共识，坚定马克思主义信仰的大讨论。检验真理的标准是什么？马克思早在1845年《关于费尔巴哈的提纲》中给出过答案：“人的思维是否具有客观的真理性，这不是一个理论的问题，而是一个实践的问题。人应该在实践中证明自己思维的真理性，即自己思维的现实性和力量，自己思维的此岸性。”[①] 真理不辩不明，通过这场大讨论，实践是认识的来源，也是认识发展的动力，更是检验真理的唯一标准，为越来越多的人所认同。同时，在这个基础上也形成了对马克思主义、毛泽东思想的认识。马克思主义既然坚持实践，那么一切摒弃实践的行为都是形而上学，都是背离马克思主义的。实事求是既是马克思主义理论的精髓，同时也是毛泽东思想的精髓，毛泽东思想的基本点就是实事求是，就是把马列主义的普遍原理同中国革命的具体实际相结合。“两个凡是”不是高举毛泽东思想旗帜，相反是一种背离。

这场大讨论是一场关乎前途命运，具有先导性意义的大讨论。“文化大革命”结束后的中国又一次站在了命运突围的十字路口。面对自身的贫弱，面对与世界发达国家的差距，如何冲破落后思想的束缚，如何展现社会主义制度的优越性，如何开启中国的发展之路，成为摆在党和人民面前的重要问题。面临着前进方向的重大抉择，只有重新开辟社会主义现代化建设的新道路，才能使中国屹立于世界民族之林。为了实现这个目标，首先需要解决思想解放问题，就要批判和否定“两个凡是”，重新确立实事求是的思想路线。也只有从根本上否定“两个凡是”的错误方针，解放人们的思想，才能为全面拨乱反正的工作打开突破口，才能摆脱困境，迈开大步前进。正如邓小平所指出的那样：“关于真理标准问题的争论，的确是个思想路线问题，是个政治问题，是个关系到党和国家的前途和命运的问题。”[②]

关于真理标准问题的讨论，既是粉碎“四人帮”以后的一个重大的马克思主义教育运动，又是党的建设史上一次空前规模的马克思主义思想路线的自我教育运动。这场大讨论也为十一届三中全会的召开奠定了思想基础。中共十一届三中全会对这场大讨论给予了高度评价，认为这场大讨论“对于促进全党同志和全国人民解放思想，端正思想路线，具有深远的历史意义。一个党，一个国家，一个民族，如果一切从

①《马克思恩格斯选集》第一卷，人民出版社 2012 年版，第 134 页。
②《邓小平年谱（1975—1997）》上卷，中央文献出版社 2004 年版，第 450 页。

本本出发，思想僵化，那它就不能前进，它的生机就停止了，就要亡党亡国”[①]。

第四节　乱云飞渡仍从容：马克思主义这个“老祖宗”永远不能丢

一、马克思列宁主义不能丢

> 一定不要忘记了马克思列宁主义，不要丢掉这个最根本的东西。
>
> ——邓小平

马克思和恩格斯逝世以后的一百多年间，针对马克思主义是否过时的争论从来没有中断过。一些人认为马克思主义具有维多利亚时代的印记，在现代还坚持马克思主义，如同有了电子显微镜仍然使用放大镜一样不符合时代。受“文化大革命”影响，在改革开放初期，中国社会出现了否定马克思主义、认为马克思主义已经过时的思潮。

这股思潮出现的原因有很多，二战后的资本主义社会经历了一个高速发展时期，改革开放打开了中国的国门，资本主义国家的发展难免使穷困多年的国人感到羡慕。特别是“亚洲四小龙”（韩国、新加坡、中国香港、中国台湾）的迅速崛起，成为资本主义“好”的一个活生生的案例。西方资本主义社会不仅没有如《共产党宣言》中所说的走向灭亡，反而表现出巨大的活力，有些人对马克思主义产生了怀疑。同时，中国的改革开放在马克思、列宁的著作中无先例可寻，改革改变了马克思、恩格斯对公有制所占成分的要求，市场经济同计划经济在一些人眼里也不相容。再加上一些之前鲜有的投机倒把、贪污腐败等现象的出现，使

---

①《改革开放三十年重要文献选编》（上），中央文献出版社 2008 年版，第 19 页。

一些人开始怀疑马克思主义能否指导中国的现代化建设，认为搞改革开放就是放弃马克思主义。20世纪80年代末90年代初，东欧各国先后发生巨变，苏联也在“8.19”事件后迅速走向解体，社会主义在世界范围内遭遇了前所未有的挫折和打击。在世界社会主义运动处于低潮之时，中国同样遭受到严重冲击，国内形势也在悄悄发生变化。一些长期顽固坚守资产阶级自由化的人从苏东剧变中得到“鼓舞”，大肆宣扬马克思主义“破产论”，认为社会主义必将终结，被资本主义所代替。

针对改革开放中出现的资产阶级自由化问题，邓小平适时并果断地提出“老祖宗不能丢”这一具有伟大远见卓识的思想主张。邓小平指出，马克思列宁主义是被实践反复证明过的科学体系，是不能随意被推翻的真理。“老祖宗不能丢”，一方面是指经实践检验过的基本原理不能背弃，如马克思主义关于世界是物质的观点，关于生产力决定生产关系的认识、辩证法思想，以及资本主义生产方式和资本主义基本矛盾、资本主义危机以及发展趋势等，这些原理具有普遍规律性。另一方面还意味着对马克思列宁主义所倡导的一切从实际出发，实事求是的态度，具体问题具体分析等方法论的坚持。这些马克思主义的真理是经过实践反复检验，具有持久生命力的，在不断丰富发展中永不过时。

同时，当社会主义道路出现曲折，坚持马克思主义要搞清楚两件事。一是搞清楚究竟是实践的问题还是原理本身的问题。很多人认为苏联解体代表马克思主义的完结，代表社会主义制度的失败。然而事实上，苏联的问题不是指导思想的问题，不是道路选择的问题，恰恰是苏联共产党采用何种模式发展社会主义的问题，这属于实践范畴。十一届三中全会以前，中国共产党无论在新民主主义革命还是社会主义建设上都有过失误，但这些失误不是原理导致的，而是实践过程中出现的曲折。二是搞清楚究竟是人的错误还是马克思主义的错误。不应该把后人的错误记在老祖宗的账上。比如“文化大革命”，是林彪、“四人帮”倒行逆施制造的一场人祸，是人为的危机，这当然不能记到马克思主义、毛泽东思想的账上。

原理正确与否需要时间证明，在漫长的岁月里有这样或那样的失误、曲折是再正常不过的事情。以自然科学为例，如今的人们都知道太阳是太阳系的中心，包括地球在内有许多行星都是围绕着太阳运行的。此观点早在1543年就由波兰天文学家哥白尼提了出来，这是对流传甚广的地心说的一个巨大冲击。随后的四百多年里，这个原理也遇到过各种质疑，但随着伽利略、牛顿、爱因斯坦相关理论的发展，人们关于“地球围绕太阳公转”的认知不断得到证实，成为天文学的基础理论。土地革命初期，毛泽东在提出与“城市中心论”相反的“上山”思想时，也是受到过反对和打击的，经过抗日战争、解放战争的实践，随着新中国的成立，充分证明了走“农村包围城市，武装夺取政权”的道路是正确无疑的。

原理是揭示科学规律的。它只讲最基本的、绝不可少的东西，而避免有过多的枝节。正如一棵树，主根主干是万不可少的，至于某枝某叶，长短大小，可以千差万别，决不能以枝叶而定根干。教条主义者往往不懂得这一点。马克思主义经典作家根据特定时间、地点就某个问题作出的具体结论是可以根据所处时代、条件的变化而变化的。马克思、恩格斯本人也多次强调，他们的理论不是教条，而是观察问题的方法。以“文化大革命”的错误否定马克思主义指导思想的正确性是错误的，以社会主义国家出现市场经济质疑走中国特色社会主义道路的合理性也是错误的。苏联共产党的垮台与其将马克思主义教条化有很大的关系。“文化大革命”结束后的“两个凡是”又何尝不是对马克思主义的教条化。

中国共产党历史上多次吃过教条主义的大亏，只有从挫折失败中吸取教训才能更好地坚持老祖宗的真理。因此，老祖宗不仅不能丢，还要不断对其进行丰富和发展。邓小平正是从最基本的“什么是社会主义”反思研究起，结合中国的实际提出了一整套的有中国特色社会主义理论，使我国社会主义建设迈上了新台阶。

二、毛泽东思想旗帜不能倒

毛泽东思想这个旗帜丢不得。丢掉了这个旗帜，实际上就否定了我们党的光辉历史。

——邓小平

回顾中国共产党的历史，马克思主义与非马克思主义的斗争始终没有停止过。毛泽东逝世后，随着“文化大革命”的结束，一股“非毛化”思潮时有泛起。根据中组部在1977年底做出的统计，全国脱产干部约有1700万人，历次运动中立案受审查的约占17%，加上被株连的同事、亲属，共殃及1亿多人。[①] 这些人强烈希望自己的冤屈得以洗刷，同时大量“上山下乡”运动中的知青强烈渴望能尽快回到城市。出于情绪的发泄，导致一些人把“文革”的罪恶和自己的悲惨遭遇完全归结于毛泽东的个人决断，有意把毛泽东在社会主义建设探索过程中犯的错误说成是“罪恶”，抹杀毛泽东领导下取得的社会主义革命和建设成就，把毛泽东领导下的新中国说得一团漆黑、一无是处。

与此同时，针对中国的改革开放以及邓小平的一些理论，西方有人认为中国出现了修正主义，1976年11月20日的《华盛顿邮报》报道称：“人们看到华（国锋）开始逐步对政府机构实行‘非毛化’。”法中友好协会的主席夏尔·贝特兰在他的著作《辞职书》里宣称中国是修正主义路线占了上风。他还在《大跃进》一书中认为新时期中国的政策违背了毛泽东思想。有的国外学者还预言中国也会像赫鲁晓夫全盘否定斯大林那样否定毛泽东。为了加强意识形态方面的渗透，西方敌对势力还用“权力斗争说”来歪曲中国共产党的历史，把延安整风、高饶事件，乃至庐山会议错批彭德怀、“文化大革命”造成刘少奇冤案等等，统统说成是毛泽东为了“个人权力”而搞的党内斗争。

对领导人的评价是否客观公正对于一个政党来说是十分重要的大事。以史为鉴，赫鲁晓夫在苏共二十大上全面否定斯大林带来的严重后果无

① 满妹：《思念依然无尽——回忆父亲胡耀邦》，北京出版社2005年版，第258页。

时无刻不在提醒着中国共产党。邓小平对于毛泽东的态度是很明确的，他曾在 1978 年 11 月底与政治局常委会面时表示他不会成为中国的赫鲁晓夫，他很诚恳地提到毛主席为党和国家做出了卓越的贡献，党不应该像赫鲁晓夫抨击斯大林那样批判毛泽东，国家要继续团结在毛泽东思想的旗帜下。邓小平提出“毛泽东思想的科学体系”这个新概念，要求把毛泽东思想同毛泽东晚年的错误区分开来。他高度评价毛泽东的伟大历史功绩，赞扬他改变了中国，改变了世界，即使在晚年还提出了关于三个世界划分的战略思想，开创了中美关系和中日关系新阶段，党和人民必须铭记毛泽东的功绩。他同时指出毛泽东同其他人一样，也有错误和缺点，但这些同他的不朽贡献不可相比。

1979 年 9 月 29 日下午 3 时，庆祝中华人民共和国成立 30 周年大会在北京人民大会堂隆重举行。叶剑英发表讲话，其中充分肯定了毛泽东在新中国成立以来的功绩和贡献，认为毛泽东在中共八大前后发表的《论十大关系》和《关于正确处理人民内部矛盾的问题》这两篇重要著作，以及毛泽东主持召开的中共八大的主要文献，集中体现了毛泽东关于中国社会主义革命和社会主义建设的思想，具有重要的指导意义。叶剑英的这篇讲话对后来形成《关于建国以来党的若干历史问题的决议》有着深刻的影响。

在《关于建国以来党的若干历史问题的决议》起草过程中，邓小平不止一次地为毛泽东思想树旗。1980 年 3 月 19 日，邓小平找到胡耀邦、胡乔木、邓力群三人谈话，提出起草历史决议的三条总的要求，其中第一条就是要“确立毛泽东的历史地位，坚持和发展毛泽东思想”，这是最核心的一条。为此，要把毛泽东思想形成的过程、它的主要内容，用比较具概括性的语言写出来。历史决议初稿完成后，中共中央政治局又组织全党四千多名高级干部进行讨论。对于毛泽东和毛泽东思想的评价是这次讨论的热点。多数人是赞同邓小平的观点的，其中还包括黄克诚、李维汉等在“文革”中蒙冤受屈的老革命家，他们以自己在革命中的亲身经历和感受出发，肯定了毛泽东的功绩和贡献。讨论中，贬低或否定毛泽东和毛泽东思想的言论也不少，他们提出不写毛泽东思想，也不再提毛泽东思想。对此邓小平反复强调："毛泽东思想这个旗帜丢不得。丢掉了这个旗帜，实际上就否定了我们党的光辉历史"，"不写或不坚持毛泽东思想，我们要犯历史性的大错误"。① 陈云在讨论中提出："说毛泽东同志功绩是第一位的，错误是第二位的，说毛泽东思想指引我们取得了胜利，就更能说服人了。"② 这表明了中共中央坚定的、实事求是的、毫不妥协的态度，这一点是决议成功完成的关键。

1981 年 6 月，中共十一届六中全会在北京举行，全会审议并一致通过了《关于建国以来党的若干历史问题的决议》。这个决议从六个方面具体论述了毛泽东思想的内容，有力地论证了毛泽东思想"以独创性的理论丰富和发展了马克思列宁主义"，指出毛泽东思想活的灵魂，是对马克思列宁主义的丰富和发展，批评了对待毛泽东思想的两种错误态度，牢固地确立了毛泽东思想的指导地位，明确指出毛泽东思想是我们党的宝贵的精神财富，它将长期指导我们的行动。

《关于建国以来党的若干历史问题的决议》的公开发表，标志着党在指导思想上的拨乱反正胜利完成，很大程度上遏制了"非毛化"情绪，是继关于真理标准问题大讨论之后全党全国人民又一次思想统一，是中国共产党坚持辩证唯物主义和历史唯物主义世界观和方法论的典范文章。

三、任何时候都决不能让步

> 坚持四项基本原则，这不能动摇。这一点我任何时候都没有让过步。
>
> ——邓小平

随着拨乱反正的开始，一些社会遗留问题，如知识青年回城、冤假错案改正等突显出来。一些人由于不能正确看待"文化大革命"的错误，产生了一股怀疑，甚至否定党的领导、社会主义、毛泽东思想等基本原

---

①《邓小平文选》第二卷，人民出版社 1994 年版，第 298、300 页。

②《陈云文选》第三卷，人民出版社 1995 年版，第 284 页。

则的错误思想。

据不完全统计，到1979年3月，在北京、上海、天津、武汉、广州等地出现的自发组织有80多个，自发刊物有20个，其中大多是由少数别有用心的人把持和控制。北京的“西单民主墙”在1978年10月形成时曾经对天安门事件平反等起到过推动作用，但是在这时，它却变成了少数坏人用来进行非法宣传和犯罪活动的阵地。非法组织以人权、民主为旗号，公开反对无产阶级专政，反对社会主义制度，诽谤马列主义，污蔑毛泽东。北京、上海、天津等地的非法组织甚至准备在1979年“四五”期间大肆煽动闹事。国外敌对势力把中国发生的事态称之为“北京之春”，企图让1968年春的布拉格事件在北京重演。[①]

当时中共中央正在召开理论工作务虚会，会上多数与会者对此现象认识不足，没有予以坚决的抵制和回击，甚至还有个别人不自觉地对被利用群众和组织给予同情和支持。参会的人中，有的因为经济制度怀疑社会主义制度，有的怀疑毛泽东思想的科学性，还有的认为邓小平提出的“没有毛泽东就没有新中国”过了头，这些言论暴露了不少同志的思想问题。在1979年至1981年期间，这股资产阶级自由化思潮集中攻击四项基本原则，公开发表反党反社会主义言论，他们把四项基本原则诬蔑为“四根棍子”，有人说“社会主义不如资本主义”“大陆不如台湾”，甚至提出要“补资本主义课”等。

1979年访美回来的邓小平看到了问题的严重性，严厉批评了思想战线的软弱涣散，提出“思想战线不能搞精神污染”。他指出“社会主义究竟是个什么样子，苏联搞了很多年，也并没有完全搞清楚。可能列宁的思路比较好，搞了个新经济政策，但是后来苏联的模式僵化了”。[②] 所谓“社会主义异化论”，不是向前发展，而是向后倒退，倒退到马克思主义以前去了。邓小平严正警告说：“这是决不许可的。每个共产党员，更不必说每个党的思想理论工作者，决不允许在这个立场上有丝毫动摇。”

---

① 当代中国研究所：《中华人民共和国史稿》第四卷（1976—1984），人民出版社、当代中国出版社2012年版，第60—61页。

②《邓小平文选》第三卷，人民出版社1993年版，第139页。

1979年3月30日，邓小平作了《坚持四项基本原则》的讲话，明确指出："我们要在中国实现四个现代化，必须在思想政治上坚持四项基本原则。这是实现四个现代化的根本前提。""如果动摇了这四项基本原则中的任何一项，那就动摇了整个社会主义事业，动摇了整个现代化建设事业。"[①] 四项基本原则中，邓小平特别重视坚持党的领导。其实这不是他第一次表达对党的领导的重视，早在1957年1月16日，他在和刘少奇召集团中央书记处书记讨论中国新民主主义青年团第三次全国代表大会报告稿，谈到青年团的首要问题是接受不接受党的领导时提到，欧洲现在有一股风，不敢讲党的领导，好像讲了就输了理似的。针对这种情况，邓小平坚决地指出中国青年接受党的领导是好传统，不敢提接受党的领导，就是向资产阶级投降。

邓小平本人自始至终理直气壮、旗帜鲜明地宣传和坚持四项基本原则，宣传党的路线方针政策。翻阅他的文选、文集、年谱、传记，关于坚持社会主义、坚持人民民主专政、坚持党的领导、坚持马列主义和毛泽东思想等深入阐释而又充满感情的话语比比皆是。他说："如果我们不坚持社会主义，最终发展起来也不过成为一个附庸国，而且就连想要发展起来也不容易。""只有人民内部的民主，而没有对破坏分子的专政，社会就不可能保持安定团结的政治局面，就不可能把现代化建设搞成功。"他又说："坚持四项基本原则的核心，是坚持党的领导。我们多次讲过，在中国这样一个大国，没有共产党的领导，必然四分五裂，一事无成。"总结自己几十年革命和建设生涯，邓小平说："坚持四项基本原则，这不能动摇。这一点我任何时候都没有让过步。"[②]

1986年9月，在中共十二届六中全会讨论关于社会主义精神文明建设指导方针的决议草案时，有人不赞成把反对资产阶级自由化写进文件中。原本不准备讲话的邓小平挺身而出，斩钉截铁地说，"反对精神污染的观点，我至今没有放弃"，"反对资产阶级自由化至少还要搞二十

①《邓小平文选》第二卷，人民出版社1994年版，第164、173页。
②《邓小平文选》第三卷，人民出版社1993年版，第299页。

年”[1]。邓小平多次强调，稳定压倒一切，凡是妨碍稳定的就要对付，不能让步，不能迁就。“我们不在乎别人说我们什么，真正在乎的是有一个好的环境来发展自己。”[2]面对复杂的国际局势，邓小平坚定表示：“马克思主义、社会主义、四项基本原则，我们绝不会放弃。”南方谈话中，他更是充满自信地说：“我坚信，世界上赞成马克思主义的人会多起来的，因为马克思主义是科学。”[3]他谆谆告诫：“不要惊慌失措，不要认为马克思主义就消失了，没用了，失败了。哪有这回事！”他在一次谈话中又说：“什么是社会主义，从来没有搞清楚过，现在搞清楚了。这是真正的马克思主义。资本主义经历了几百年，社会主义才几十年，就要判定输赢？赢家一定会是社会主义。”

历史一次次告诫我们：思想是不能丢的，马克思主义理论是正确的理论，它为中国共产党提供了解决问题的理论来源；旗帜是不能倒的，中国共产党是正确的政党，只有这个政党才能领导中国人民走上美好的康庄大道；道路是不能错的，社会主义是正确的道路，坚持这条道路终究能够实现中华民族百年来再次复兴的伟大梦想。

①《邓小平年谱（1975—1997）》下卷，中央文献出版社 2004 年版，第 1162 页。
②《邓小平年谱（1975—1997）》下卷，中央文献出版社 2004 年版，第 1318 页。
③《邓小平年谱（1975—1997）》下卷，中央文献出版社 2004 年版，第 1345 页。

第五篇　不尽长江滚滚来——马克思主义在当代中国的发展

第一节　幸有青松挺且直：植根于中国大地的马克思主义

一、彪炳史册的三中全会

> 一九七八年十二月召开的十一届三中全会，是建国以来我党历史上具有深远意义的伟大转折。
>
> ——《关于建国以来党的若干历史问题的决议》

毛泽东在思考中国革命时曾写下《星星之火，可以燎原》一文，而邓小平在 1977 年到 1978 年进行了一系列出访与调研，其思考的点点滴滴同样点燃了改革开放的星星之火。邓小平后来回忆说，他去各地为改革开放计划“点燃星星之火”，有三个重要时刻。第一次是 1977 年 11 月在广州，他与叶剑英接见解放军和地方干部时，让他们搞活广东经济。第二次是 1978 年 2 月出访缅甸和尼泊尔时在四川停留，当时他与赵紫阳见面，讨论了农村和城市改革问题。（在四川时，他曾嘲笑那些说农民养三只鸭子是社会主义，养五只鸭子就是资本主义的人。邓小平说，这种抱着僵化教条不放的人应该开开窍，贫穷不是社会主义。）第三次便是这次他出席朝鲜劳动党建党 30 周年庆典后归途中的东北之行。[①] 邓小平在东北三省停留数日，在这里他鼓励脱离“两个凡是”的束缚，强调“实践标准”。他拿毛泽东农村包围城市思想举例，提出要理解“实事求是”的精髓，要利用外部环境促进对外贸易等。胡耀邦曾说邓小平的东北之

---

① ［美］傅高义：《邓小平时代》，生活·读书·新知三联书店 2013 年版，第 228 页。

行点燃了中国巨变的星星之火。

在当代中国人的观念里，只要提及“三中全会”，大部人都会自然而然地想到指的是哪一届三中全会。对中国人民而言，这次会议如同 1949 年 10 月 1 日在天安门城楼的开国大典预示着中国人站起来那样，预示着中国人开始走向富裕的星光大道，具有划时代的意义。对于中国共产党而言，这次会议上民主讨论的优良传统战胜了“两个凡是”的僵化思想，预示着中国共产党同样能够领导国家实现四个现代化的伟大目标。

在关于实践标准问题的大讨论以及中央多次会议的基础上，1978 年 12 月 18 日至 22 日，中国共产党第十一届中央委员会第三次全体会议在北京召开。按照原计划，十一届三中全会主要讨论经济问题。陈云根据之前中央会议上有关党的政治路线、思想路线和方针政策等方面的讲话，提出安定团结是全党和全国人民关心的大事，提出遗留问题的解决。这一主张受到大多数同志的响应，历史遗留问题不解决，何谈突破与创新。于是，十一届三中全会突破了原定议题，开成了全局性的拨乱反正和开创性局面的重要会议。

这次会议坚持了马克思主义真理性，重新确立了党的实事求是思想路线。这条思想路线曾经指导中国共产党取得了新民主主义革命的胜利，在中国大地上确立了社会主义制度。同样，当这条思想路线被抛弃时，也使社会主义现代化建设遭受重大挫折。“文化大革命”期间，邓小平始终坚持实事求是的方法论，并取得了经济整顿的成绩，毛泽东说他是“毛派的头子”，也是对他的一种肯定。在同“两个凡是”的斗争中，邓小平提倡的实事求是逐渐占了上风。他曾不止一次提及，“实事求是，是无产阶级世界观的基础，是马克思主义的思想基础”，是“马克思主义的根本观点、根本方法”，“是毛泽东思想的出发点、根本点”，是“毛泽东思想的精髓”。[①] 邓小平认为改革开放离不开实事求是，“实事求是是马克思主义的精髓。要提倡这个，不要提倡本本。我们改革开放的成功，不是靠本本，而是靠实践，靠实事求是”[②]。中国共产党领导的改革开放之

①《邓小平文选》第二卷，人民出版社 1994 年版，第 143、114 页。
②《邓小平文集》第三卷，人民出版社 1993 年版，第 382 页。

所以能取得如此大的成就同实事求是思想路线的指导密不可分。

这次会议坚持了马克思主义的时代性，中国共产党将工作重心转移到经济上来，体现了新时期马克思主义与中国的时代和实践相结合的特征。20世纪60年代，全世界兴起一股以电子技术为特征的新的技术革命浪潮。当时的中国共产党缺乏对这一时代特征的科学判断，错失了一次经济腾飞的机会。邓小平敏锐地察觉到世界形势的变化，鼓励党员干部要放眼看世界。1978年5月17日，国务院成立了引进新技术领导小组，决定在副总理谷牧的率领下出访西欧。十一届三中全会进行过程中为了继续解放思想，全会专门印发了《苏联在二三十年代是怎样利用外国资金和技术发展经济的》《战后日本、西德、法国经济是怎样发展起来的》等参考资料，很多同志受到启发，认为应该借鉴和吸收国外的有益经验，允许外国人到中国来办工厂，可以向国外借款，迈开了对内改革，对外开放的新步伐。这次会议正是对我国国情和时代特征有了清醒认识之后，做出了改革开放等一系列科学决策，为中国特色社会主义建设事业的蓬勃开展奠定了基础。

十一届三中全会是新中国成立以来党的历史上具有深远意义的伟大转折，它一方面全面恢复了马克思主义中国化第一次历史性飞跃的理论成果——毛泽东思想的本来面目；另一方面成为马克思主义中国化第二次历史飞跃的起点。马克思主义中国化的精髓——实事求是再次被重新确立，开启了中国道路探索的新时期。十一届三中全会的召开，有力地宣告中国共产党在今后的社会主义道路探索中明确反对将马克思主义“教条化”，审时度势思考马克思主义“当代化”，推进马克思主义进一步“中国化”。此后中共中央领导全党和全国人民在经济调整中迈开了改革开放的步伐，在“调整、改革、整顿、提高”方针的指导下用三年时间完成了对国民经济的调整。在农村，“凤阳花鼓”中的凤阳县搞起了包产到户；在城市，国有企业自主经营权得到明显改善；中央同意在广东深圳、珠海、汕头，以及福建厦门等地试办出口特区……正如《春天的故事》中所唱的那样：中国迎来万象更新的春天！

二、小康社会的美好愿景

> 我们要实现的四个现代化，是中国式的四个现代化。我们的四个现代化的概念，不是像你们那样的现代化的概念，而是“小康之家”。
>
> ——邓小平

何为“小康”？“小康”一词最早出自《诗·大雅·民劳》：“民亦劳止，汔可小康。”意思是老百姓的生活太苦了，也该稍稍得到安乐了。表达了身处奴隶社会中的人们，对美好安定生活的向往。“小康”一词，原意是指生活比较安定的意思。小康社会是古代思想家描绘的诱人的社会理想，也表现了普通百姓对宽裕、殷实的理想生活的追求。由此可以看出，中华优秀传统文化为中华民族的发展，为马克思主义的创新提供了源源不断的素材。

关于“小康”一系列概念的提出，民间流传着这样一篇趣文：当年中国小康社会目标的提出，不仅因为有小平，也因为有大平，“小康之家”“中国式的现代化”等概念就是在小平和大平的对话中形成的。小平当然指的是邓小平，大平则是时任日本首相的大平正芳。“二平”的奇妙碰撞，影响了当代中国的走向。1979 年 12 月 6 日，邓小平会见日本首相大平正芳，因为此前邓小平提过“中国式的现代化”这个概念，客人便问邓小平对中国式现代化的理解是否跟日本的现代化一样。当时的中国与日本在经济发展上相差甚远，要实现日本式的现代化不是十年、二十年能达到的，但对于这个问题的回答又不能直白地使用“是”或“不是”，于是邓小平想了想说道：“我们要实现的四个现代化，是中国式的四个现代化。我们的四个现代化的概念，不是像你们那样的现代化的概念，而是‘小康之家’。”[①] 邓小平随后解释他所设想的“小康”是“四个现代化的最低目标”，“就是还不富裕，但日子好过”。小康社会的现代化，是中国式的现代化。“不是西方的现代化”，“不能同西方比”。

---

①《邓小平文选》第二卷，人民出版社 1994 年版，第 237 页。

邓小平对“小康”的思考最为深刻：人民普遍丰衣足食、安居乐业的社会状况，他称之为“小康社会”；每个家庭的富裕安稳，他称之为“小康之家”；家庭和社会的富裕程度、幸福水平，他称之为“小康水平”。此外，他还使用过“小康生活”“小康目标”“小康状态”等概念。那么为什么邓小平要用“小康”作为现代化建设的目标呢？这离不开他对人民深深的情怀。“文化大革命”十年中，有5年经济增长不超过4%，其中3年负增长：1967年增长−5.7%，1968年增长−4.1%，1969年增长−1.6%。[①]1978年中国的GDP只占世界GDP总量的1.8%，整个国家发展和人民生活水平处于联合国有关部门和世界银行等组织划定的贫困线之下。[②]

“文革”期间，邓小平曾被疏散到江西，在那里他目睹了老百姓生活的贫困，寒冬腊月三湾村的“老表”们仅仅穿着一条单裤，在寒风中冻得瑟瑟发抖。人均收入每年就是三十几块到四十几块，住的房屋雨天漏水，冬天进风，生活还很艰苦。作为中国人民的儿子，爱人民就不会让人民生活于饥寒困苦之中。1975年复出后的邓小平主持中央日常工作，把国民经济搞上去成为他心中的大局。十一届三中全会之前，邓小平在点燃改革开放“星星之火”的东北之行中感慨道：“我们太穷了，太落后了，老实说对不起人民。我们现在必须发展生产力，改善人民生活条件。”[③]他批评“宁要贫穷的社会主义和共产主义，不要富裕的资本主义”的论调，指出“贫穷不是社会主义。我们坚持社会主义，要建设对资本主义具有优越性的社会主义，首先必须摆脱贫穷”。[④]

如果说让人民摆脱贫困过上好日子，是邓小平提出“小康之家”的人民立场，那么让中国摆脱落后，实现现代化就是邓小平提出“小康社会”的伟大愿景。“文革”期间，邓小平去美国、访法国的经历让他感叹

---

① 中央财经领导小组办公室：《中国经济发展五十年大事记》，人民出版社1999年版，第222、228、282页。

② 陈大斌：《饥饿引发的变革——一个资深记者的亲身经历与思考》，中共党史出版社1998年版，第19页。

③《邓小平年谱（1975—1997）》上卷，中央文献出版社2004年版，第381页。

④《邓小平年谱（1975—1997）》下卷，中央文献出版社2004年版，第1183页。

西方资本主义发达国家的发达，感慨中国没有抓住时机而落后于西方。1978 年 10 月，邓小平先后访问了日本、泰国、马来西亚、新加坡，他亲眼看到当时的中国不仅同日本差距很大，就连东南亚一些国家的现代化程度都比不上。也是在这一年，由副总理谷牧率领引进新技术领导小组出访西欧。代表团成员被自己眼前的一切所震撼，两件事对考察团成员触动最大，一是这几个国家的人民生活水平很高，一是工业化程度很高。西德、法国这样的发达资本主义国家已经开始规划能源发展战略，他们称核电站为“白煤”，而中国还在“黑煤”时代。此外，发达资本主义国家的自动化程度也深深刺痛了中国代表团。中国的领导层感受到了照镜子的震撼。

中国与世界现代化先进水平之间的巨大差距，使邓小平感到“我们头脑里开始想的同我们在摸索中遇到的实际情况有差距”[①]，我们要在本世纪末实现四个现代化的雄心壮志是不现实的。这促使邓小平思考中国的现代化建设只能从中国生产力水平低的实际出发，在 20 世纪内只能搞一个最低目标的中国式的现代化。在邓小平看来，这个发展战略同“十五年赶英超美”相比更切合实际，用“温饱”“小康”“富裕”等字眼描述，更生动，更容易被人民接受。“一千美元”“四千美元”的量化目标，既与世界经济相联系，又更明确，更具体化。

“小康社会”的提出只是中国在六年转折期（1976.10—1982.8）的冰山一角，这期间以邓小平、陈云、叶剑英等为代表的中国共产党人，突破思想的禁锢，重启“第二次结合”，创造性地提出了社会主义本质论、中国式现代化设想、“一国两制”构想等理论。上述重大理论观点的探索，既坚持马克思主义实事求是的理论精髓，又继承科学社会主义注重生产力发展的基本原则，同时根据改革开放新的实践、创新发展，开拓了马克思主义新境界，把对社会主义的认识提高到新的科学水平，为马克思主义植根于中国大地提供了源源不断的土壤与清泉。

---

①《邓小平年谱（1975—1997）》上卷，中央文献出版社 2004 年版，第 631 页。

三、走出去追赶时代步伐

改革开放是决定当代中国前途命运的关键一招，中国大踏步赶上了时代！

——习近平

熟悉日本历史的人都知道“明治维新”，这是一场19世纪60年代至90年代发生在日本的改革运动，标志着日本从封建社会进入资本主义社会。在日本，推动国家走上现代化道路的历史转折点是“岩仓使团”，这个由明治政府最高官员之一的宫廷大臣岩仓具视率领的使团考察了各国的工厂、矿山、铁路、农场、造船厂等，令他们眼界大开，认识到日本要想追赶上来不但要引进新技术，还要引进新的组织和思维方式。此后的日本加快对外开放、对内改革的步伐，成为亚洲强国。而此时的中国却正在吃着“夜郎自大”“闭关锁国”的大亏，教训惨重。

马克思主义理论具有与生俱来的时代性和开放性，马克思、恩格斯曾积极评价过资本主义推动历史发展的作用，提出世界市场理论。他们在《共产党宣言》中就曾深刻地指出，“资产阶级，由于开拓了世界市场，使一切国家的生产和消费都成为世界性的了”，“民族的片面性和局限性日益成为不可能，于是由许多种民族的和地方的文学形成了一种世界的文学”。[①] 列宁在他的多篇文章中都明确表达了他对资本主义积极成果的认同，他还用“苏维埃政权＋普鲁士的铁路秩序＋美国的技术和托拉斯组织＋美国的国民教育等等等等＋……＋= 总和 = 社会主义”[②] 的公式明确表示他对吸收资本主义一切优秀成果的赞同。

“文化大革命”的十年使得中国再次处于“锁国”状态，因此看不到世界发展的形势，错失绝佳的发展机会。20世纪70年代，当时的香港还处于英国的殖民统治下，在香港与广东的边境上有着20多公里的铁丝网，数千名警察在这一带巡逻，为的就是阻止成千上万的年轻人外逃

①《马克思恩格斯选集》第一卷，人民出版社2012年版，第404页。
②《列宁全集》第三十四卷，人民出版社2017年版，第520页。

到香港。这些年轻人为什么要冒着生命危险逃去香港呢？归根到底还是两地生活水平的差距所致。要解决这个问题，就要改变政策，就要让边境这边的人过上好日子。邓小平复出主持工作后，在出访的过程中亲眼见证了资本主义国家的现代化，这进一步坚定了他要对外开放的决心。从 1977 年到 1980 年，中国派出的官员考察团也感受到了岩仓使团的震撼，开始思考中国的对外开放道路。

1978 年底，邓小平提出在全国没拿出一个统一的方案前，可以先从局部做起，从一个地区、一个行业做起，逐步推开。邓小平拿延安举例子，表示可以在广东划一块地出来，也搞一个特区，就像过去的陕甘宁特区那样。党中央、国务院采纳广东省关于发挥临近港澳的优势，在改革开放中“先走一步”的意见，在广东深圳、珠海举办出口加工区，迈出试办经济特区第一步。针对对外开放中的资金跟放权问题，邓小平明确表态：“中央没有钱，可以给些政策，你们自己去搞，杀出一条血路来。”[①] 给予地方更多的自主权。就这样，深圳、珠海成为改革开放的桥头堡。鉴于邓小平定下了“特区”这个名称，原来广东提的“贸易合作区”在中央文件中正式改称为“出口特区”。

特区模式是中国共产党将马克思主义与中国实际相结合过程中的创新探索。革命时期，有陕甘宁特区；建设时期，有经济特区；在国家统一问题上，香港、澳门特别行政区也是特区模式的一种。这种模式，是马克思主义时代性与实践性相统一的体现。实践是检验真理的标准，这一重大改革，受到了广大人民的欢迎。特别是港澳地区，反应非常强烈，海外侨胞纷纷表示愿意以实际行动支援祖国建设。1979 年，广东、福建两省外贸出口创汇创历史最高水平，比 1978 年分别增长了 32% 和 30%。贸易和非贸易外汇收入，两省分别完成 205000 万（广东）和 35000 万（福建）美元，比 1978 年增长了 32% 和 21.5%。[②] 此后，中国的对外开放一发不可收拾，为中国经济发展注入了源源不断的动力。

---

①《邓小平年谱（1975—1997）》上卷，中央文献出版社 2004 年版，第 510 页。

② 谢春涛：《转折中国 1976—1982》，人民出版社 2008 年版，第 191 页。

然而，这个过程也并非一帆风顺，兴办经济特区的过程也是排除各种陈规陋俗的过程。有人认为“经济特区”=“旧中国的租界”，有人则质疑“经济特区到底姓‘社’还是姓‘资’”等。针对不同的声音，1981 年 5 月，国务院在北京召开了广东、福建两省和经济特区工作会议，会上指出特区是经济特区，不是政治特区；特区是我国学习与外国资本竞争、学习按经济规律办事、学习现代化经济管理的学校。特区内全面行使我国国家主权，这和由不平等条约产生的租界、殖民地在性质上有着根本不同。面对关于经济特区的争论，邓小平给予经济特区高度的评价和肯定。1984 年春，邓小平在视察特区建设时，面对一片欣欣向荣、生机勃勃的生产景象，他不禁感叹道“看来路子走对了”。此间他欣然给深圳、珠海、厦门经济特区题词，多次发表讲话，这些举措拨去了笼罩在经济特区头上的团团迷雾。小平同志的这次南行视察掀开了对外开放的新一页，也是进一步扩大对外开放新的里程碑。

19 世纪的中国曾经落后于时代，国家蒙辱，人民蒙难，文明蒙尘。新中国的成立开启了追赶时代的步伐，而十一届三中全会后这个步伐加快了速度，当年的一块小小试验田，已经扩展成为由南向北、由沿海向内地，涉及东北、西北、中部地区的全方位开放模式。中国是世界的中国，中国曾因开放获得巨大的发展，强大起来的中国大门只会越开越大，为世界发展提供智慧和方案，这是中国对世界的郑重承诺。

四、一脉相承的两个时期

> 对改革开放前的历史时期要正确评价，不能用改革开放后的历史时期否定改革开放前的历史时期，也不能用改革开放前的历史时期否定改革开放后的历史时期。
>
> ——习近平

清末文人龚自珍在其编写的《定庵续集》卷二《古史钩沉二》中说道：“灭人之国，必先去其史。隳人之枋，败人之纲纪，必先去其史。绝人之才，湮塞人之教，必先去其史。夷人之祖宗，必先去其史。”这无疑是在提醒我们一个抛弃或者背叛自己历史文化的民族，不仅不可能发展起来，而且很可能上演一幕幕历史悲剧。

新中国成立七十多年来，以党的十一届三中全会为标志，中国共产党领导人民进行的社会主义建设分为改革开放前和改革开放后两个历史时期。有人认为，改革开放前的三十年，中国的社会主义建设走了很多弯路，特别是“文化大革命”对社会、经济、政治发展造成了严重影响，认为这前三十年没有多少功绩可言；而改革开放后的四十多年，中国社会主义建设方方面面取得的成就举世瞩目，因此肯定改革开放后四十年时期，否定改革开放前三十年。也有人怀念毛泽东时代，认为改革开放后出现了贫富分化，搞市场经济使得社会主义不再单纯，进而将两个历史时期对立起来。再或者就是对改革开放前后两个历史时期一概予以否定。这些观点无论哪一种明显都是不正确的。厘清两个历史时期的关系，这不只是一个历史问题，还是一个政治问题。

说其是一个历史问题，不可否认，改革开放前后两个历史时期在进行社会主义建设的理论指导、方针政策、具体实践等方面确实有很大区别，但两个历史时期在本质上都是中国共产党领导人民对社会主义建设的实践探索，二者紧密联系、一脉相承。习近平在庆祝中国共产党成立100周年大会上的讲话明确指出：“我们进行社会主义革命，消灭在中国延续几千年的封建剥削压迫制度，确立社会主义基本制度，推进社会主义建设，战胜帝国主义、霸权主义的颠覆破坏和武装挑衅，实现了中华民族有史以来最为广泛而深刻的社会变革，实现了一穷二白、人口众多的东方大国大步迈进社会主义社会的伟大飞跃，为实现中华民族伟大复兴奠定了根本政治前提和制度基础。”[1] 此外，新中国轰轰烈烈的社会主义建设还建立起独立的比较完整的工业体系和国民经济体系，为改革开放后的快速发展打下了坚实的物质基础。老一辈无产阶级革命家在经济建设、大国

---

① 习近平：《在庆祝中国共产党成立100周年大会上的讲话》，人民出版社2021年版，第5页。

外交、政党建设等方面的理论探索也为改革开放后社会主义从理论创新到具体实践奠定了基础。而改革开放以来所取得的举世瞩目的成就，开创了中国特色社会主义道路，稳住了社会主义大旗，坚定了中国共产党的领导，也证明马克思主义是无比正确的理论。马克思说过："人们自己创造自己的历史，但是他们并不是随心所欲地创造，并不是在他们自己选定的条件下创造，而是在直接碰到的、既定的、从过去承继下来的条件下创造。"① 评价一段历史，就是要坚持正确的历史观，必须依据历史条件、历史过程进行全面的分析，不能脱离具体的历史环境去机械地理解。

说其是一个政治问题，苏联倒台就是一个活生生的例子。一方面赫鲁晓夫上台后在《关于个人崇拜及其后果》的秘密报告中全盘否定了斯大林，此举震惊内外。后继的苏联最高领导人勃列日涅夫虽然开始强化意识形态控制，但扭转对于斯大林的否定已经很难，国内外持不同政见者借斯大林开展颠覆社会主义制度的运动。到了戈尔巴乔夫时期，由于在文化领域大搞新自由主义，在意识形态领域斗争方面不积极作为等，结果导致国内历史虚无主义泛滥，给国际反苏势力以良机，他们通过出版物、电台等对苏联、东欧国家进行反社会主义的渗透宣传，向人们灌输错误的历史观，造成思想认识上的极度混乱，最终成为东欧剧变、苏联解体的关键因素。苏联共产党垮台后，西方敌对势力又将此手段用于社会主义的中国。随着网络新媒体时代的降临，历史虚无主义借助于网络的温床呈现出泛滥之势。历史虚无主义到底错在哪儿了？就是错在把碎片化的历史真实当成了整体性的历史真实。它图谋以主观主义的态度对历史事实进行歪曲、涂抹和裁剪，以戏谑和调侃的方式对历史中的英雄人物、历史事件进行抹黑，毫无敬畏之心。历史虚无主义已经开始迅速渗透到中国思想文化的方方面面，试图挑战马克思主义意识形态话语权的主导地位。

改革开放前的社会主义实践探索为改革开放后的社会主义实践探索积累了条件，是党领导各族人民进行社会主义革命和建设并取得巨大成

---

①《马克思恩格斯选集》第一卷，人民出版社 2012 年版，第 669 页。

就的历史；改革开放后的社会主义实践探索是对改革开放前的社会主义实践探索的坚持、改革、发展，是党领导各族人民成功开创和发展中国特色社会主义的历史。“对改革开放前的历史时期要正确评价，不能用改革开放后的历史时期否定改革开放前的历史时期，也不能用改革开放前的历史时期否定改革开放后的历史时期。”[①] 坚持改革开放前后两个历史时期不能相互否定是对党的历史的尊重和珍惜，也是正确认识和处理两个历史时期关系的必然要求。

第二节　东方风来满眼春：邓小平成功开创中国特色社会主义

一、坚持走自己的道路

> 把马克思主义的普遍真理同我国的具体实际结合起来，走自己的道路，建设有中国特色的社会主义，这就是我们总结长期历史经验得出的基本结论。
>
> ——邓小平

关于真理问题大讨论的开展以及十一届三中全会的召开，开启了中国改革开放和社会主义现代化建设新时期的伟大历史进程，从 1978 年 5 月到 1982 年 10 月四年多的时间，中国共产党对于“什么是社会主义、怎样建设社会主义”这个关键问题的认识逐渐清晰。

1982 年 9 月，党的第十二次全国代表大会胜利召开。这次会议的最大贡献就是对十一届三中全会以来确立和制定的党的路线方针政策进行总结，制定新时期的发展路线和纲领。正是在这次代表大会上，邓小平同志首次提出了“建设有中国特色的社会主义”的理论命题。1982 年 9

① 习近平：《关于坚持和发展中国特色社会主义的几个问题》，《求是》2019 年第 7 期。

月 1 日，邓小平在党的十二大开幕词中首次提出："把马克思主义的普遍真理同我国的具体实际结合起来，走自己的道路，建设有中国特色的社会主义，这就是我们总结长期历史经验得出的基本结论。"[1] 这个重大命题的提出，标志着中国特色社会主义道路的正式形成。

所谓"中国特色社会主义"就是既坚持了科学社会主义的基本原则，又根据时代条件赋予了鲜明的中国特色。一方面要坚持马克思主义的基本原理，坚定不移地走社会主义道路；另一方面必须从中国的实际出发，不照抄、照搬别国经验、模式，走具有中国特色的道路。这是马克思主义在中国大地上实践发展的第二次伟大飞跃。从 1982 年党的十二大到 2022 年党的二十大的 40 年间，我们党始终有一个永恒的奋斗主题——坚持和发展中国特色社会主义。从十二大到二十大的报告标题中，有一个永不缺席的主题词——中国特色社会主义。当然，在具体的文字表述上，从最早的"有中国特色的社会主义"到 1992 年党的十四大改为"有中国特色社会主义"，再到 2002 年党的十六大改为"中国特色社会主义"沿用至今，尽管在不同时期有所差异，但其核心内容，即将马克思主义基本原理同中国具体实际相结合，走中国自己道路的本质没有区别。

坚持和发展"中国特色社会主义"的重大命题，绝不是一个抽象的概念，而是写在中国大地上的鲜活实践。譬如，在经济体制改革方面，中国共产党走出了至关重要的改革一步。按照马克思主义关于社会主义的设想，社会主义必须实行公有制的经济制度。这当然是社会主义的题中之意，但公有制如何实现、如何根据中国社会的发展程度和实际构建社会主义的经济体制，是社会主义实践必须解决的重大问题。在新中国成立以后的一段时期内，我们比较片面地理解马克思主义关于公有制的学说，以为生产资料的公有制越大越纯就越是社会主义，从 1956 年社会主义改造完成后建立起"一大二公"的社会主义公有制，并且把公有制等同于计划经济。这种高度集中的指令性计划经济在实际的经济运行中逐渐显现出弊端。党的十一届三中全会以后，我们打破思想束缚，根据

---

① 《邓小平文选》第三卷，人民出版社 1993 年版，第 3 页。

实际来研究社会主义国家公有制、计划经济、商品经济之间的关系，在理论和实践上有了重大突破。1984 年 10 月，中共十二届三中全会通过了《关于经济体制改革的决定》，这是全面进行经济体制改革的纲领性文件，邓小平称其为“中国式的政治经济学”。在这个《决定》中，一个石破天惊的重要概念破冰而出：我国社会主义经济是公有制基础上的有计划的商品经济。这一重大概念后来成为中国式社会主义道路的一大理论支柱。十二大以后短短两年间在经济改革问题上就能有如此大的突破主要得力于改革开放实践、经济理论界以及高层介入三个推动力。城乡非国有经济的快速发展，强烈要求进一步打破指令性计划经济“一统天下”的局面。在邓小平、陈云等领导人的直接关注和指导下，中央成立了专人小组加以研究，中央领导同志指示，要写出“一个政治经济学的初稿，是马克思主义基本原理和中国社会主义实践相结合的政治经济学”[①]。《关于经济体制改革的决定》中关于社会主义商品经济理论的阐述，用经济学家薛暮桥的话说：“现在我们提出：‘我国现阶段的社会主义经济是生产资料公有制占绝对优势、在国家计划指导下的商品经济’，是对三十年来占统治地位的教条主义思想的挑战。”[②] 正基于此，《决定》对商品经济的认识具有划时代的意义，它突破了把计划经济与商品经济对立起来的传统观念，确认我国社会主义经济是公有制基础上的有计划的商品经济，在理论上发展了马克思主义，对于随后的经济体制改革的实践具有直接的理论指导作用。

党的十二大到党的十三大的五年间，是建设中国特色社会主义的开局时期。这五年里，社会经济的发展、政治制度的完善始终伴随着各种争议。然而这个时期确实是马克思主义理论与中国具体实际结合产生第二次历史性飞跃的关键时期，中国共产党以“摸着石头过河”的探索精神，从政治、经济、社会等各方面进行社会主义建设的尝试，不仅吹响了时代的号角，也为大踏步赶上时代注入动力。

---

①《邓小平文选》第三卷，人民出版社 1993 年版，第 83 页。
②《薛暮桥晚年文稿》，生活·读书·新知三联书店 1999 年版，第 235—236 页。

二、一切要从这个实际出发

不要离开现实和超越阶段采取一些“左”的办法，这样是搞不成社会主义的。[1]

——邓小平

无论是苏联还是年轻的新中国，都曾因没有搞清社会主义发展阶段而使社会主义建设遭受了挫折。列宁曾在十月革命初期经历了试图“直接过渡”到社会主义的“战时共产主义”政策的挫败；斯大林曾预计苏联只需 10 ～ 15 年就能完成向共产主义的过渡；赫鲁晓夫将这一阶段理论发展到了顶峰，在 1959 年 1 月宣布苏联进入“全面展开共产主义建设时期”，结果给国民经济发展造成了严重影响。20 世纪 50 年代末发起的“大跃进”和人民公社化运动，由于对社会主义发展阶段不科学的认识以及对社会生产力发展速度作出的严重错误估计，产生了“共产主义在我国的实现不是什么遥远的事”“三年超英，五年超美”“一天等于 20 年，跑步进入共产主义”等盲目乐观情绪。20 世纪 60 年代，我党又把社会主义理解为“从资本主义社会到共产主义社会的革命转变时期”，提出“以阶级斗争为纲”，最终导致了“文化大革命”。邓小平在总结历史经验教训时指出：“不要离开现实和超越阶段采取一些‘左’的办法，这样是搞不成社会主义的。”1987 年 8 月，邓小平在会见外宾时说：“社会主义本身是共产主义的初级阶段，而我们中国又处在社会主义的初级阶段，就是不发达的阶段。一切都要从这个实际出发，根据这个实际来制订规划。”[2]

之所以以社会主义初级阶段理论作为立论根据，一是因为社会主义改革开放观同资产阶级自由化改革开放观的斗争一直都在进行。改革开放以来，资产阶级自由化在经济、政治、文化等各领域都有表现，它利用各种社会事件和问题，提出了多种多样的“反思”和“新思维”。但归

①《邓小平文选》第二卷，人民出版社 1994 年版，第 312 页。

②《邓小平文选》第三卷，人民出版社 1993 年版，第 252 页。

根到底，资产阶级自由化的主旨就是歪曲、否定、攻击四项基本原则，在中国复辟资本主义。二是避免苏联以及中国共产党在认识中国所处历史阶段上走过的弯路，吸取曾经经历过的教训。因此，十三大报告起草小组设想提及：一是明确提出中国是社会主义，不能倒回去搞资本主义，全盘西化是害国害民的。二是明确指出中国是初级阶段的社会主义，只能循序渐进，不能急于求成，也不能“急于求纯”。对于这个设想，邓小平批示：“这个设计好。”

1987年10月，中国共产党第十三次全国代表大会在北京召开。大会报告明确提出和阐述了社会主义阶段的理论，一方面明确了社会主义初级阶段的含义：我国的社会已经是社会主义社会，我们必须坚持而不能离开社会主义。同时，我国的社会主义还处在社会主义初级阶段。我们必须从这个实际出发，而不能超越这个阶段。另一方面指明了社会主义初级阶段的历史地位，即我国社会主义的初级阶段，不是泛指任何国家进入社会主义都会经历的起始阶段，而是特指我国在生产力落后、商品经济不发达条件下建设社会主义必然要经历的特定阶段。这个阶段至少要持续上百年时间。与此同时，十三大制定出中国共产党在社会主义初级阶段的基本路线，即“领导和团结全国各族人民，以经济建设为中心，坚持四项基本原则，坚持改革开放，自力更生，艰苦创业，为把我国建设成为富强、民主、文明的社会主义现代化国家而奋斗”①。简明概括为“一个中心、两个基本点”。

建设社会主义是一次伟大的征程，走过社会主义初级阶段至少需要上百年时间。社会主义初级阶段理论的提出解决了中国特色社会主义建设的一个关键问题，即如何在中国这样一个落后国家建设社会主义。这是在马克思、恩格斯，特别是列宁的理论上的更深入的思考，是马克思主义中国化的一个重大理论贡献。路漫漫其修远兮，只有弄清社会主义建设立足的阶段，才能在此基础上制定出正确的方针策略，走出一条社会主义现代化建设的康庄大道！

---

①《十三大以来重要文献选编》（上），人民出版社1991年版，第211页。

三、南海边书写壮丽诗篇

> 巩固和发展社会主义制度，还需要一个很长的历史阶段，需要我们几代人、十几代人，甚至几十代人坚持不懈地努力奋斗，决不能掉以轻心。
>
> ——邓小平

1988年，一篇文章的出现似乎为西方世界打了一剂强心针，西方社会那段时间高度自信，四处弥漫着乐观情绪。这篇文章题目为《历史的终结》，作者是日裔籍学者弗朗西斯·福山。此文之所以能受到如此的拥护和追捧，源于它爆炸性的核心结论——历史将终结于自由民主制，而自由民主制下的布尔乔亚将是“最后之人”。随后，中国出现政治风波，东欧各社会主义国家纷纷丢掉了政权，改变了旗帜的颜色。1991年12月25日，克里姆林宫上空象征着苏维埃的镰刀锤子旗被三色的俄罗斯旗取代，苏联不复存在，一个拥有93年辉煌历程的苏联共产党就这样垮台了。东欧剧变、苏联解体，社会主义阵营解散，似乎都在印证福山的“历史终结论”。

20世纪80年代末90年代初的国际国内局势变幻，使得一些人质疑中国的红旗还能打多久，质疑中国社会主义道路还能走多远。国内一些“左”的政治家、理论家宣扬改革开放会导致社会主义的垮台，引进外国资本是扼杀民族工业；搞家庭联产承包责任制就是鼓吹“单干”；经济特区是复辟资本主义的桥头堡；私营企业发展动摇了社会主义基础等论调，将“和平演变”同改革开放不加区分地联系在一起；关于市场经济姓“资”还是姓“社”问题更是争论不休。在中国的改革开放处于进退两难的境地之时，邓小平决定到南边“走一走，看一看”。1992年1月17日下午，88岁高龄的邓小平以普通党员的身份在家人的陪同下乘专列离开北京，踏上南行之路。这次南方之行历时35天，行程6000余公里，邓小平视察了武昌、深圳、珠海、上海浦东，这位老人一路走来说了许多话，在中国的南海边写下壮美诗篇。

邓小平刚到深圳，时任广东省委书记的谢非陪同邓小平游览市区。

1984年春天，邓小平在深圳视察过特区建设，当时有些地方还是一汪水田、鱼塘，羊肠小道，低矮房舍，短短八年变化巨大，道路整洁，高楼林立。邓小平十分高兴，鼓励谢非说广东要争取用20年的时间赶上“亚洲四小龙”，不仅经济要上去，社会秩序、社会风气也要搞好，两个文明都要超过它们。随后，邓小平来到珠海，他在珠海江海电子公司参观车间，看到一座座厂房和先进的设备，高兴地说：“不是有人议论姓‘社’姓‘资’吗？你们这里就是姓‘社’嘛，你们这里就是很好的社会主义！”邓小平在珠海再次强调，“实践是检验真理的唯一标准”，“相信毛主席讲的实事求是。过去我们打仗靠这个，现在搞建设，搞改革也靠这个。我们讲了一辈子马克思主义，其实马克思主义并不玄奥，马克思主义是很朴实的东西，很朴实的道理”。①邓小平南方谈话中最著名的一段话是在视察上海的时候说出来的，“计划多一点还是市场多一点，不是社会主义与资本主义的本质区别”，“计划和市场都是经济手段。社会主义的本质，是解放生产力，发展生产力，消灭剥削，消除两极分化，最终达到共同富裕。就是要对大家讲这个道理”。邓小平鼓励上海浦东和深圳到20世纪末回答一个姓“社”不姓“资”的问题，两个地方都要做标兵。

南方谈话过程中，邓小平还提出了判断姓“资”姓“社”的三个是否“有利于”标准，鼓励大家“看准了就大胆地试，大胆地闯”，不要忽视影响经济发展速度的科技和教育。他再次强调坚持四项基本原则的重要性，“基本路线要管一百年，动摇不得”。②“要坚持两手抓，一手抓改革开放，一手抓打击各种犯罪活动。这两只手都要硬。”③此外，邓小平还谈到了反腐的必要性，年轻干部教育培养的重要性等。面对世界社会主义出现的低潮，邓小平满怀信心地指出：“我坚信，世界上赞成马克思主义的人会多起来的，因为马克思主义是科学。它运用历史唯物主义揭示了人类社会发展的规律。”“一些国家出现严重曲折，社会主义好像

①《邓小平文选》第三卷，人民出版社1993年版，第382页。
②《邓小平文选》第三卷，人民出版社1993年版，第370—371页。
③《邓小平文选》第三卷，人民出版社1993年版，第378页。

被削弱了，但人民经受锻炼，从中吸收教训，将促使社会主义向着更加健康的方向发展。因此，不要惊慌失措，不要认为马克思主义就消失了，没用了，失败了。哪有这回事！”[①] 在南方谈话中，他又进一步强调了初级阶段的长期性：“我们搞社会主义才几十年，还处在初级阶段。巩固和发展社会主义制度，还需要一个很长的历史阶段，需要我们几代人、十几代人，甚至几十代人坚持不懈地努力奋斗，决不能掉以轻心。”[②]

邓小平的南方谈话，使他一生的辉煌业绩达到了新的高度。谈话科学总结了党的十一届三中全会以来的实践探索和基本经验，从理论上深刻回答了长期困扰和束缚人民思想的许多重大问题，是把改革开放和现代化建设推向新阶段的又一个解放思想、实事求是的宣言书。南方谈话产生了巨大而深远的影响。它带来了新一轮的解放思想、新一轮的改革开放大潮；它进一步丰富和发展了中国特色社会主义理论体系，开创了中国特色社会主义的新局面。

四、经济理论的再次突破

> 完善以公有制为主体，多种所有制经济共同发展的所有制结构，具有重大意义。
>
> ——江泽民

社会主义可不可以搞市场的问题，是世界社会主义的世纪难题。邓小平以划时代的政治魄力和理论勇气用“计划和市场都是经济手段”这一简单而又科学的概括，突破和发展了这一世界社会主义的世纪难题。在南方谈话的肯定下，中国共产党第十四次全国代表大会正式提出我国经济体制改革的目标是建立社会主义市场经济体制，“我们要建立的社会主义市场经济体制，就是要使市场在社会主义国家宏观调控下对资源配置起基础性作用，使经济活动遵循价值规律的要求，适应供求关系的变

---

①《邓小平文选》第三卷，人民出版社 1993 年版，第 383 页。
②《邓小平文选》第三卷，人民出版社 1993 年版，第 379—380 页。

化”。也正是从党的十四大起，我国经济体制改革的取向确定为社会主义市场经济。随后，1993 年 11 月召开的十四届三中全会作出《关于建立社会主义市场经济体制若干问题的决定》，这个《决定》是继十二届三中全会《关于经济体制改革的决定》后又一个具有中国特色的重要经济建设文件，它勾画出了社会主义市场经济体制的基本框架，将十四大确定的经济体制改革的目标和基本原则加以系统化、具体化，是我国建立社会主义市场经济体制的总体规划，是 90 年代进行经济体制改革的行动纲领，对我国的改革开放和社会主义现代化建设产生了重大而深远的影响。在相关政策的刺激下，1992 年北京汇源饮料食品集团有限公司成立，1993 年王卫在广东顺德创立了广州顺丰速运有限公司，1995 年比亚迪股份有限公司创立……

随着经济体制改革的深化，特别是随着私营经济等非公有制经济的迅猛发展，从 1995 年开始，思想理论界又演发了一场新的争论，即姓“公”姓“私”的争论。1995 年国内流传两个“万言书”，一个题目为《影响我国国家安全的若干因素》，一个题目为《未来一二十年我国国家安全的内外形势及主要威胁的初步探讨》。这两个“万言书”有一个共同之处就是指责我国私营经济发展太迅速，许多干部将私营经济看成经济增长的途径，为了政绩对私营经济大开“后门”，争相为私营企业和外资企业提供优惠条件，而私有化发展却是建立在国有企业背负着沉重的社会、财政负担，国有资产被大量吞食侵占，国有经济比重不断下降的基础上。同时，两个“万言书”还一致指出一个新的资产阶级正在形成，他们手中正在聚集大量的财富，资产阶级和无产阶级的斗争有可能重新成为国家的主要矛盾。1997 年，又出现了两份“万言书”——《关于坚持公有制主体地位的若干理论和政策问题》及《1992 年以来资产阶级自由化的动态和特点》，认为国有企业改革中的“抓大放小”就是搞私有化，公有制主体地位逐渐被动摇。

人们有这种疑惑并不奇怪。在马克思、恩格斯看来公有制与私有制是对立的，第一个社会主义国家苏联也追求高度的公有制，在这些人看来社会主义无论如何是不应该搞私有制的。人们思想上的困惑和疑虑已经到了必须有一个解答的地步。1997 年 5 月 29 日，江泽民在中共中央党校省级干部进修班上发表讲话，他指出："完善以公有制为主体、多种所有制经济共同发展的所有制结构，具有重大意义。要坚持生产关系一定要适应生产力发展水平的马克思主义基本观点，以是否有利于发展社会主义生产力，有利于增强社会主义国家的综合国力，有利于提高人民的生活水平为标准，努力寻找能够极大促进生产力发展的公有制实现形式，一切反映社会化生产规模的经营方式和组织形式都可以大胆利用。""这样做，没有离开社会主义，而是在脚踏实地地建设社会主义，使社会主义在中国真正活跃和兴旺起来了。"① 这是中央最高领导人对"万言书"的第一次公开回应，明确回答了对于姓"公"姓"私"问题的争论，为党的十五大强调辩证地认识公有制主体地位以及确认非公有制经济是我国社会主义市场经济的重要组成部分奠定了基础。

如果说曾经姓"资"姓"社"的争论是"第二次思想解放"，那么姓"公"姓"私"的争论就是"第三次思想解放"。1997 年 9 月，中国共产党第十五次全国代表大会明确提出"公有制为主体，多种所有制经济共同发展是我国社会主义初级阶段一项基本经济制度"的论断，并指出："非公有制经济是我国社会主义市场经济的重要组成部分。"这些提法，石破天惊，是在所有制问题上的一次重大突破。此后，中国非公有制经济得到更大发展。1998 年 11 月 11 日，马化腾成立深圳市腾讯计算机系统有限公司；1999 年 9 月，马云带领 18 位创始人在杭州公寓中成立了阿里巴巴集团；百度、京东、蒙牛等一批如今驰名中外的企业纷纷在这个时期创立，所有制问题上的新突破为改革开放的进一步深化解开了又一个束缚，推动中国特色社会主义向更深层次发展。

---

①《改革开放三十年重要文献选编》（下），中央文献出版社 2008 年版，第 897 页。

五、写入旗帜的伟大理论

> 高举邓小平理论伟大旗帜，把建设有中国特色社会主义事业全面推向二十一世纪。
>
> ——中国共产党第十五次全国代表大会主题

1997年，是一个既有泪水又有喜悦的年份。中国改革开放的总设计师——一位想到香港土地上走一走，看一看的老人离开了我们。1997年2月19日一代伟人离世，这位中国特色社会主义开创者、“一国两制”的践行者将永远被两地人民所铭记。1997年7月1日0时0分0秒，伴随着雄劲有力的中华人民共和国国歌，鲜艳的五星红旗冉冉升起，随着国旗一起升起的还有香港特别行政区区旗，紫荆花开，迎风怒放。0时3分，国家主席江泽民以洪亮的声音宣告：“中华人民共和国香港特别行政区正式成立。这是中华民族的盛事，也是世界和平与正义事业的胜利。”“历史将会记住提出‘一国两制’创造性构想的邓小平先生。我们正是按照‘一国两制’伟大构想指明的方向，通过外交谈判成功地解决了香港问题，终于实现了香港回归祖国。”① “一国两制”构想的提出与实践，不仅为解决中国统一问题提供了路径，还为其他国家解决领土争端问题提供了中国智慧和中国方案。

马克思主义讲究历史辩证法，历史是发展的、有联系的。中国共产党的产生、发展离不开辛亥革命、五四运动的历史。“辛亥革命未能改变旧中国的社会性质和人民的悲惨境遇，但为中国的进步打开了闸门，使反动统治秩序再也无法稳定下来。”②闸门一打开，历史的洪流不可阻挡，马克思主义进入中国，中国共产党应运而生。如果说孙中山领导的辛亥革命为中国共产党的诞生打开了时代的闸门，那么毛泽东则是将马克思主义同中国实际相结合的典范，实践证明毛泽东思想是正确的，是救中国的良方。时代呼唤理论，理论回应时代。从“文化大革命”苦难中走

---

①《江泽民文选》第一卷，人民出版社2006年版，第651页。
②《江泽民文选》第二卷，人民出版社2006年版，第2—3页。

出来的中国要往哪里走？怎么走？社会主义中国能否再有一个像毛泽东思想那样将马克思主义基本原理与中国具体实际相结合的理论典范呢？

1978年，中国进入一个新的历史时期。邓小平成为中国共产党中央领导集体的核心。在改革开放的征程中，一系列解答“什么是社会主义，怎样建设社会主义”问题的理论呼之欲出，逐步完善成熟，推动着邓小平理论的形成。党的十二大提出“创造新的理论”的要求，这个理论自然以“建设有中国特色的社会主义”为主题。党的十三大提到马克思主义与中国实践相结合的“第二次飞跃，发生在十一届三中全会以后”，强调邓小平在这个飞跃中“做出重大贡献”，邓小平建设有中国特色社会主义理论呼之欲出。党的十四大进一步明确使用“邓小平同志建设有中国特色社会主义理论”这样的概念，并系统论述了这个理论的内容体系，规划用这个理论来武装全党。江泽民在学习《邓小平文选》第三卷报告会上的讲话中说：“中国共产党成立之初，就郑重地把马克思列宁主义写在自己的旗帜上。经过延安整风和党的七大，又郑重地把马克思列宁主义与中国革命的实践之统一的思想——毛泽东思想写到自己的旗帜上。从十一届三中全会开始，经过十二大、十三大到十四大，我们党又郑重地把邓小平建设有中国特色社会主义的理论写到了自己的旗帜上。”①

1997年9月12日至18日，中国共产党第十五次全国代表大会在北京召开。大会确定了“高举邓小平理论伟大旗帜，把建设有中国特色社会主义事业全面推向二十一世纪”的主题，并以党的全国代表大会的形式，正式作出把邓小平理论确立为中国共产党的指导思想的历史性决策，从而进一步明确了邓小平理论在全党的指导地位。在这次大会上，第一次用“邓小平理论”代替“邓小平建设有中国特色社会主义理论”的提法，使之与“毛泽东思想”相对应，更加清楚地反映出两次飞跃、两大理论、两个阶段的各自特点及内在联系。党的十五大把邓小平理论正式确定为党的指导思想，这种提法较之“思想武器”“精神支柱”等更为准确科学，同时大会还对邓小平理论的历史地位和价值作出高度评价，指

①《改革开放三十年重要文献选编》（上），中央文献出版社2008年版，第726页。

出“邓小平理论是当代中国的马克思主义，是马克思主义在中国发展的新阶段”。[①]

从1982年中共十二大到1992年春，中国特色社会主义理论的伟大事业在实践中取得伟大的成就，也经受了严峻的考验。这一时期中国共产党扛住了压力，走出了一条有中国特色社会主义道路，使马克思主义不惧泰山压顶，毅然挺立于中华大地。这个时期是马克思主义同中国实际相结合的第二次历史性飞跃——邓小平理论的形成时期，为马克思主义在当代中国的发展打开了一个新局面。

第三节　立根原在破岩中：“三个代表”重要思想与党的历史方位

一、新世纪带来的新问题

> 我们必须与时俱进，继续丰富和发展马克思主义。如果因循守旧、停滞不前，我们就会落伍，我们党就有丧失先进性和领导资格的危险。
>
> ——江泽民

2000年是可遇而不可求的世纪之交。新的世纪，新的世情、国情、党情带给国家领导集体新的思考。

就世情而言，世界多极化和经济全球化的趋势在曲折中进一步发展，虽然和平与发展仍是世界两大主题，但在世纪之交一个也没有得到解决。霸权主义和强权政治依然存在并有所发展。1999年3月，以美国为首的北约在未经联合国安理会授权的情况下，悍然对南联盟发起大规模军事打击，造成了上百万人流离失所。1999年5月8日，以美国为首的北约

---

①《改革开放三十年重要文献选编》（下），中央文献出版社2008年版，第894页。

部队，野蛮轰炸了中华人民共和国驻南斯拉夫联盟共和国大使馆。新华社记者邵云环、《光明日报》记者许杏虎和朱颖不幸牺牲，数十人受伤，大使馆建筑严重损毁。消息传来，世界震惊。国际共产主义运动持续低迷，“世界民主化浪潮的第三波”继续冲击全世界，欧美资本主义国家开始调整自己的意识形态和施政纲领，提出所谓“第三条道路”。以信息技术为核心的高新技术迅猛发展，新科技成果在同经济的紧密结合中迅速成为产业，科技竞争成为综合国力竞争的焦点。经济全球化在促进国际经济联系日益加强的同时，经济安全问题也更加突出。国际环境的种种变化，对于中国共产党而言既有难得的机遇，也是新的严峻挑战。

就国情而言，中国社会主义现代化建设取得的成就举世公认，中国综合国力大大增强，人民生活实现小康。国家经济结构战略性调整卓有成效，农业的基础地位继续加强，传统产业得到提升，高新技术产业和现代化服务业加速发展，建设了一大批基础设施工程。公有制经济进一步壮大，非公有制经济较快发展，金融、住房、政府机构等改革继续深化。民主法治继续推进，政治体制改革迈出新步伐，科技、教育、文化、卫生、体育等事业全面进步，国防和军队建设再上一个新台阶，对外广泛开展双边和多边外交，积极参与国际交流合作。中国共产党在世纪末顶住了亚洲金融风暴的冲击，战胜了百年不遇的大洪水，迎来了“一国两制”构想又一个实践成功——澳门回归……但仍然存在诸如资源和环境代价过大，农民和城镇部分居民收入增长缓慢，收入分配关系尚未理顺，市场经济秩序有待继续整顿和规范等问题。世纪末，台湾地区领导人李登辉否定一个中国原则的“两国论”，引发对两岸关系建设的思考；取缔邪教“法轮功”，维护政权稳定的同时也突出了加强意识形态建设的紧迫性。

就党情而言，一方面国际反华势力在意识形态领域掀起了“没有硝烟的第三次世界大战”，加紧对中国的和平演变，并将和平演变希望寄托在后几代领导人身上。其演变路径已经由之前的“攻心—夺权—私有化”老三部曲变成“攻心—私有化—变权”新三部曲。演变伎俩也由之前的西化、分化、弱化，增加了淡化、腐化、丑化和溶化。他们在思想上鼓吹资产阶级个人主义，在政治上鼓吹资产阶级自由化，在经济上鼓吹资本主义私有化，认为只要私有化战略实现，意识形态、政权都会不夺自变。他们通过媒体淡化、丑化共产主义理想信念、中国共产党历史及领导人物，用金钱腐化党员干部，用西方的哲学和社会学说取代马克思主义学说，妄图通过让人民丧失对中国共产党的信任和对社会主义的信心从内而外，以达到不用任何军事手段推倒社会主义大厦的目的。另一方面，党的队伍整体上是好的，但也不排除一部分人存在着思想僵化、信仰动摇、组织涣散、作风漂浮，特别是腐败的问题。与此同时，随着非公有制经济的发展，中国社会出现了新阶层，如民营科技企业的技术人员和创业人员、受到外资企业聘用的管理技术人员、个体户、私营企业主、中介组织从业人员、自由职业者等。这些人中的先进积极分子加入到党员队伍中来，党由以往代表党员及工人、农民、士兵、知识分子利益逐渐扩展到代表所有社会阶层的利益。

种种新情况使得如何加强党建，如何进一步全面提高全党特别是党的干部队伍素质，成为十分紧迫的任务。1999 年 10 月 1 日，中华人民共和国成立五十周年庆典在北京天安门广场举行，盛大的阅兵式受到国内外媒体广泛关注。新世纪，中国的前进发展应由谁来完成，答案只有中国共产党。怎样建设一个能继续担当此项重任的政党，是世纪之交中国共产党必须回答的问题。

二、对三大规律的新认识

为什么在这个时机要集中回答一些重大问题呢？从根本上说，是党的事业发展的迫切要求。

——江泽民

世纪之交，国际政坛风云突变。印度尼西亚总统苏哈托下台，墨西哥革命制度党在选举中失败，秘鲁总统藤森逗留日本不归，菲律宾政局动荡……尽管各国政坛出现的问题都有各自的原因，但人心向背是一个重要的共同因素。2000 年 3 月 8 日，台湾地区领导人选举结果揭晓，国民党候选人得票率最低。这就意味着这个比中国共产党资格还老的政党，在失掉大陆之后，又失掉了偏居一隅的台湾。而打败它的对手竟然只是一个成立不到十五年的年轻政党。可以确定的是严重的腐败以及阵营分裂是国民党失败的主要原因。再回想苏联解体，江泽民语重心长地告诫全党高中级干部："对这些历史和现实的实例，我们应该明鉴啊！"[①] 进入新世纪，中国共产党的历史方位发生了深刻的变化。党历经了革命、建设和改革，已经从领导人民为夺取全国政权而奋斗的党，成为领导人民掌握全国政权而长期执政的党；已经从受到外部封锁和实行计划经济条件下领导国家建设的党，成为实行对外开放和发展社会主义市场经济条件下领导国家建设的党，这对党的理论发展提出了新的要求。同一时期，中国共产党正进入新老交替的关键时刻，往后的十几、二十年，一大批年轻干部要走上中高级领导岗位。西方反华势力领教了老一辈无产阶级领导人毛泽东、邓小平等人坚定的信念与强硬的应对手腕，将和平演变希望寄托在后几代领导人身上。建设什么样的党，怎样建设党，成为急需解决的理论及实践问题。

回顾历史，1939 年 10 月 4 日，毛泽东在《〈共产党人〉发刊词》中提出"党的建设伟大工程"这一命题，要求建设一个全国范围的、广大群众性的、思想上政治上组织上完全巩固的布尔什维克化的中国共产党。1980 年，邓小平提出"执政党应该是一个什么样的党，执政党的党员应该怎样才合格，党怎样才叫善于领导"这一重大问题。面对国内外的紧张局势，邓小平早在 1989 年 6 月就曾指出："常委会的同志要聚精会神地抓党的建设，这个党该抓了，不抓不行了。"[②] 第三代领导集体牢记老一辈共产党人的嘱托，聚精会神地抓党建。1994 年 9 月，党的十四届四中全会通过的《中共中央关于加强党的建设几个重大问题的决定》明确指出，把党建设成为用建设有中国特色社会主义理论武装起来、全心全意为人民服务、思想上政治上组织上完全巩固、能够经受住各种风险、

①《江泽民文选》第三卷，人民出版社 2006 年版，第 187 页。
②《邓小平年谱（1975—1997）》下卷，中央文献出版社 2004 年版，第 1282 页。

始终走在时代前列的马克思主义政党，强调这是党的建设的“新的伟大的工程”。特别是党的十五大在论及建设有中国特色社会主义的经济、政治、文化纲领时，实际上已经蕴含了党要成为“三个代表”的思想。2000 年 2 月 20 日，江泽民到广东省高州市参加当地领导干部的“三讲”教育会议，明确提出了中国共产党要成为“两个代表”，即“始终代表最广大人民群众的利益，始终成为社会先进生产力的代表”①。2 月 25 日，在深入调查和长时间深思熟虑的基础上，江泽民第一次正式、完整地提出“三个代表”重要思想，他在讲话中这样说道：“我们党所以赢得人民的拥护，是因为我们党在革命、建设、改革的各个历史时期，总是代表着中国先进生产力的发展要求，代表着中国先进文化的前进方向，代表着中国最广大人民的根本利益，并通过制定正确的路线方针政策，为实现国家和人民的根本利益而不懈奋斗。”②2001 年 7 月 1 日，江泽民在庆祝中国共产党成立 80 周年的讲话中提出“不断深化对共产党执政的规律、对社会主义建设的规律、对人类社会发展的规律的认识”的要求。此后，“三个代表”重要思想又不断深化和阐发，具有更加系统、全面的深刻内涵和精神实质。2002 年 11 月 8 日至 14 日，中国共产党第十六次全国代表大会在北京召开，这次大会确立了“三个代表”重要思想的指导地位，修订的《中国共产党章程》里明确规定“三个代表”重要思想同马克思列宁主义、毛泽东思想、邓小平理论一并作为党的行动指南。

马克思主义向来尊重规律，中国传统文化也崇尚规律，“三个代表”重要思想是中国共产党对“三大规律”的新认识、新发展、新成果，它深刻总结了共产党的执政规律，高度概括了社会主义建设的规律，科学阐释了人类社会发展的规律。“三个代表”重要思想充分体现了中国共产党人对客观世界和主观世界认识的主动性和自觉性，坚持了实践第一的观点，以科学的态度大胆探索，推进建设社会主义这个未被完全认识的必然王国逐步到达自由王国。

---

① 江泽民：《论党的建设》，中央文献出版社 2001 年版，第 381 页。

②《江泽民文选》第三卷，人民出版社 2006 年版，第 2 页。

三、承上启下发展新阶段

全面建设惠及十几亿人口的更高水平的小康社会，使经济更加发展、民主更加健全、科教更加进步、文化更加繁荣、社会更加和谐、人民生活更加殷实。

——江泽民

千百年来中国人民对美好生活的向往和追求不外乎有两种，一曰“小康”，一曰“大同”。这两种社会模式在中国传统社会中有着广泛的社会基础和深厚的文化底蕴。大同社会体现的是“公而无私”的德行，是高度理想化的社会形态，“小康”是退而求其次的现实选择。结合中国的现实，所谓大同社会更接近于马克思主义里的共产主义社会，资产阶级革命先行者孙中山始终把“天下为公”“世界大同”作为最高理想。共产主义也是中国共产党和中国人民的最高奋斗目标。回归到社会主义初级阶段的基本国情，小康社会是最现实的奋斗目标。小康社会是实现大同社会的必经阶段，小康社会建设得如何直接影响大同社会目标的实现。

“小康社会”理论是邓小平在20世纪80年代提出来的，他曾把“小康社会”描绘为：“没有太富的人，也没有太穷的人，所以日子普遍好过。”[①] 这种小康以经济发展和生产力水平的提高为重要内涵。按照实现小康社会的三步走目标，到20世纪末中国社会才能达到小康水平。事实上，像毛泽东等第一代领导人惊叹于社会主义改造和第一个五年计划提前完成那样，中国人民又一次在爱国热情和自身潜能的催动下，将“小康社会”的目标超前推进了一大步。1990年，全国国内生产总值达18547.9亿元，提前达到温饱水平；1995年提前实现国内生产总值比1980年翻两番的目标；1997年提前实现人均国内生产总值比1980年翻两番的目标；2000年，人均国内生产总值超过了800美元，全国国内生产总值达到89404亿元，同年中共十五届五中全会宣布中国已经完成“三步走”经济发展战略的前两步，总体达到小康水平。一个十几亿人口的

① 《邓小平文选》第三卷，人民出版社1993年版，第161—162页。

大国，实现了由贫困到温饱，再由温饱到整体小康的历史性跨越，这是中国共产党领导下社会主义制度的胜利，是一个令世界震惊的伟大成就。对于中国20年间经济发展的变化，世界银行专家评价道："中国只用了一代人的时间，取得了其他国家用了几个世纪才能取得的成就。"①

进入"小康社会"的目标实现了，下一步该怎么走？纵观中国共产党发展历程，根据现实需要，根据人民的意愿，根据党的事业发展，适时提出明确的具有感召力的目标，是中国共产党一个十分重要的政治领导艺术。2002年11月，中国共产党在北京召开进入新世纪新阶段后第一个全国代表大会——第十六次全国代表大会。在这次会议上，党中央鲜明提出要"全面建设小康社会"，指出全面建设小康社会的任务和奋斗目标，即"根据十五大提出的到二〇一〇年、建党一百年和新中国成立一百年的发展目标，我们要在本世纪头二十年，集中力量，全面建设惠及十几亿人口的更高水平的小康社会，使经济更加发展、民主更加健全、科教更加进步、文化更加繁荣、社会更加和谐、人民生活更加殷实"②。这是实现现代化建设第三步战略目标必须的承上启下的发展阶段，也是完善社会主义市场经济体制和扩大对外开放的关键阶段。这个奋斗目标涵盖了中国特色社会主义经济、政治、社会和文化各个领域，指明了新世纪头20年中国经济社会发展的前进方向，同时也展示了新世纪头20年经济社会发展的灿烂前景。③

针对如何全面建设小康社会，江泽民提出了"新三步走"战略，即"（一）到2010年，实现国内生产总值比2000年翻一番，经济结构战略性调整取得明显进展，社会主义市场经济体制进一步完善，人民的小康生活更加宽裕。（二）到建党100年时，国内生产总值比2010年再翻一番，基本完成工业化，建成经济更加发展、民主更加健全、科教更加进步、文化更加繁荣、社会更加和谐、人民生活更加殷实的小康社会。（三）

① 世界银行：《2020年的中国》，中国财政经济出版社1997年版，第1页。
②《十六大以来重要文献选编》，中央文献出版社2005年版，第14页。
③ 柳建辉：《中华人民共和国通史》［第六卷］（2002—2021），广东人民出版社2020年版，第27—28页。

在此基础上再奋斗30年，到建国100年时，基本实现现代化，进入中等发达国家行列，把我国建成富强民主文明的社会主义现代化国家”[①]。江泽民提出的“新三步走”发展战略是对邓小平“三步走”发展战略中第三步的具体化，呈现出鲜明的承续性，二者都是在对中国特色社会主义建设发展规律深刻认识的基础上制定的，都以不断发展经济实力，改善和提高人民生活为出发点和落脚点，以缩小与发达国家的差距，基本实现现代化，达到中等发达国家水平为目标，都体现出循序渐进、有步骤、台阶式的发展特征。

“在新世纪将要到来的时刻，我们面对着严峻的挑战，更面对着前所未有的有利条件和大好机遇。”[②]世纪之交面对新的世情、国情、党情，“三个代表”重要思想以及全面建设小康社会的奋斗目标正是中国共产党迎接21世纪难得的战略机遇期、应对国内外严峻挑战、引领中华民族实现伟大复兴的行动指南。正是因为有了正确理论的指引，中国共产党这个以马克思主义为指导思想的政党方能在新世纪时代大潮中任尔东南西北风，我自岿然不动！

第四节　长风破浪会有时：科学发展观助力中国巨轮扬帆远航

一、一场疫情引发的思考

> 必须牢固树立发展是硬道理的思想，树立科学的发展观。
>
> ——胡锦涛

进入新世纪，中国特色社会主义事业发展中长期积累的一些矛盾和问题逐渐显露出来，发展不平衡问题尤为突出。科学发展观应时代而生，

---

①《江泽民文选》第三卷，人民出版社2006年版，第413—414页。

②《江泽民文选》第二卷，人民出版社2006年版，第101页。

这个理论创造性地回答了“实现什么样的发展、怎样发展”的问题，使中国共产党对中国特色社会主义的认识达到了新高度。

2003 年春节前后，正当人们沉浸在迎新春、过大年的欢乐祥和的气氛中时，一种未知的疾病悄悄在人群中传播开来。起初这种疾病引起的咳嗽、发热、头痛等类似风寒感冒症状并没有引起人们过多关注。随着死亡人数的增加，相关专家逐渐意识到这绝对不是普通的感冒。3 月 15 日，世界卫生组织正式将该病命名为“严重急性呼吸综合征”（SARS）。与此同时世界很多地方，如印尼、菲律宾、新加坡、泰国、越南、美国、加拿大等国家都陆续出现了关于 SARS 的报道。随着其他省份患者的不断增加，特别是北京、广州地区的猛增，国内疫情出现大面积暴发局面。面对如此危急的状况，中共中央果断作出部署，全面抗击“非典”疫情。中共中央政治局常务委员会召开会议，对全国抗击“非典”工作提出总体要求，提出切断“非典”传播途径的科学策略，即沉着应对、措施果断，依靠科学、有效防治，加强合作、完善机制；早发现、早报告、早隔离、早治疗。同时，设立总额 20 亿元的非典型肺炎防治基金，成立全国防治非典型肺炎指挥部等。这是一场没有硝烟的战争，经过党和全体人民的努力，2003 年 6 月 24 日，世界卫生组织将中国大陆从疫区中除名，这是中国共产党领导全国人民应对重大危机的一次伟大胜利。

“非典”疫情引发了中国共产党和国人广泛而深刻的思考。中国应该走一条怎样的发展道路？先人们既有经验又有教训。2800 年前的周朝就特别强调保护生态，发布了《伐崇令》，还设立专管山林保护和树木采伐的衙门，专职官员料理此事，那时叫“虞衡”。他们按生长季节和生产需要来决定封山还是解除禁令。春秋战国时期的师旷，其名言“欲占五谷，先占五木”，揭示了生物间的相互依存的消长关系，注意到了农林副渔全面发展的综合效益。《秦律》是秦始皇统一全国以后的第一部法律，其中就规定“春二月，毋敢伐材木山林及壅堤水。不夏月，毋敢夜草为灰（放火烧草）”。此外，《吕氏春秋》《淮南子》以及宋代著作《禾谱》中都有关于生态平衡、可持续发展的阐述。相反，因为不可持续发展，曾经繁盛一时的楼兰、精绝这些古丝绸之路上的文明古国，都因生态失衡而沉睡于黄沙之中。21世纪初，我国沙尘暴灾害加剧。2000年沙尘暴发生了15次，仅3月到5月北方地区就连续出现了12次沙尘暴和浮尘。到了2001年沙尘暴共发生了18次。根据国家林业局发布的《2002年沙尘天气及灾情评估报告》数据，2002年3月至5月，我国北方地区共发生12次沙尘天气过程，其中11次为沙尘暴。北京，作为中国政治经济中心，受沙尘影响尤其严重。

除生态环境外，“产业结构不合理，地区发展不协调，城镇化水平低，工农业生产技术水平落后，国民经济整体素质还不高”，“这些问题如不加紧解决，就难以提高经济增长的质量，难以增强我国发展的后劲”。①2003年10月，胡锦涛在中共十六届三中全会第二次全体会议上提出：“树立和落实全面发展、协调发展和可持续发展的科学发展观，对于我们更好地坚持发展才是硬道理的战略思想具有重大意义。树立和落实科学发展观，这是二十多年改革开放实践的经验总结，是战胜非典疫情给我们的重要启示，也是推进全面建设小康社会的迫切要求。”②2004年2月，中共中央在中央党校举办省部级主要领导干部“树立和落实科学发展观”专题研究班，“科学发展观”的概念正式公开使用。2007年10月15日至21日，中国共产党第十七次全国代表大会在北京召开。胡锦涛在党的十七大报告中指出：“科学发展观，第一要义是发展，核心是以人为本，基本要求是全面协调可持续，根本方法是统筹兼顾。”③十七大适时对党章进行了修改，把十六大以来形成的科学发展观等重大战略思想写入了党章，并对科学发展观的内涵和基本要求作了进一步阐述。

科学发展观，是中国共产党对社会主义市场经济条件下经济社会发展规律在认识上的重要升华，是中国共产党执政理念的一个飞跃。科学发展观是在坚持毛泽东、邓小平和江泽民同志关于发展的重要思想，充分肯定新时期特别是十三届四中全会以来我国举世瞩目的发展成就的基础上，从新世纪新阶段的实际出发，适应现代化建设需要，努力把握发

---

①《江泽民文选》第三卷，人民出版社2006年版，第119页。
②《十六大以来重要文献选编》（上），中央文献出版社2005年版，第483页。
③《十七大以来重要文献选编》（上），中央文献出版社2009年版，第69页。

展的客观规律，汲取人类关于发展的有益成果，着眼于丰富发展内涵、创新发展观念、开拓发展思路、破解发展难题提出来的，具有重要的现实意义和深远的历史意义。

二、和谐社会与核心价值

> 我们所要建设的社会主义和谐社会，应该是民主法治、公平正义、诚信友爱、充满活力、安定有序、人与自然和谐相处的社会。
>
> ——胡锦涛

科学发展和社会和谐是内在统一的，没有科学发展就没有社会和谐，没有社会和谐也难以实现科学发展。尚和合是中国传统文化的核心理念和根本精神，中国古人历来追求人际和谐的“以和为贵”，社会生活和谐的“施仁政于民”，生态和谐的“天人合一”。

“非典”疫情暴露出中国经济社会发展“一条腿硬，一条腿软”的问题。马克思主义经典作家认为，未来理想社会是社会生产力高度发达和人的精神生活高度发展的社会，是每个人自由而全面发展的社会，是人与人和谐相处、人与自然和谐共生的社会。中国社会总体上是和谐的，但受生产力发展程度的限制，仍然存在许多不和谐因素，如药监系统、医药行业的腐败现象，致使医药行业出现很多假药和劣质药品，危害到患者的健康和生命。“苏丹红”“福寿螺”“多宝鱼”“三鹿奶粉”等一而再再而三发生的食品安全事故，增加了人们对食品安全的担心。城乡、区域、经济社会发展不平衡，人口资源环境压力加大，道德诚信缺失，一些领导干部素质、能力与新形势新任务新要求不适应等，都影响到社会的稳定，考验着中国共产党建设和谐社会的能力。

党中央充分认识到和谐社会建设的重要性和必要性，十六大把“社会更加和谐”作为全面建设小康社会的六大目标之一。2004 年 9 月，中共十六届四中全会首次提出“构建社会主义和谐社会”重要思想。2005 年

10月，中共十六届五中全会把构建社会主义和谐社会确定为贯彻落实科学发展观必须抓好的重大任务。2006年10月，中共十六届六中全会通过的《中共中央关于构建社会主义和谐社会若干重大问题的决定》指出，社会和谐是中国特色社会主义的本质属性，并提出了今后构建社会主义和谐社会的指导思想、目标任务、工作原则和重大部署。此后，多项促进社会和谐的措施陆续出台。以建立覆盖全民的基本卫生保健制度，实现人人享有基本医疗卫生服务为目标的中国医疗体制改革迈出关键一步；加大力度对全国食品行业进行整顿，着重加强食品安全；通过《农业税条例》，使9亿农民彻底告别延续了2600年的“皇粮国税”——农业税。2008年北京奥运会开幕式上，数百位演员组成方阵展示中国古老的四大发明之一——活字印刷术，最后演员方阵演示了中国汉字“和”。一个“和”字荏苒千年，变化发展，表达了孔子“和为贵”的人文理念，彰显出中华民族悠久的历史和谐观，和谐社会建设也必将传承、创新这一优良传统。

社会主义核心价值体系是引领人们的思想行为、社会的精神风尚和发展方向的灵魂，不仅是关系社会稳定与国家兴衰成败的决定性因素，也是构建和谐社会的本质要求。改革开放是一场伟大的变革，解开人们思想枷锁的同时也释放出被长期紧锁的欲望。一部分党员干部和人民群众的世界观、人生观、价值观发生了嬗变。一些过去曾经洗涤过的腐朽、落后、不健康的价值观念、生活方式和生活恶习重新泛滥。整个社会风气和社会道德出现了令人担忧的乱象。拜金主义盛行，在“一切向钱看”的盲目崇拜下，傍大款、攀富贵、追求名牌等现象层出不穷。为了钱可以忽视道德，一部分人的心理和灵魂开始扭曲。拜金跟享乐是一对孪生兄弟，改革开放带来的物质繁荣使得一些党员干部抵挡不住“糖衣炮弹”的袭击，公费吃喝旅游，包养情妇，贪污受贿。一些富裕起来的老板们，一有钱就忘了曾经的艰苦奋斗，追求“今朝有酒今朝醉”的奢靡生活，玩物丧志，严重腐蚀良好健康的社会风气。诚信缺失，社会道德沦丧，社会浮躁，个人理性不足，这些都需要用科学的价值观来指引和规范每一个社会成员，使之能正确处理好个人与他人、个人与社会的关系。

对于思想上存在的问题，中国共产党有过深刻的历史教训。在长期的奋斗过程中，中国共产党人善于把自己的最高理想同全社会的共同理想统一起来，把党的思想理论建设同对广大人民群众的思想教育统一起来，从而形成社会主义核心价值体系。2006 年 3 月，胡锦涛鲜明地提出要引导广大干部群众特别是青少年树立以“八荣八耻”为主要内容的社会主义荣辱观。同年 12 月，《求是》杂志发表题为《论社会主义核心价值体系》一文，对如何“建设社会主义核心价值体系”进行了全面系统的阐述，指出：“社会主义核心价值体系四个方面的基本内容，相互联系、相互贯通、有机统一，共同构成一个完整的价值体系。”其中，马克思主义指导思想是灵魂，中国特色社会主义共同理想是主题，以爱国主义为核心的民族精神和以改革创新为核心的时代精神是精髓，社会主义荣辱观是基础。[①]社会主义核心价值体系这一命题的提出，是党在继承过去思想道德建设和意识形态建设经验的基础上提出来的，贯穿于党领导的革命、建设和改革事业的始终，服务于党在不同时期的中心任务，并在这一过程中不断获得丰富的内涵。

构建和谐社会是一个系统工程，它体现了中国共产党的执政自觉，成为民族复兴的战略布局。和谐的社会必然是科学发展的社会，对社会主义核心价值体系的坚持也必然进一步促进社会和谐。和谐社会建设，是马克思主义基本原理同中国具体实际相结合，同中华优秀传统文化相结合的优秀案例，必将为和谐世界建设提供中国智慧和中国方案。

三、风霜历尽方得百花香

没有哪一次巨大的历史灾难，不是以历史的进步为补偿的。

——恩格斯

公元 2008 年，注定是要载入中华人民共和国史册的一年。大雪灾的被动将中国逼成了如今的“基建狂魔”，大地震的惨痛激发了全民的凝聚

① 秋石：《论社会主义核心价值体系》，《求是》2006 年第 24 期。

力和爱国情怀，金融危机的沉着应对稳住了经济发展，同时赢得了世界赞誉。在各种挑战面前，中国共产党和人民饱受磨难而自强不息，历经挫折而越挫越勇，备尝艰辛而愈加成熟，表现出一个马克思主义政党强大的韧劲与应对能力。

2008年春节前，一场大范围低温、雨雪、冰冻等自然灾害席卷神州大地。20个省（区、市）均不同程度受到影响。由于大面积断电，广州火车站、北京火车站、郑州火车站、西安火车站等重要铁路枢纽聚集着大量无法返乡的人们。高速公路因为积雪结冰，致使车辆无法挪动。受灾省份急需的煤炭等物资因交通阻断无法运出。面对灾情，党中央迅速采取行动，气象局、民政部、铁道部、交通部、公安部、保监会、财政部、发改委等部门全面启动应急预案，各司其职，协同合作。人民解放军、武警部队全力奋战在抢险抗灾第一线。2月4日，京珠高速全线贯通。2月5日，广州地区350万滞留铁路旅客基本疏运完毕。2月6日，是中国的大年除夕，南方因受灾断电的170余个县城以及87%的乡镇基本恢复用电。

然而，时间过去还不到四个月，又一场灾难降临中华大地。2008年5月12日14时28分，一场8.0级特大地震突如其来，强大的地震波波及16个省、自治区、直辖市，强度烈度之高超过了1976年唐山大地震。重灾区面积达28万平方公里，受灾人口达4624万。由于重灾区多位于交通不便的高山峡谷，道路损毁严重，给救灾带来重重困难。这是中华人民共和国成立以来破坏性最大、波及范围最广的地震灾害。灾难发生后，中央多位领导人迅速赶往灾区亲自指挥救援；解放军和武警官兵冒着余震、泥石流、山体滑坡等危险在交通不便的情况下到达全部受灾县；累计投入医疗卫生人员9.68万人；民政部门全力安置受灾群众，电力工人、铁路工人竭力抢修损毁的基础设施……截至6月20日，抗震救灾斗争取得了重大的阶段性胜利。

然而，正当全中国人民还沉浸在“奥运梦圆”的喜悦中时，2008年9月，由美国次贷危机引发的金融危机迅速从局部蔓延到全球，最终酿成了一场历史罕见、冲击力极强、波及范围极广的国际金融危机。中国在这场危机中受到的冲击远远大于1997年亚洲金融危机，外贸出口急剧回落，部分企业经营困难，社会就业形势日益严峻，经济下行压力加大。应对危机，党中央迅速出台扩大内需、促进经济增长的十项措施，一系列保增长、扩内需、调结构的政策被制定出来。同时，我国还积极参与国际峰会，呼吁世界加强政策协调，密切合作。在党和全国人民的不懈努力下，我国的经济运行开始有了一些积极变化，经济增长下滑的趋势得到明显遏制，在全球率先实现了经济形势总体回升向好，并在2010年超越日本成为世界第二大经济体。①

中国共产党为什么能一次又一次应对困难和风险？这是因为中国共产党面对困难和风险，能始终坚持以科学理论为指导，正确判断形势，适时调整政策，坚定不移地走自己的路。两次金融危机，使得中国共产党积累了丰富的经济斗争经验，能够根据国际国内经济发展趋势作出适当的判断，在后来的中美贸易战、新冠肺炎疫情严重影响世界经济运行的情况下作出及时有效的政策调整。中国共产党面对困难和风险，能始终坚持党的正确领导和中国特色社会主义制度，充分发挥集中力量办大事的体制优势。从1998年抗击大洪水，到2008年抗击大雪灾和汶川特大地震，再到2020年抗击新冠肺炎疫情，中共中央、国务院总揽全局，统一指挥，充分发挥了领导枢纽作用，迅速组织人力、物力、财力投入抗灾救灾行动，社会主义制度优越性表露无遗。中国共产党面对困难和风险，能始终坚持群众路线，秉持以人民为中心的理念，充分发挥党的组织优势和动员能力，保证党的政策得到强有力的贯彻执行。

从抗美援朝战争的志愿军，到新冠肺炎疫情中的志愿者，每一次生死攸关的节点，人民群众都会立即行动起来，坚决选择同中国共产党站在一起，形成众志成城、大爱无疆的民族合力。中国共产党面对困难和风险，能充分发挥爱国主义精神力量和中国共产党的红色基因所提供的强大动力，凝心聚智，化危为机。伟大的民族精神，在每一次重大事件前都能发挥出神奇的力量，从当年的“长征精神”“抗战精神”，到“抗洪精神”“抗震救灾精神”，再到如今的“抗疫精神”，中国共产党人的

① 柳建辉：《中国共产党历史与经验》，中共中央党校出版社2016年版，第597页。

伟大精神是战胜前进道路上一切艰难险阻的力量源泉。多难兴邦，多难兴党。正如澳大利亚《悉尼先驱晨报》发表《中国执政党的适应力非同寻常》一文中说到的那样：在每次灾难之后，中共都站起来重整盔甲并加强它的势力，从而让在无数次危急关头预言其消亡的专家学者窘迫无措。

从 2002 年到 2012 年的十年，中国虽然经历了诸多磨难，但始终保持着平稳发展，同这一时期马克思主义中国化理论的发展新高度密切相关。中共十七大报告对中国特色社会主义道路和中国特色社会主义理论体系的内涵作了全面解释，包括邓小平理论、“三个代表”重要思想以及科学发展观等重大战略思想在内，这是对改革开放伟大历史进程的理论升华，同时提出全面建设小康社会的新目标，促进国民经济又好又快发展的理论创新，兴起社会主义文化建设新高潮，提出加快推进以改善民生为重点的社会建设等。中国的政局、社会能如此稳定，其中最大的特点就是几届领导集体的政策方针的持续性、继承性。这十年，中国经济、政治、社会、文化等方面的发展，为进入新时代奠定了理论、政策、实践的基础，这就是所谓的“潮平两岸阔，风正一帆悬”！

第六篇　满眼生机转化钧——习近平新时代中国特色社会主义思想的创立

第一节　百川东到阔海天：中国特色社会主义进入新时代

一、明辨方位开新局

> 经过长期努力，中国特色社会主义进入了新时代，这是我国发展新的历史方位。
>
> ——习近平

历史的长河在时代的河道中汹涌奔腾，思想的光华在时代的星空中熠熠生辉。中国共产党的百年历史，既是一部艰苦卓绝的奋斗史，也是一部辉煌的与时俱进的思想史。在马克思主义进入中国以后，我们实现了马克思主义中国化的两次伟大飞跃：第一次是以遵义会议为标志，我们创立了马克思主义中国化的第一个理论成果——毛泽东思想；第二次是以党的十一届三中全会为标志，我们创立和形成了马克思主义中国化的第二个理论成果——以邓小平理论、“三个代表”重要思想、科学发展观为主要内容的“中国特色社会主义理论体系”。而以党的十八大为标志，我们进一步丰富和发展了中国特色社会主义理论体系，创立了习近平新时代中国特色社会主义思想，成为中国特色社会主义理论体系的重要组成部分。

时代是思想之母，实践是理论之父。习近平新时代中国特色社会主义思想的创立，恰是中国特色社会主义进入新时代的伟大理论和实践创造。2017 年 10 月 18 日上午，全球的目光聚焦在北京人民大会堂，中国共产党第十九次全国代表大会在这里胜利召开。习近平总书记在十九大报告中发出了铿锵有力的时代宣示：“经过长期努力，中国特色社会主义进入了新时代，这是我国发展新的历史方位。”这是一个具有里程碑意义的重大宣言。

两千多年前的古希腊智者苏格拉底，曾经提出过一个被称为人类哲学思考的终极命题——认识你自己。而这一命题中最难也最需要回答的就是：我从哪里来，我到哪里去？这一问题的深刻之处就在于我们必须时刻知晓，我们人生的出发点和归宿点在哪里。对于一个政党而言，这就是对党的初心和使命的深刻思考。在党的十九大报告中，习近平总书记把中国共产党的初心使命精辟地概括为“为中国人民谋幸福、为中华民族谋复兴”。这其实就是对中国共产党人从哪里来、到哪里去的庄严回答。在庆祝中国共产党成立一百周年大会的讲话中，习近平总书记对党的百年奋斗的历史本质、主流和主线作了科学的阐述：“中国共产党一经诞生，就把为中国人民谋幸福、为中华民族谋复兴确立为自己的初心使命。一百年来，中国共产党团结带领中国人民进行的一切奋斗、一切牺牲、一切创造，归结起来就是一个主题：实现中华民族伟大复兴。”但与初心使命同样重要的还有一个必须时刻把握的历史坐标——我现在在哪里，亦即所谓的“历史方位”。只有不忘初心、牢记使命，并准确认识在这一奋斗历程中党所处的历史方位，我们才能正确地制定我们在每一个具体的历史阶段正确的路线、方针和政策。

方位，即方向和位置。古人曰：“辨方位而正则，五精帅而来摧。”（张衡《东京赋》）可见，正确判断自身方位，对于人们决定何去何从具有特别重要的价值。历史方位，就是一种事物在社会历史发展过程中所处的客观状况。把握当下我国发展的历史方位，实际就是对中国特色社会主义发展的历史、现实和未来定位的科学判断。而对于历史方位的定位就是准确把握时代。所谓时代，是指由一定的时间和空间所构成的有着某种历史边界的历史阶段。它既是一个时间概念，也是一个空间概念。马克思主义一向十分重视对时代问题的研究和判断，提出要从分析时代性质、时代特征、时代主题、时代任务等多方面来界定具体的时代划分。目的就是要通过对具体时代的准确判断，从而能够做到正确地“审时度势”，确定我们所处的历史方位。

马克思主义所说的时代，有“大时代”和“小时代”之分。列宁曾经说过：“只有首先分析从一个时代转变到另一个时代的客观条件，才能理解我们面前发生的各种重大历史事件。这里谈的是大的历史时代。”这种大的历史时代往往需要上百年的历史演变。譬如，马克思在《〈政治经济学批判〉序言》中指出：“大体说来，亚细亚的、古希腊罗马的、封建的和现代资产阶级的生产方式可以看作是经济的社会形态演进的几个时代。”[①]这是马克思充分运用生产力和生产关系、经济基础和上层建筑之间辩证关系原理来认识人类社会发展问题作出的时代划分，由此构成了马克思主义时代观的主体内容。这种划分方法主要是基于社会形态的变迁，而社会形态的演变又是一个比较漫长的历史过程。马克思从大的社会形态上阐述其对时代的理解，显然，这里的时代必然属于“大时代”的范畴。但在每一个大的时代中，又必然有着不同的阶段性历史特征，而这样阶段性的历史特征，就是大时代中的“小时代”。

要正确理解“中国特色社会主义进入新时代”的科学命题，首先就要理解“大时代”和“小时代”的辩证关系。新中国的成立，特别是1956年我国社会主义改造完成，标志着中国进入了社会主义时代。这是从根本的社会形态上来划分的，属于“大时代”的历史范畴。但中国社会主义的发展又是一个相当长的历史过程，其间又必然因为生产力发展水平等社会因素的变化而经过几个不同的发展阶段。社会主义初级阶段就是中国社会主义发展的阶段之一，因而是相对于社会主义社会这个“大时代”的一个“小时代”。这是第一层的大小时代的对应关系。社会主义初级阶段又是一个至少长达100年之久的时间段，在这个过程中必然会由于社会的发展变化而出现具体的阶段性发展。这里，“社会主义初级阶段”又成为一个“大时代”。这一过程又经历了具有鲜明特征的不同发展阶段，譬如从新中国成立到1978年党的十一届三中全会召开以前的近三十年，是毛主席领导中国人民“站起来”的阶段；从党的十一届三中

① 《马克思恩格斯选集》第二卷，人民出版社2012年版，第3页。

全会到党的十八大召开前的三十多年，则是中国人民实现“富起来”的历史阶段。这些都属于社会主义初级阶段这个大时代中的“小时代”。这是第二层的大小时代的对应关系。

正是从“大时代”与“小时代”的辩证关系入手，我们才能深刻领会党的十九大一方面宣告了“中国特色社会主义进入新时代”，同时又强调：新时代并“没有改变我们对我国社会主义所处历史阶段的判断，我国仍处于并将长期处于社会主义初级阶段的基本国情没有变，我国是世界最大发展中国家的国际地位没有变”①。这就说明了作为社会主义初级阶段的“大时代”虽然没有改变，但作为具体的历史的“小时代”已经进入了一个新的阶段。这个“小时代”主要是依据特定历史阶段所赋予的重大历史任务决定的。历史的主要任务发生重大的历史性变化，呈现出新的历史性特征，也就必然会展现出新的时代性。正是置身于特定的历史时空中，中国共产党以深邃的历史视野、深刻的政治意识、深远的战略思考，作出了“中国特色社会主义进入新时代”的重大政治论断，准确地刻画了我国发展新的历史方位。

二、辉煌征程展宏图

> 中国特色社会主义进入新时代，意味着近代以来久经磨难的中华民族迎来了从站起来、富起来到强起来的伟大飞跃，迎来了实现中华民族伟大复兴的光明前景。
>
> ——习近平

新时代“新”在哪里？主要就是根据在特定历史阶段所表现的时代特征和历史任务所决定的。

“站起来”，是中华民族近代以来面临的第一个历史任务。1840年以后，泱泱中华在帝国主义的欺凌压迫下逐步沦为半殖民地半封建的“东

① 习近平：《决胜全面建成小康社会　夺取新时代中国特色社会主义伟大胜利——在中国共产党第十九次全国代表大会上的报告》，人民出版社2017年版，第12页。

亚病夫”。1900年八国联军打进北京时，总兵力仅为18000多人。而当时进行防卫的清军正规军达15万多人，加上义和团近60万人，大体是每40个中国人在家门口挡一个洋鬼子。但就是挡不住啊！那时的中华民族从精神到物质，都已经不是一个能够挺直腰板站立于世界的民族了。而毛泽东和中国共产党的伟大之处，正是在于使这样一个已经面临沉沦，到了“最危险时候”的民族从沉沦中崛起，重新有尊严地站立于世界民族之林。这是毛主席和共产党的千秋功业！1949年10月1日，随着中华人民共和国成立的礼炮鸣响，标志着中国进入了“站起来”的时代。在新中国成立后的几十年间，在中国共产党的带领下，我们逐步建立了社会主义制度，中国人民在精神、政治、经济等方方面面实现了“站起来”的伟大目标，为实现中华民族伟大复兴创造根本社会条件，实现了中国从几千年封建专制政治向人民民主的伟大飞跃。

“富起来”，是中国社会主义发展在“站起来”基础上提出的进一步的必然历史课题。1978年12月召开的党的十一届三中全会，实现了把党的工作重心从“以阶级斗争为纲”转移到“以经济建设为中心”上来的重大历史转折。它标志着中国从此进入了“富起来”的改革开放时期。它是在站起来的基础上，通过进一步提高和改善人民生活水平，发展社会主义生产力，提升中国社会主义国家的综合国力，从而更加彰显社会主义制度的优越性和感召力，把毛泽东同志开创的社会主义事业在中国坚持、巩固和发展下去。从党的十一届三中全会到2012年党的十八大召开，30年来，我国的国内生产总值从1978年的3600多亿元增长到2012年的52万亿元，增加了近145倍，为实现中华民族伟大复兴提供了充满新的活力的体制保证和快速发展的物质条件，实现了人民生活从温饱不足到总体小康、奔向全面小康的历史性跨越，推进了中华民族从站起来到富起来的伟大飞跃。

正是在实现了“站起来”和“富起来”的重大成就基础上，党的十八大以来，我们迎来了“强起来”的新时代。这一方面是从新中国发展史以及中华民族发展史的历史性成就出发，我们已经具备了实现“强起来”的主客观条件。另一方面，“强起来”更是我们面临的必须完成的新的重大历史任务。实现国家富强、民族振兴、人民幸福是中国共产党永远不变的初心和使命，是党永恒的庄严承诺，也是全体中华儿女近代以来的不懈追求。这一追求，经过多少人的流血牺牲、英勇奋斗，正在逐渐成为现实。党的十八大以来，我国经济建设取得重大成就，经济保持中高速增长，在世界主要国家中名列前茅。[①]天宫、蛟龙、天眼、悟空、墨子、大型水陆两用飞机等代表先进生产力发展水平的重大科技成果相继问世。我们实现了从总体小康到全面小康的伟大跨越，如期打赢脱贫攻坚战，使中华民族千百年来存在的绝对贫困问题历史性地得到解决。正如习近平总书记在党的二十大报告中指出的：党的十八大以来，我们“全面贯彻新时代中国特色社会主义思想，全面贯彻党的基本路线、基本方略，采取一系列战略性举措，推进一系列变革性实践，实现一系列突破性进展，取得一系列标志性成果，经受住了来自政治、经济、意识形态、自然界等方面的风险挑战考验，党和国家事业取得历史性成就、发生历史性变革，推动我国迈上全面建设社会主义现代化国家新征程”。“今天，我们比历史上任何时期都更接近、更有信心和能力实现中华民族伟大复兴的目标。”

正是立足于新时代的历史方位，党的二十大以深远的历史眼光，前瞻性地规划升级了党的第二个百年目标。从现在起分两步走，到 21 世纪中叶建成富强民主文明和谐美丽的社会主义现代化强国，以中国式现代化全面推进中华民族伟大复兴。新时代的新目标强调中华民族强起来不仅是经济、科技、军事的强大，更要促进人的全面发展，如中国人的健康水平、平均寿命、平均受教育年限、全体人民的思想道德水平等都要有大幅度的提升。同时还要做到政治更加民主，法治更加健全，机会更加公平，社会更加正义，安全更有保障，环境更加美丽，经济结构更加合理，经济发展方式更加科学，整体的经济社会发展水平更加均衡、更加全面，并更加彰显中华民族对人类做出更大贡献的大国担当。

回顾近代以来中国人民 180 多年的斗争史，中国共产党 100 多年的

---

① 习近平：《决胜全面建成小康社会　夺取新时代中国特色社会主义伟大胜利——在中国共产党第十九次全国代表大会上的报告》，人民出版社 2017 年版，第 3 页。

奋斗史，中华人民共和国70多年的发展史，历史向我们清晰地展示了近代以来久经磨难的中华民族迎来了从站起来、富起来到强起来的伟大飞跃，迎来了实现中华民族伟大复兴的光明前景。我们党正是在这样的历史视野和实践基础上，作出了“中国特色社会主义进入新时代”的重大政治论断。

三、东风浩荡卷红旗

> 马克思主义中国化时代化不断取得成功，使马克思主义以崭新形象展现在世界上，使世界范围内社会主义和资本主义两种意识形态、两种社会制度的历史演进及其较量发生了有利于社会主义的重大转变。
>
> ——《中共中央关于党的百年奋斗重大成就和历史经验的决议》

中国特色社会主义进入新时代，还意味着世界社会主义发展进入到一个新的历史阶段。中国特色社会主义进入新时代，有着深刻的历史逻辑和宽广的世界视野。站在中国自身发展取得的历史性成就的逻辑上，我们进入了“强起来”的新时代；而站在世界社会主义发展的历史逻辑上，我们也迎来了世界社会主义走向复兴的新时代。这就是习近平总书记所指出的，中国特色社会主义进入新时代，“意味着科学社会主义在21世纪的中国焕发出强大生机活力，在世界上高高举起了中国特色社会主义伟大旗帜”。

20世纪80年代末90年代初，世界社会主义遭到了重大挫折，发生了“苏东剧变”的严重事件。罗马尼亚、民主德国、波兰、匈牙利、捷克斯洛伐克、南斯拉夫、阿尔巴尼亚、苏联等欧洲的社会主义国家的共产党和社会主义制度相继被颠覆，整个世界社会主义运动陷入低潮。一时间，西方世界一片欢呼，诋毁和怀疑社会主义的各种论调甚嚣尘上。1992年，美国白宫头号智囊兰德公司的学者弗朗西斯·福山公开出版了《历史的终结与最后的人》，宣称世界历史已经终结于资本主义，社会主义已经失败。福山的这一论断，得到了当时西方学界的普遍赞誉，福山也一跃成为西方最负盛名的主流学者。此外，如美国前总统尼克松撰写的《1999：不战而胜》，美国卡特时期的前国家安全顾问布热津斯基出版的《大失败》等，都是当时颇有影响力的著作。其基本观点都是声称资本主义已经胜利，社会主义已经失败。

但令福山等西方学者完全没有想到的是，在随后的30多年，坚定地走在社会主义道路上的中国，却在迅速发展，今天正以无可阻挡的气势实现着中华民族伟大复兴的中国梦。颇具讽刺意味的是，同样是这位福山，却于2014年在美国最权威的政策杂志——9、10月合刊的《外交》上，发表了《衰落的美利坚》一文。福山哀叹，历史并没有终结，美国的政治制度正日渐腐朽，已经越来越不能代表美国主权公民的意志。福山的这一论述，再次受到了西方学者的普遍关注。与之对应的是，国际金融危机爆发后，由英国学者伊格尔顿著述的《马克思为什么是对的》一书，却成为全球畅销书。那么，是什么缘由，让福山从鼓吹“历史的终结”到哀叹“美利坚的衰落”呢？其根本原因则是中国特色社会主义的坚持与发展；是中国特色社会主义取得的巨大成就。正如邓小平同志当年在苏东剧变后所断言的，只要中国的社会主义发展起来了，站住脚了，到那时候，世界上相信社会主义的人，相信马克思主义的人，一定会多起来的。

“风物长宜放眼量”，中国特色社会主义进入“强起来”的新时代，是以活生生的实践及成就向世界强有力地证明了科学社会主义的真理性和巨大生命力，从而使科学社会主义在21世纪的中国焕发了勃勃生机，在世界上高举起了中国特色社会主义的伟大旗帜。

中国特色社会主义进入新时代，还迎来了中国发挥越来越大国际影响的新时代。世界怎么了，我们怎么办？这是习近平总书记在联合国日内瓦总部演讲时发出的世界之问。而对一个时代的界定，也必然是国际和国内两个维度。中国的发展离不开世界，而中国的发展也日益深刻地影响着世界。环顾国际国内形势，世界并不太平，人类也正处于一个挑战层出不穷、风险日益增多的时代。如何拨开迷雾见月明，为人类进步事业做出应有的贡献，考验着我们这个大党在新的历史时期的执政能力和履行国际责任的担当。基于这样的世界情怀和崇高道义，习近平总书记深刻指出："中国特色社会主义进入新时代，意味着中国特色社会主义道路、理论、制度、文化不断发展，拓展了发展中国家走向现代化的途径，给世界上那些既希望加快发展又希望保持自身独立性的国家和民族提供了全新选择，为解决人类问题贡献了中国智慧和中国方案。"这是从整个人类发展的历史高度和逻辑层面作出的重大判断。

回顾近代以来世界文明的现代化发展之路，不外乎有两条道路，一条是以奴役别国、干涉内政、损人利己为特征的现代化道路，一条是以独立自主、和平发展、互利共赢为特征的现代化道路。而中国正是后一条现代化道路的主要创立者和践行者。我们在探索这条道路的过程中，已经形成了一条充分依据我国国情、坚持以人民为中心、不断改革创新、追求和平与共同发展、坚持"五位一体"协调发展的跨越式的发展道路。这条现代化道路以中国取得的举世瞩目的伟大成就充分证明了其正确性和科学性，打破了发展中国家在现代化问题上对西方国家的"路径依赖"。我们已经可以向全世界自信地说：中国为世界各国走向现代化提供了一种全新的道路选择，为人类解决现代化过程中的各种问题贡献了中国智慧和中国方案，创造了人类文明新形态。

四、中国梦圆新时代

> 实现中华民族伟大复兴，就是中华民族近代以来最伟大的梦想。这个梦想，凝聚了几代中国人的夙愿，体现了中华民族和中国人民的整体利益，是每一个中华儿女的共同期盼。
>
> ——习近平

人类文明的每一次进步，几乎都伴着梦想同行。2500多年前，中国的孔子提出了"天下大同"的社会理想；500多年前，英国的莫尔憧憬着建立一个公平正义的"乌托邦"；170多年前，一部《共产党宣言》的发表，开启了人类进步的新纪元……古往今来，正是无数的仁人志士，心存梦想、不懈奋斗，才使得人类社会从远古走到今天，从荒莽走向文明。而今，以实现中华民族伟大复兴为内涵的中国梦的提出，鼓舞着亿万中华儿女在改革开放、奔向现代化的征程中高歌猛进，放射出耀眼的时代光华。

习近平总书记在2012年11月29日参观国家博物馆“复兴之路”展览时，首次明确表达了中国梦的基本概念。他指出：“实现中华民族伟大复兴，就是中华民族近代以来最伟大的梦想。这个梦想，凝聚了几代中国人的夙愿，体现了中华民族和中国人民的整体利益，是每一个中华儿女的共同期盼。”这就清楚地表明了中国梦的提出绝不是凭空而来，它有着深厚的历史底蕴。

中国梦首先是历史的。恩格斯曾经说过：“历史从哪里开始，思想进程也应当从哪里开始，而思想进程的进一步发展不过是历史过程在抽象的、理论上前后一贯的形式上的反映。”[①] 什么叫民族复兴？从“复兴”一词的基本逻辑来认识，没有民族昔日的辉煌和曾经的衰落就无所谓民族今日的复兴。在5000多年的历史传承中，中华民族曾经创造了长期领先于世界的文明成果。巍峨蜿蜒的万里长城、堪称奇迹的秦兵马俑，向世人展示着中国人的巧夺天工；改变世界进程的四大发明，意蕴深刻的“四书五经”，向世人展现了中国人的聪明才智；汉唐盛世的大略雄风，向世人标示着中国政治经济文明执牛耳于世界民族之林的领先地位。中国历史的车轮在这一时期狂飙猛进，以排山倒海之势引领了人类的进步与发展！尤为突出的是，中华文明在5000年的传承中，尽管经历了种种历史的变迁，却始终一脉相承，积淀着中华民族最深层的精神追求，代表着中华民族独特的精神标识。同时，中华文明又在与世界各种文明的交流中兼包并蓄，以各种文明成果滋养着自身的发展。因此，19世纪德国古典哲学家黑格尔在他的《历史哲学》中才说，只有黄河、长江流过的那个中国才是世界上唯一持久的国家。黑格尔以后100年，又一位英国哲学家罗素也发出惊叹，埃及、波斯、马其顿，包括罗马的帝国都消

①《马克思恩格斯文集》第二卷，人民出版社2009年版，第603页。

亡了，只有中国在持续地进化中生存下来了。中华民族这一独特的历史进程，使得中国人有着强烈的民族自尊心和民族自豪感。但在近代以来，中国却在帝国主义列强的侵略下，一度沦为任人宰割和欺凌的对象，备受屈辱。这种历史的强烈反差，使得每一个爱国的中国人在想起这段历史时都会感到心痛，从而总有一种强烈的民族复兴的心结。中华民族这一特殊的历史进程，为中国梦积淀了深厚的历史底蕴。

中国梦是现实的。在很长一段时间里，中国人真的是在做梦，找不到出路。正如毛泽东《浣溪沙·和柳亚子先生》一词中写道："长夜难明赤县天，百年魔怪舞翩跹。"但在经历了 180 多年奋斗后的今天，中国梦终于如此清晰而现实地展现在中国的天际。从井冈山的星星之火到天安门广场的"风展红旗如画"；从甲午战争的惨败到抗日战争的全面胜利；从"小米加步枪"的艰辛到"两弹一星"的辉煌……在中国共产党领导下，中国人民经过百年的奋斗，使中国梦愈加成为现实。尤为重要的是，我们终于找到了一条重新走上民族复兴的光辉大道——中国特色社会主义道路。正是以改革开放为特征的中国特色社会主义道路，才使中国真正地活跃起来、发展起来、繁荣起来。"方向决定道路，道路决定命运。"中国特色社会主义道路从根本上改变了中华民族自近代以来的历史命运，不可逆转地改变了内忧外患、积贫积弱的悲惨状态，不可逆转地开启了不断发展壮大、走向伟大复兴的历史征程。正确的道路使如今的中国梦比以往任何时候都更加清晰、更加现实、更加贴近。不可否认，中国在前进道路上还面临许多困难和挑战，但站在新的历史起点上，我们相信，只要我们坚定不移地沿着中国特色社会主义道路走下去，就一定能够实现中华民族伟大复兴的中国梦。正如习近平总书记所指出的："我们比历史上任何时期都更接近中华民族伟大复兴的目标，比历史上任何时期都更有信心、有能力实现这个目标。"

中国梦是人民的。中国特色社会主义的伟大事业，需要亿万人民群众的共同奋斗，需要形成一个能够凝聚和团结最广大人民力量的思想武器。习近平同志当选总书记以来多次在国内外多个场合，深刻阐述了实现中华民族伟大复兴的中国梦包括国家富强、民族振兴、人民幸福三个层面。其中，落脚点是“人民幸福”。全国各族人民是实现中国梦的主体力量，也是实现中国梦的直接受益者。因此，“中国梦”归根到底是人民的。中国梦不仅仅是理想、是目标，也是现实，反映在每个中国人的生活中。实现中国梦，就是实现老百姓的梦。这就从本质上反映了马克思主义历史唯物主义的基本立场，体现了坚持以人民为主体的价值取向，是坚持党的群众路线的必然要求。所以，习近平代表党中央庄严承诺：“人民对美好生活的向往，就是我们的奋斗目标。”当前，中国正面临着日趋激烈的国际竞争，特别是少数西方国家对中国的遏制和打压，同时也面临着复杂多变的国内形势。我们不但要牢牢把握国家富强、民族振兴的大局目标，更要关注老百姓日常的民生。从根本上讲，国家富强、民族振兴最终必须以人民幸福为标准。也只有这样，才能从根本上动员起最广泛的社会力量为国家富强和民族振兴而奋斗。事实上，习近平总书记之所以使用中国梦的概念，本质上是对建设中国特色社会主义共同理想的通俗表达。他强调，实现中国梦必须坚持中国道路，弘扬中国精神，凝聚中国力量。中国梦是国家的梦、民族的梦，归根到底是人民的梦，必须紧紧依靠人民来实现，必须不断为人民造福。中国梦用最简洁、最生动、最直观的语言表达了中华民族百年奋斗的光荣与梦想，以一种直击人心的力量来最大限度地来凝聚人民、激励人民，最大限度地调动一切积极因素，最大限度地获取社会公约数，团结社会各个阶层的力量，共同推动国家进步发展并在这一历史进程中实现个人的价值。

中国梦拥有科学的内涵，就是实现中华民族的伟大复兴，坚持国家富强、民族振兴与人民幸福的统一。中国梦拥有科学的实现路径，就是必须始终走中国道路，必须始终弘扬中国精神，必须始终凝聚中国力量。中国梦拥有坚实的实践基础，其根源在于中国人民的伟大实践。中国梦不是海市蜃楼，不是空中楼阁，其成功实现的根本在于中国人民的真抓实干。“空谈误国，实干兴邦。”中国梦拥有清晰的层次性。国家富强是根本要求，是使中国不受侵略、人民不受欺压的重要保证；民族振兴是重要前提，是使中华民族继续延续、创造、繁荣中华文明的重要条件；人民幸福是基本诉求，是使中国人民实现自由而全面发展的必备要素。

180多年来，中华民族走过了饱经苦难、不屈奋斗，“雄关漫道真如铁”的昨天；见证了改革开放、高歌猛进，“人间正道是沧桑”的今天；展望坚定不移地沿着中国特色社会主义道路奋勇前进，“长风破浪会有时”的明天，我们对中国梦的最终实现充满信心。

党的十八大以来，正是在以习近平同志为核心的党中央坚强领导和习近平新时代中国特色社会主义思想的指引下，我们走过了非凡的十年，开创了中国历史上守正开新、继往开来的伟大时代，塑造了世界东方生机蓬勃、行稳致远的强盛国家，成就了中国人民安居乐业、欣欣向荣的幸福生活，彰显了中华民族自信自强、奋发奋进的精神气质，淬炼了勇于自我革命、担当时代重任的坚强政党。

五、创新理论引航程

> 习近平新时代中国特色社会主义思想是当代中国马克思主义、二十一世纪马克思主义，是中华文化和中国精神的时代精华，实现了马克思主义中国化新的飞跃。
>
> ——《中共中央关于党的百年奋斗重大成就和历史经验的决议》

任何一个历史时期的思想成果都是对时代的回应。正如马克思和恩格斯所论断的：“一切划时代的体系的真正的内容都是由于产生这些体系的那个时期的需要而形成起来的。”[①] 新时代呼唤新思想，新思想引领新时代，两者相辅相成、相互推进。在人类社会发展的浩瀚历史中，先进的思想总是与非凡的事业彼此辉映，科学的理论总是与伟大的实践相互激荡。时代风云和奋斗实践有多么波澜壮阔，理论创新和思想创造就有多么汹涌澎湃。正是在中国特色社会主义进入新时代的历史背景下，我们创立了习近平新时代中国特色社会主义思想，明确坚持和发展中国特

①《马克思恩格斯全集》第三卷，人民出版社1960年版，第544页。

色社会主义的基本方略，提出一系列治国理政新理念新思想新战略，实现了马克思主义中国化时代化新的飞跃，坚持不懈用这一创新理论武装头脑、指导实践、推动工作，为新时代党和国家事业发展提供了根本遵循。

习近平新时代中国特色社会主义思想是对重大时代理论问题的科学回应。

在时代发展变化中，历史总会提出相应的重大理论问题。在中国共产党的历史上，我们党的每一次重大理论创新，都是在回答时代提出的重大课题中实现的。而正是对这些问题的科学回应，我们党的理论和实践才能不断发展。譬如，我们党在推动中国革命、建设和改革的历程中，遇到的第一个必须回答的重大理论问题就是“什么是马克思主义，怎样对待马克思主义”。1921 年中国共产党建党之际，就把马克思主义庄严地写到了党的旗帜上。马克思主义毕竟是诞生在 19 世纪中叶欧洲的理论，尽管其基本原理和方法论都是具有普遍性的永恒真理，但就具体应用的时间和空间则都发生了巨大变化。因而，年轻的中国共产党就必须首先弄明白，什么是马克思主义？怎样对待马克思主义？这是中国革命的第一个时代之问。在党的幼年时期，我们党还不善于把马克思主义同中国革命的具体实际结合起来，犯了把马克思主义教条化的“左”派幼稚病，差一点葬送了整个革命事业。

譬如，马克思和恩格斯在《共产党宣言》中明确指出了工人阶级要想摆脱被剥削被压迫的历史命运，就必须拿起枪杆子，用暴力推翻资产阶级的统治，“使自己上升为统治阶级”。这就是马克思主义著名的“武装夺取政权”的基本思想。但具体怎样夺取？马克思和恩格斯根据当时欧洲的实际，提出必须要在工人阶级力量比较集中的地方进行革命，也就是在大城市进行革命。1917 年 11 月 7 日，列宁领导的俄国布尔什维克党在当时的俄国首都圣彼得堡发动工人武装起义，一举夺得政权，建立了全世界第一个社会主义国家——苏维埃俄国。而当时还年幼的中国共产党由于理论准备和实践经验的不足，全然不顾中国是一个半殖民地半封建社会、工人阶级力量还不够强大的实际，教条化地照搬照抄俄国革命的经验，提出了“城市中心革命论”的主张。因而当1927年毛泽东发动秋收起义后，中央给毛泽东的命令是攻打国民党重兵把守的省会城市长沙。这种严重的主观超越客观，最终导致了秋收起义在军事上的失败。也正是由于挫折和失败的教育和教训，毛泽东同志第一次把马克思主义的普遍真理与中国革命的具体实际结合起来，在秋收起义失败后果断改变进军路线，改向罗霄山脉，创建了中国第一个农村革命根据地——井冈山；更开辟了一条创新性的新民主主义革命道路——农村包围城市、武装夺取政权。毛泽东不仅科学地总结了马克思主义的精髓是实事求是、马克思主义活的灵魂是具体问题具体分析等马克思主义的根本原理和原则，还科学回答了中国这样一个半殖民地和半封建历史条件下的东方大国，以怎样的途径和方式运用马克思主义指导完成新民主主义革命和社会主义革命的问题，创立了毛泽东思想。在毛泽东思想指引下，实现了中华民族独立、中国人民解放的伟大目标，并最终完成了中国人民“站起来”的时代目标。

改革开放以来，中国共产党始终牢牢把握住时代发展的历史脉搏，根据不同历史时期提出的重大课题，在建设中国特色社会主义的伟大实践中不断推进理论的创新和发展。1982年，邓小平同志在党的十二大开幕式致辞中，首次明确提出了“建设有中国特色的社会主义”的理论命题，成功开创了中国特色社会主义道路，改革开放和社会主义现代化建设进入了新时期。在这一历史阶段，以邓小平、江泽民、胡锦涛为代表的中国共产党人，进一步科学回答了“什么是社会主义、怎样建设社会主义？”“建设什么样的党，怎么建设党？”“实现什么样的发展，怎么实现发展？”等一系列重大基本理论问题，先后创立了邓小平理论、形成了“三个代表”重要思想及科学发展观，并发展成为中国特色社会主义理论体系，指导党和人民在改革开放的奋斗历程中实现了“富起来”的时代目标。

以党的十八大为标志，中国特色社会主义进入了新时代。在新的历史条件下，时代也提出了新的亟待解决的重大基本理论问题，这就是“新时代坚持和发展什么样的中国特色社会主义、怎样坚持和发展中国特色社会主义，建设什么样的社会主义现代化强国、怎样建设社会主义现代化强国，建设什么样的长期执政的马克思主义政党、怎样建设长期执政的马克思主义政党”的重大问题。习近平新时代中国特色社会主义思想的创立，正是从新的实际出发，科学地、系统地回答了这三个重大时代课题。而这也是理解习近平新时代中国特色社会主义思想的理论之眼。中国特色社会主义反映的是中国全社会的共同理想，它侧重于对人类社会发展规律的认识；社会主义现代化强国的问题，它侧重于对社会主义建设规律和中国式现代化道路的认识；长期执政的马克思主义政党这个课题，它侧重于对党的执政规律的认识。这三个时代课题实际上是有机统一的，它们共同构成了新时代全部理论和实践的着眼点。

从 1982 年党的十二大首次提出“建设有中国特色的社会主义”的命题，到 2022 年党的二十大，中国共产党先后召开过九次党代会。值得特别指出的是，这九次党代会主报告的标题中，始终有一个永不缺席的关键词——“中国特色社会主义”。这说明，尽管历史的风云变幻，但几十年来，我们党始终以“咬定青山不放松”的战略定力，坚定不移地推进中国特色社会主义的伟大事业。站在新时代的历史地平线上，党和人民事业的主旋律当然依然是坚持和发展中国特色社会主义，这也是习近平新时代中国特色社会主义思想的核心要义！

但中国特色社会主义在许多方面的具体内涵，如新时代条件下我们党的总任务、总目标、战略步骤、发展方式、社会主要矛盾、外部环境、外交方略等，又必然随着时代的发展变化而发生深刻变化，这是历史发展的永恒的辩证法。正是在这样的背景下，就必须作出新的理论回应。习近平新时代中国特色社会主义思想正是从新时代、新目标、新任务、新矛盾、新使命、新方略、新外交等方面系统地回答了“新时代坚持和发展什么样的中国特色社会主义、怎样坚持和发展中国特色社会主义，建设什么样的社会主义现代化强国、怎样建设社会主义现代化强国，建设什么样的长期执政的马克思主义政党、怎样建设长期执政的马克思主义政党”等重大的时代课题，创立了习近平新时代中国特色社会主义思想。

具体说来，习近平新时代中国特色社会主义思想的核心内容主要体现为“十个明确”的阐述，即明确中国特色社会主义最本质的特征是中国共产党领导，中国特色社会主义制度的最大优势是中国共产党领导，中国共产党是最高政治领导力量，全党必须增强“四个意识”、坚定“四个自信”、做到“两个维护”。明确坚持和发展中国特色社会主义，总任务是实现社会主义现代化和中华民族伟大复兴，在全面建成小康社会的基础上，分两步走，在21世纪中叶建成富强民主文明和谐美丽的社会主义现代化强国，以中国式现代化推进中华民族伟大复兴。明确新时代我国社会主要矛盾是人民日益增长的美好生活需要和不平衡不充分的发展之间的矛盾。明确中国特色社会主义事业总体布局是“五位一体”、战略布局是“四个全面”。明确全面深化改革总目标是完善和发展中国特色社会主义制度、推进国家治理体系和治理能力现代化。明确全面推进依法治国总目标是建设中国特色社会主义法治体系、建设社会主义法治国家。明确必须坚持和完善社会主义基本经济制度，使市场在资源配置中起决定性作用，更好地发挥政府作用，把握新发展阶段，贯彻新发展理念，加快构建国内国际双循环相互促进的新发展格局，推动高质量发展，统筹发展和安全。明确党在新时代的强军目标是建设一支听党指挥、能打胜仗、作风优良的人民军队，把人民军队建设成为世界一流军队。明确中国特色大国外交要服务民族复兴、促进人类进步，推动建设新型国际关系，推动构建人类命运共同体。明确全面从严治党的战略方针，提出新时代党的建设总要求，全面推进党的政治建设、思想建设、组织建设、作风建设、纪律建设，把制度建设贯穿其中，深入推进反腐败斗争，落实管党治党政治责任，以伟大自我革命引领伟大社会革命。

这些重大的思想创造，既是对党的理论一脉相传的继承，又是针对新时代的创新发展。党的十九大的一个最重大的历史贡献，就是把习近平新时代中国特色社会主义思想写入党章，成为我们党必须长期坚持的指导思想，它必将引领我们实现中华民族“强起来”的时代使命。

六、马克思主义新飞跃

> 只要我们勇于结合新的实践不断推进理论创新、善于用新的理论指导新的实践，就一定能够让马克思主义在中国大地上展现出更强大、更有说服力的真理力量。
>
> ——《中共中央关于党的百年奋斗重大成就和历史经验的决议》

习近平新时代中国特色社会主义思想是我国进入新时代推动新实践的理论成果。党的十八大是中国特色社会主义进入新时代的历史起点，而十八大以来我们党带领人民全面建设社会主义现代化国家、全面深化改革、全面依法治国、全面从严治党的伟大实践，是习近平新时代中国特色社会主义思想产生的实践基础。十八大以来，以习近平同志为核心的党中央，集中整饬党风，严厉惩治腐败，净化党内政治生态，按照“五位一体”的总体布局、“四个全面”的战略布局，全面推进中国特色社会主义伟大事业，开创了党和国家事业新局面，取得了巨大的历史性成就和历史性变革。诚如党的十九届六中全会通过的《中共中央关于党的百年奋斗重大成就和历史经验的决议》所指出的：“以习近平同志为核心的党中央，以伟大的历史主动精神、巨大的政治勇气、强烈的责任担当，统筹国内国际两个大局，贯彻党的基本理论、基本路线、基本方略，统揽伟大斗争、伟大工程、伟大事业、伟大梦想，坚持稳中求进工作总基调，出台一系列重大方针政策，推出一系列重大举措，推进一系列重大工作，战胜一系列重大风险挑战，解决了许多长期想解决而没有解决的难题，办成了许多过去想办而没有办成的大事，推动党和国家事业取得历史性成就、发生历史性变革。”

习近平新时代中国特色社会主义思想提出了一系列原创性的治国理政新理念新思想新战略，对马克思主义哲学、政治经济学、科学社会主义各领域都提出了许多标志性、引领性的新观点，实现了对中国特色社会主义建设规律认识的新跃升，指明了中国式现代化道路的新图景，开辟了管党治党、兴党强党的新境界。

譬如，党的十八大以来，以习近平同志为核心的党中央对科学社会主义一般原理和本质属性进行了总体性逻辑重构，发展了马克思主义的政党学说的理论和实践，明确提出“党的领导是中国特色社会主义最本质的特征”，深刻揭示出党的全面领导理论在科学社会主义理论和实践中始终发挥着提纲挈领的关键作用，深刻揭示出党的全面领导与新时代中国特色社会主义伟大事业具有的一体化特征，反映出党在长期实践探索中形成的对社会主义建设规律和共产党执政规律的系统性概括与创造性思维。“党是最高政治领导力量”是对党的领导地位的政治界定和理论升华。新时代党的建设总要求中提出的“坚持和加强党的全面领导”是新时代党的建设的根本原则，深刻诠释出党在全面建设社会主义现代化国家进程中的角色定位和价值功能。“在当今中国，没有大于中国共产党的政治力量或其他什么力量。”①中国共产党作为无产阶级政党，既统领和决定着社会主义事业的前进方向，又对其他组织团体负有政治领导的使命和任务，是中国特色社会主义现代化建设的坚强领导核心，是统揽“四个伟大”的最高政治领导力量。“坚持党对一切工作的领导”是对党的领导的本质特征的深刻揭示。习近平总书记指出：“党政军民学，东西南北中，党是领导一切的。”②坚持党对一切工作的领导，这既是对新中国成立以来党对国家治理实践经验的系统总结，又是新时代党治国理政基本方略的首要原则，指明了实现党的全面领导的具体方式和根本路径。新时代强调坚持党对一切工作的领导，不是在具体事务上的大包大揽，而是加强对关涉方向性、全局性、战略性、根本性问题的领导，其中的首要内容和主要作用是政治领导和总揽全局、协调各方的领导核心作用。“维护党中央权威和集中统一领导”是实现党的全面领导的第一要务。事在四方，要在中央。习近平总书记指出：“坚持党的领导，首先是坚持党中央权威和集中统一领导，这是党的领导的最高原则，任何时候任何情况下都不能含糊、不能动摇。”③维护党中央权威和集中统一

①《习近平关于社会主义政治建设论述摘编》，中央文献出版社 2017 年版，第 30 页。
②《习近平谈治国理政》第三卷，外文出版社 2020 年版，第 16 页。
③ 习近平：《在全国组织工作会议上的讲话》，人民出版社 2018 年版，第 2 页。

领导，是党的最高政治原则和重要政治纪律，是实现党的全面领导的第一要务，是坚持党对一切工作领导的必然要求，是党和国家前途命运所系、全国各族人民根本利益所在。对“维护党中央权威和集中统一领导”的突出强调，充分反映出党对中国特色社会主义制度优势的思想认识和实践水平达到了一个新高度。党中央在党和国家治理体系中居于主导地位，只有坚持党中央集中统一领导，才能充分发挥党总揽全局、协调各方的领导核心作用。否则，就会出现群龙无首、各自为政、一盘散沙的局面。

再譬如，习近平新时代中国特色社会主义思想是应对国际重大挑战的切实回应。习近平新时代中国特色社会主义思想也是以宽广的国际视野，站在全球发展的高度应对国际重大挑战的切实回应。中国共产党在21世纪将面临长期的国际压力。以美国为首的西方国家推行霸权主义和强权政治，对中国进行遏制、分化、渗透乃至图谋颠覆。美国政府制定的《新世纪国家安全战略》，公然提出美国的目标是领导整个世界，决不允许出现向它的“领导地位”提出挑战的国家或国家集团。为此，美国不惜挑战国际军控和裁军条约，公然宣布退出《反弹道导弹条约》，拒绝批准《京都议定书》，“冻结”《全面禁止核试验条约》，拒不接受《禁止生物武器公约》议定书草案，等等。美国政府以所谓“美国优先”为原则，不惜践踏最基本的国际关系准则，不惜以损害整个国际经济为代价，大力推行贸易保护主义和单边主义，动辄挑起贸易战，任性退出国际社会为减少排放、保护环境而达成的《巴黎协定》，退出有利于地区和平的《伊核协议》，退出联合国教科文组织等。尤其是面对中国的发展，美国不想也不愿意看到社会主义中国的日益强大，于是对中国政治上施压，经济上遏制，文化上渗透……进行种种打压。严峻的现实警醒我们，我国与西方敌对势力在分化与反分化、遏制与反遏制、渗透与反渗透、颠覆与反颠覆方面的斗争将是长期的、复杂的，甚至是十分激烈尖锐的。正是面对世界发生的深刻变化，中国不断密切自身同世界各国发展的关系，从新时代的国际维度出发，在理论和实践上作出了积极的回应。习近平总书记提出并推进“一带一路”倡议；提出构建“人类命运共同体”

的主张；积极推进同发展中国家之间的合作；积极支持和帮助非洲等国家的开发发展。中国在自己发展的同时也在促进世界各国的共同发展，成为引领全球名副其实的“火车头”。习近平总书记向全世界发出呼吁：“各国人民同心协力，构建人类命运共同体，建设持久和平、普遍安全、共同繁荣、开放包容、清洁美丽的世界。”[①]这为中国更深入地融入世界的发展提供了重要的时代机遇，表明中国正日益走近世界舞台的中央，发挥越来越大的作用，为新时代中国特色社会主义的进一步发展提供了良好的国际环境。

习近平新时代中国特色社会主义思想在坚持党的全面领导、全面从严治党、正确分析和判断中国与世界的关系、坚持经济高质量发展、坚持全面依法治国、坚持人与自然相和谐、坚持以“能打胜仗”作为强军的根本目标、坚持胸怀天下沟通世界等各个方面都提出了一系列具有原创性意义的重要思想，是新时代推进中华民族伟大复兴的行动指南。

第二节　习习春风万山绿：习近平新时代中国特色社会主义思想的主要内容

一、统筹好“两个大局”

> 我国处于近代以来最好的发展时期，世界处于百年未有之大变局，两者同步交织、相互激荡。
>
> ——习近平

实现中华民族伟大复兴的中国梦，是中国特色社会主义进入新时代的核心主题，是新时代坚持和发展中国特色社会主义的战略布局。但实

① 习近平：《决胜全面建成小康社会　夺取新时代中国特色社会主义伟大胜利——在中国共产党第十九次全国代表大会上的报告》，人民出版社2017年版，第58—59页。

现中华民族伟大复兴又不可能脱离整个世界发展的历史大局。统筹好中华民族伟大复兴战略全局和世界百年未有之大变局，做好自己的事情，是习近平新时代中国特色社会主义思想的重要观点。

当今世界正在经历百年未有之大变局。这个“变”不是简单的变化，而是一种前所未有的大变化。从全球范围看，传统发达国家和新兴经济体、广大发展中国家之间的差距不断缩小，世界多极化深入发展使得全球发展的版图变得更加全面均衡；经济全球化深入发展，促进资本、贸易、技术、人才等要素的全世界范围流通，形成了容纳越来越多国家的全球产业链、供应链、价值链，将整个世界更加紧密地联系在一起；进入 21 世纪以来，新一轮科技和产业革命蓄势待发，重大颠覆性技术不断涌现，科技成果转化速度加快，每一次技术革命都能极大地改变世界的面貌；国家间的博弈推动着国际体系更深刻的变革，国际秩序重塑、国际体系以及国际格局重新建构的呼声越来越高。我们必须审时度势，首先搞明白“变”与“不变”的历史辩证法。

什么没有变？和平与发展作为时代主题的历史大趋势没有变；因为互联网、科技进步等因素使世界客观上联系得更加紧密的大趋势没有变；西方发达资本主义国家与广大发展中国家“两极分化”的博弈格局没有变；美国作为世界唯一超级大国，利用其军事、经济、科技优势对其他国家大搞霸凌，企图长期保持其世界霸主地位的帝国主义本质没有变。但另一方面，这个世界也在发生翻天覆地的大变化，世界经济增长乏力、逆全球化趋势增强、数字鸿沟和贫富差距扩大、恐怖主义和极端主义蔓延，尤其以新冠肺炎疫情为代表的重大公共卫生事件突发、气候变化及全球生态问题突出等，使得世界面临的不稳定性、不确定性更为突出。世界怎么了？应该怎么办？一个时代之问、世界之问摆在了中国共产党人的面前。

从世界回到中国，经过四十多年的改革开放，中国发展速度之快，取得的成就百年未有。2010 年，中国跃升为世界第二大经济体，中国对全球经济增长贡献率为年均 30% 以上。在新的一轮科技革命浪潮中，中国正在“弯道超车”，科技创新和重大工程捷报频传，中国首次处在科技浪潮的风口浪尖。作为新兴经济体的代表，中国正在积极推动国际体系朝着更加公平合理的方向发展，可以说中国正处于实现中华民族伟大复兴的关键时期。机遇往往与挑战并存，中国的改革进入“深水区”，剩下的都是难啃的硬骨头。如何进一步推动国家治理？向世界承诺的碳中和目标如何实现？怎样进一步提升中华文化在世界的影响力？如何增强中国共产党的执政能力？如何应对以美国为首的西方国家挑起的各种博弈？这些问题关乎人民的整体利益，关乎中国特色社会主义的发展走向。认清“百年未有之大变局”，着眼点在深刻认识“世界怎么了”，落脚点应该在“我们怎么办”。

世界百年未有之大变局深深影响着中国，同时中国的发展也深深影响着世界。中国曾经辉煌过，也曾经一度衰落，但世界四大文明古国中唯一没有中断过历史的国家就是中国。只有创造过辉煌的民族，才懂得复兴的意义；只有经历过苦难的民族，才对复兴有深切的渴望。新民主主义革命的胜利是中华民族从落后于时代到开始追赶时代的转折；四十多年的改革开放使得中国人民大踏步地赶上时代；面对百年未有之大变局带来的机遇与挑战，中华民族正在朝着再次复兴，引领时代的梦想狂飙突进。但中华民族伟大复兴不是要在世界上称王称霸，不是要取代美国成为世界新的霸主，而是要和世界人民携手，共同创造更为公平、合理的国际新秩序。习近平在同美国当时的总统奥巴马会谈时提到：“中国梦要实现国家富强、民族复兴、人民幸福，是和平、发展、合作、共赢的梦，与包括美国梦在内的世界各国人民的美好梦想相通。”[①]有力地反驳了所谓中国梦是“霸权梦”“扩张梦”的谬论。

抓住百年未有之大变局之机，用伟大中国梦引领奋斗方向，才能为解决“我们怎么办”找对路子。中国共产党一经成立，就把为人民谋幸福、为民族谋复兴作为自己的初心和使命，义无反顾地肩负起实现中国梦的历史使命。

---

①《习近平谈治国理政》，外文出版社 2014 年版，第 279 页。

二、要为人民谋幸福

以史为鉴、开创未来，必须团结带领中国人民不断为美好生活而奋斗。

——习近平

进入新时代，人民日益增长的美好生活需要和不平衡不充分的发展之间的矛盾成为我国社会的主要矛盾。那么美好生活是什么？习近平这样回答："我们的人民热爱生活，期盼有更好的教育、更稳定的工作、更满意的收入、更可靠的社会保障、更高水平的医疗卫生服务、更舒适的居住条件、更优美的环境，期盼着孩子们能成长得更好、工作得更好、生活得更好。"[①] 消贫困、保民生、重生态……哪一样都关系人民美好生活的实现。

"凡治国之道，必先富民"，贫困是人类社会的顽疾，一部中国史，就是一部中华民族同贫困斗争的历史。改革开放使中国人富裕起来，却出现了贫富差距。如果说"贫穷不是社会主义，发展太慢也不是社会主义"[②]，那么贫富差距过大也不应该是社会主义应有的议题。党的十八大后不久，党中央就突出强调，"小康不小康，关键看老乡，关键在贫困的老乡能不能脱贫"，承诺"决不能落下一个贫困地区、一个贫困群众"，拉开了新时代脱贫攻坚的序幕。截至 2017 年底，全国贫困人口还有约 3000 万人，实现中华民族伟大复兴的道路上决不能落下任何一个人。2021 年 2 月，习近平总书记在全国脱贫攻坚总结表彰大会上郑重宣布我国脱贫攻坚战取得了全面胜利："现行标准下 9899 万农村贫困人口全部脱贫，832 个贫困县全部摘帽，12.8 万个贫困村全部出列，区域性整体贫困得到解决，完成了消除绝对贫困的艰巨任务，创造了又一个彪炳史册的人间奇迹！"[③] 消除贫困是为了实现共同富裕的伟大目标，这不

①《十八大以来重要文献选编》（上），中央文献出版社 2014 年版，第 70 页。
②《邓小平文选》第三卷，人民出版社 1993 年版，第 255 页。
③ 习近平：《在全国脱贫攻坚总结表彰大会上的讲话》，人民出版社 2021 年版，第 1 页。

仅是马克思、恩格斯所描绘的未来共产主义社会的显著特征。从毛泽东所说的大家都有富的份，到邓小平让一部分人先富，先富带动后富，再到新时代将共同富裕上升到中国特色社会主义根本原则，无一不体现出中国共产党为人民谋幸福的使命担当。

“一枝一叶总关情”，何为民生，民生为何？为政者政绩评价的标准就是国家是否强盛，民众是否安居乐业。古人将民生概括为“饱食、暖衣、逸居”。新时代，“必须多谋民生之利、多解民生之忧，在发展中补齐民生短板、促进社会公平正义，在幼有所育、学有所教、劳有所得、病有所医、老有所养、住有所居、弱有所扶上不断取得新进展”[①]。从2018年下半年起，中央下狠心调控房价，坚决遏制房价上涨，收效甚大。明确“十四五”期间将增加保障性住房的供给，在“共同富裕” 的目标引领之下，房住不炒、住有所居成为新时代房地产的主旋律。在深化医疗体制改革上，中共中央先后颁布《关于城市公立医院综合改革试点的指导意见》《关于整合城乡居民基本医疗保险制度的意见》《关于推进家庭医生签约服务的指导意见》等文件。《“健康中国2030”规划纲要》指出：到2030年，中国人均预期寿命将进一步提高到79岁，接近高收入国家水平。截至2020年，企业退休人员养老金连续16年上涨，诸多措施进一步确保“病有所医，老有所养”的实现。在“幼有所育、学有所教”方面，截至2020年，学前教育（即幼儿园）毛入园率上升到85%，普惠性幼儿园占比上升到80%以上，高中阶段毛入学率达到90%以上，巩固提高中等职业教育发展水平，促进普通高中多样化发展，不断提高新增劳动力平均受教育年限……自古百姓最艰难，兴百姓苦，亡百姓苦。能否将人民的利益福祉放在首位，时刻考验着中国共产党的执政能力。

“青山绿水共为邻”，人民对美好生活的向往离不开生存环境的美好，建设“美丽中国”是功在当代、利在千秋的事业。马克思、恩格斯用辩证法分析了人与自然的互动关系，提出要尊重自然界的客观规律。

---

① 习近平：《决胜全面建成小康社会　夺取新时代中国特色社会主义伟大胜利——在中国共产党第十九次全国代表大会上的报告》，人民出版社2017年版，第23页。

无独有偶，中国传统文化中讲究“道法自然”，主张人要认识自然规律，实现人、自然、社会的统一。中国历届领导人同样重视生态建设，党的十八大把生态文明建设摆在改革发展和现代化建设全局位置，坚定不移贯彻新发展理念，不断深化生态文明体制改革。几年来，推进生态文明建设的决心之大、力度之大、成效之大前所未有，开创了生态文明建设和环境保护新局面。塞罕坝在老、中、青三代林业人的付出和守护下由曾经“黄沙遮天日，飞鸟无栖树”的寸草不生之地变成如今“蓝天白云游，绿野无尽头”的美丽风景线。从洞庭湖到鄱阳湖，从滇池到太湖，鱼翔浅底、碧波荡漾，“北京蓝”“天津蓝”“西安蓝”，越来越多蓝天白云的美丽照片出现在人们眼中，印在人们的心中。一幅幅优美图景见证着我国大力推进生态文明建设的成果。生态文明建设没有终点，要坚持不懈地“打好蓝天、碧水、净土保卫战，实现污染防治攻坚战阶段性目标”①，通过加快构建生态文明体系，确保到 2035 年，生态环境质量实现根本好转，美丽中国目标基本实现。

中国梦，是人民的梦。为人民创造美好生活是中国共产党始终不渝的奋斗目标，新民主主义革命时期的浴血奋战是为了让人民站起来，改革开放时期的砥砺前行是为了让人民富起来，新时代的勇往向前是为了让人民能够强起来。中国共产党从领导层“我将无我，不负人民”的崇高精神，到整体“不忘初心，牢记使命”的具体行动，无一不是为了人民，以人民的忧乐为忧乐，以人民的甘苦为甘苦，只有对人民俯首甘为孺子牛，才能让人民一颗红心跟党走，才能顶住各种压力，创造更多奇迹，最终实现民族复兴梦想。

三、要为民族谋复兴

> 这个新时代，是承前启后、继往开来、在新的历史条件下继续夺取中国特色社会主义伟大胜利的时代，是决胜全面

① 《十九大以来重要文献选编》（中），中央文献出版社 2021 年版，第 552 页。

建成小康社会、进而全面建设社会主义现代化强国的时代。

——习近平

要实现中华民族伟大复兴的中国梦，离不开科技强国、文化强国、军事强国的支撑。科学技术是推动社会发展的第一生产力，文化是国家与民族的灵魂，文化兴国运兴，文化强民族强，而建成世界一流军队则为中国特色社会主义现代化事业提供坚强后盾。

当今世界，科技实力是衡量综合国力的关键尺度。十八大以来，党中央高度重视科技体制改革工作，围绕全面深化改革总目标，聚焦实施创新驱动发展战略。《国家科技决策咨询制度建设方案》《关于深化中央财政科技计划（专项、基金等）管理改革的方案》《关于深化科技奖励制度改革的方案》等相继制定实施。标准动车组“复兴号”投入运营，实现了中国高铁“从追赶到领跑”的根本转变；国产大型客机 C919 首飞，打破了西方少数制造商垄断民用大飞机市场的局面；“墨子号”量子科学实验卫星成功运行，意味着中国已经站在了该领域的创新制高点；中国“天舟一号”货运飞船和“长征七号”运载火箭船箭组合体垂直转运的顺利完成，标志着“天舟一号”飞行任务正式进入发射阶段。“上可九天揽月，下可五洋捉鳖”，2017 年 5 月 23 日，“蛟龙”号完成在世界最深处下潜，最大下潜深度 4811 米，标志着我国深海潜水器成为海洋科学考察的前沿与制高点之一。2020 年 12 月 17 日，探月工程“嫦娥五号”返回器携带月球样品安全着陆，中国探月工程“绕、落、回”三步走规划如期完成。2021 年，中国航天发射次数创纪录地达到 55 次，不但发射次数居世界首位，而且在空间站建设、火星探测、太阳探测等领域都实现了重大突破。大国工匠铸造大国重器，科技创新助力民族复兴。在全球新一轮科技革命大潮中，中国吹响了建设世界科技强国的号角，助推中华民族的伟大复兴事业早日实现！

“文化自信是更基本、更深沉、更持久的力量”，中国特色社会主义文化源自上下千年生生不息的中华传统文化，这是中国人的根与魂；中国特色社会主义文化离不开中国共产党百年历程中铸就的红色革命文化和社会主义先进文化，这为激励中华民族团结一心共筑伟大梦想提供源源不断的精神力量。十八大以来，基层综合性文化服务中心覆盖率超过 95%，结合民族特色、历史文化的文创馆遍地开花。《中华诗词大会》引发群众读诗词、学诗歌的热情；《国家宝藏》带人们回顾千年中华历史文化；《记住乡愁》讲述着中华民族深厚的“根”情节。电视纪录片《辉煌中国》《筑梦路上》《我们这五年》《大国工匠》《大国重器》等从不同角度展现了中国政治经济社会发展成就。《太行山上》《巨浪》《黄河在咆哮》《秋收起义》等 30 多部主旋律优秀作品，弘扬了社会主义核心价值观，使红色文化深入人心。《大圣归来》《大鱼海棠》等国产原创动画片均斩获高票房。此外，中国已有 40 多项非遗项目列入联合国教科文组织非遗名录（名册），居世界前列。中国将继续推进文化发展，坚定文化自信，在世界舞台上讲好中国故事，树立闪亮的大国形象。

中华民族实现伟大复兴，中国人民实现更加美好生活，必须加快把人民军队建设成为世界一流军队。[①] 十八大以来，中共中央提出一系列重大战略思想，作出一系列重大决策部署，指挥一系列重大军事行动，开辟了共产党的军事指导理论新境界。全军先后查处涉嫌严重违法违纪军级以上干部 100 多名。七大军区调整为五大战区。通过一系列的改革调整，优化了部队编成和布局，迈出了构建中国特色现代军事力量体系的历史性步伐。强大的军队离不开先进的武器装备，湘潭舰、保定舰、菏泽舰、银川舰等 20 余艘新型舰艇加入战斗序列，055 型万吨级导弹驱逐舰下水。继辽宁舰后，2017 年 4 月 26 日中国第二艘航空母舰下水。2022 年，中国装备了电磁弹射器等最新技术的第三艘航空母舰顺利下水，被外媒称为“全球最大常规动力航母”。歼 20 是中航自行研发的一款单座双发动机并具备高隐身性、高态势感知、高机动性等能力的第五代战斗机。空军首次飞越对马海峡、成体系“绕岛巡航”、奔袭数千公里演练岛礁空投，南海巡航常态化、体系化、实战化。2015 年 9 月 3 日，在纪念中国人民抗日战争暨世界反法西斯战争胜利 70 周年的盛大阅兵式上，84% 的武器装备是首次亮相。2017 年 7 月 30 日，庆祝中国人民解放军

① 习近平：《在庆祝中国人民解放军建军 90 周年大会上的讲话》，人民出版社 2017 年版，第 13 页。

建军 90 周年阅兵式在朱日和联合训练基地隆重举行，受阅装备近一半为首次亮相，集中体现了中国国防和军队现代化建设的最高成就。

中国梦，是强国的梦。民族要复兴，国不强不行。从“落后就要挨打”，到不富就要挨饿，一个国家不独立、不强盛，国家的人民又何来尊严和幸福可谈？文化强，则民族精神有力量；科技强，则经济发展有动力；军事强，则国家安全有保障。两个百年目标的实现，中华民族的伟大复兴，离不开一个强大的国家的支撑。中国共产党作为中国梦的中流砥柱，强党强军强国是其不懈的努力和追求。

四、要为世界谋大同

> 这个世界，各国相互联系、相互依存的程度空前加深，人类生活在同一个地球村里，生活在历史和现实交汇的同一个时空里，越来越成为你中有我、我中有你的命运共同体。
>
> ——习近平

“建设一个什么样的世界、如何建设这个世界”，是中国共产党在“百年未有之大变局”下需要深入思考的关乎人类命运的重大课题。作为新崛起中的大国，世界各国对中国的国际影响力既充满期待又心怀疑虑。一些别有用心的国家散播“中国威胁论”“中国搭便车论”“中国灭亡论”等论调，肆意损毁中国的国际形象。古希腊有位著名的历史学家叫修昔底德，他曾提出一个观点：当一个崛起的大国与既有的统治霸主竞争时，双方面临的危险多数以战争告终。这就是著名的“修昔底德陷阱”。2016 年 6 月，英国举行脱欧公投，主张英国退出欧盟的一派出人意料地险胜。2016 年 11 月，在美国总统选举中，事先极不被看好的共和党候选人唐纳德·特朗普出乎意料地胜出，他在竞选中提出“美国优先”“让美国再次强大”的口号。法国国民阵线、德国选择党等政党，堂而皇之地以国家意志名义推行“反自由化、反全球化、本国优先”策略，以转嫁矛盾的方式获得高支持率。一股逆全球化思潮暗中涌动，曾经的“地球村”的观念在一些国家正在被贸易保护、边境修墙、控制移民等思潮掩盖。

求大同是中国古人对理想社会的梦想与追求。面对问题丛生的世界局势，中国共产党用“构建人类命运共同体”来避开“修昔底德陷阱”，实现世界经济的“再全球化”，为解决当今世界和平与发展问题提出极富创意的中国理念。2015 年 9 月 28 日，在纪念联合国成立 70 周年的联合国大会一般性辩论中，习近平发表《携手构建合作共赢新伙伴，同心打造人类命运共同体》的讲话，向世界各国发出“打造人类命运共同体”的战略倡议。随后他又在不同场合根据不同需要提出“共同构建网络空间共同体”“努力打造核安全命运共同体”等概念。“大道之行也，天下为公”，习近平关于建设一个持久和平、普遍安全、共同繁荣、开放包容、绿色低碳的世界，构建人类命运共同体的倡议和思想，是应对全球挑战的中国方案和中国智慧。新冠肺炎疫情全球大暴发后，习近平主席在国际国内多个场合数次提及要积极推动构建人类命运共同体，不仅充分展示了中国讲信义、重情义、扬正义、守道义的大国形象，更成为破解全球性疫情难题的中国方案。

“一带一路”倡议是构建人类命运共同体的重要平台。丝路兴，天下通。2000 多年前张骞开始“凿空之旅”，600 多年前郑和七下西洋，古时陆上丝绸之路和海上丝绸之路连接起亚洲、非洲和欧洲的古代商业贸易路线，成为东方与西方之间在经济、政治、文化等诸多方面进行交流的主要道路。借用古人的智慧，2013 年秋，中国国家主席习近平西行哈萨克斯坦，南下印度尼西亚，先后提出建设“丝绸之路经济带”和“21 世纪海上丝绸之路”重大倡议。2015 年 3 月，《推动共建丝绸之路经济带和 21 世纪海上丝绸之路的愿景和行动》发布，对“一带一路”的缘起、内涵、目的、基本原则、主要思路、合作重点等作了介绍和规划。经过多方努力，“一带一路”建设从无到有、由点及面，进度超出预期。到 2017 年，中国已同 40 多个国家和国际组织签署了合作协议，同 30 多个国家开展机制化产能合作。正如习近平在 2017 年 5 月“一带一路”国际合作高峰论坛开幕式上演讲中所说的那样：“‘一带一路’建设是伟大的事业，需要伟大的实践。让我们一步一个脚印推进实施，一点一滴抓出成果，造福世界，造福人民！”[①] 在党的十九大报告中，习近平总书记再次重申：“中国坚持对外开放的基本国策，坚持打开国门搞建设，积极促进‘一带一路’国际合作，努力实现政策沟通、设施联通、贸易畅通、资金融通、民心相通，打造国际合作新平台，增添共同发展新动力。”

大道致远，海纳百川。与历史上西方国家主要通过殖民与掠夺打开贸易之路全然不同，“一带一路”是和平之路、繁荣之路、开放之路、创新之路和文明之路，它为破解人类发展难题提供了中国智慧和中国方案，是探索全球经济治理新模式、构建人类命运共同体的重要路径。曾经驼铃声声的千年悠悠丝绸之路，化为了跨越亚欧、风驰电掣的中欧班列，造福于沿线各国人民。“人类命运共同体”则是以马克思的共同体的思想为理论基础，加入中华传统“和合”文化的优秀基因，是对世界历史经验教训的反思和中华人民共和国外交实践的升华，也是习近平新时代中国特色社会主义思想原创性贡献之一。

五、时代新篇创未来

> 理论的生命力在于不断创新，推动马克思主义不断发展是中国共产党人的神圣职责。
>
> ——习近平

伟大思想引领伟大时代，伟大时代呼唤伟大思想，2017 年 10 月 18 日至 24 日，中国共产党第十九次全国代表大会在北京召开，会议明确提出“中国特色社会主义进入了新时代，这是我国发展新的历史方位”这一论断。十九大最突出的亮点和重大贡献就是把习近平新时代中国特色社会主义思想作为中国共产党必须长期坚持的指导思想，并写入党章。习近平新时代中国特色社会主义思想是伟大时代的产物，是把马克思主

① 习近平:《携手推进“一带一路”建设——在“一带一路”国际合作高峰论坛开幕式上的演讲》，人民出版社 2017 年版，第 14 页。

义基本原理与新时代中国国情和时代特征相结合的伟大理论成果，其创造性地回答了中国特色社会主义从哪里来、社会主义政治经济学往哪里去、社会主义国家如何治理等问题。

苏东剧变后，世界社会主义事业走入低谷。中国特色社会主义道路特别是中国道路的社会主义性质，也经常遭受西方社会的质疑。在一些西方学者眼中，中国从改革开放之初，就抛弃了社会主义，中国现在走的道路是打着马克思主义旗号的资本主义道路，中国共产党早已背离了马克思主义。然而，事实并非如此。习近平创造性地将社会主义五百年历史划分为六个阶段：空想社会主义阶段、马克思恩格斯创立科学社会主义理论体系阶段、列宁领导的十月革命与社会主义建设阶段、苏联社会主义模式形成阶段、中华人民共和国成立后社会主义探索和实践阶段以及改革开放以来中国特色社会主义开创和发展阶段。这种划分清楚地表明中国特色社会主义仍是社会主义。同时，习近平科学判断中国特色社会主义进入新时代，这是科学社会主义在当今时代发展的新版本、新阶段，从而科学回答了中国特色社会主义从哪里来的问题。

从商品资本到金融资本，再到正在崛起的无形资本，当下世界经济的模样早已远远不同于马克思、恩格斯那个时代。马克思主义政治经济学创立距今已经 180 年，其不断被西方庸俗经济学边缘化的局面也没能得到有效改观。中国改革开放后虽然大大丰富了马克思恩格斯政治经济学理论，但新的矛盾和问题不断出现。如何探索和构建中国政治经济学，赋予马克思主义政治经济学鲜明的时代性，成为新时代需要解决的课题。在 2015 年 12 月召开的中央经济工作会议上，习近平首次提出“中国特色社会主义政治经济学”这一重要概念。在 2016 年 7 月召开的经济形势专家座谈会上，习近平同志又对如何坚持和发展中国特色社会主义政治经济学进行了阐释：“要以马克思主义政治经济学为指导，总结和提炼我国改革开放和社会主义现代化建设的伟大实践经验，同时借鉴西方经济学的有益成分。”[①] 随后与时俱进地提出经济新常态、供给侧结构性改革、

---

① 中共中央文献研究室：《习近平关于社会主义经济建设论述摘编》，中央文献出版社 2017 年版，第 331 页。

政府与市场关系、现代经济体系等理论，这些思想创造性地发展了马克思主义政治经济学理论。2017 年 12 月 18 日至 20 日，中央经济工作会议在北京举行。会议指出，党的十八大以来，我们坚持观大势、谋全局、干实事，成功驾驭了我国经济发展大局，在实践中形成了以新发展理念为主要内容的习近平新时代中国特色社会主义经济思想。习近平经济思想创造性地发展了马克思主义政治经济学理论，成为中国特色社会主义政治经济学的主要内容。

国家治理水平如何，影响着社会发展的方向，也是各国政党最为关注的问题。全球新冠肺炎疫情暴发以来，美国社会动荡不断，游行示威此起彼伏，有以“人权”为旗号反对政府疫情防控的，有因弗洛伊德案反对种族歧视的，还有不满总统选举结果聚集抗议的，骚乱背后是美国民众对国家治理失败的绝望反击。中国改革开放四十多年，面对如何改善和提升公共服务水平和质量，如何进一步限制和缩小贫富差距、城乡差距和地区发展差距，如何更好地协调社会各阶层之间的关系以及如何提高中国共产党在新时代的治国能力等涉及国家治理的问题，需要新的国家治理方案予以解决。习近平在继承马克思主义国家学说和总结社会主义国家建设实践的基础上创造性地提出“推进国家治理体系和治理能力现代化”的论断。党的十九届四中全会审议通过了《中共中央关于坚持和完善中国特色社会主义制度、推进国家治理体系和治理能力现代化若干重大问题的决定》，开启了新时代国家治理的新篇章。

当然，习近平新时代中国特色社会主义思想的原创性贡献不止于此，它在马克思主义方法论、社会主义现代化理论、人类命运共同体理念、党的领导和建设等方面也多有建树，其原创性贡献的真理力量，还将在未来进行伟大斗争、建设伟大工程、推进伟大事业、实现伟大梦想，为建设美好世界贡献中国智慧的历史进程中进一步彰显出来。习近平新时代中国特色社会主义思想是坚持和运用辩证唯物主义和历史唯物主义的光辉典范，是系统科学的理论体系，是经过实践检验、富有实践伟力的强大武器，不愧是当代中国马克思主义。

第三节　宝剑锋从磨砺出：在新的伟大斗争中坚持和发展马克思主义

一、斗争正未有穷期

以史为鉴、开创未来，必须进行具有许多新的历史特点的伟大斗争。

——习近平

自党的十八大以来，习近平总书记不止一次提到“新的伟大斗争”。党的十八大报告指出，“发展中国特色社会主义是一项长期的艰巨的历史任务，必须准备进行具有许多新的历史特点的伟大斗争”。2019 年 9 月 3 日，习近平总书记在中央党校（国家行政学院）秋季学期中青年干部培训班开班仪式上的讲话中多次提到“斗争”。那么，为什么和平年代还要进行具有许多新的历史特点的伟大斗争呢?

“斗争”在马克思主义经典文本中屡见不鲜，马克思主义始终认为，社会是在矛盾运动中前进的，时时有矛盾，处处有矛盾，一切事物发展都是矛盾同一性与斗争性相互作用的结果。问题导向、忧患意识、斗争精神，都是承认矛盾客观性、普遍性的表现。中国共产党人将“斗争”与中国精神相结合是对马克思主义斗争精神的坚守与弘扬。纵观中国共产党成立 100 多年来，这个马克思主义政党在内忧外患中诞生，在磨难挫折中成长，在攻坚克难中壮大，一路走来始终在斗争中求生存，在斗争中求发展。大革命失败后井冈山的星星之火，第五次反“围剿”失利后艰苦卓绝的二万五千里长征，十四年抗战终将日本侵略者赶出中国，应民心赶跑国民党反动派建立新中国，靠的是浴血奋战、坚持不懈的伟大斗争。“钢少气多”战胜“钢多气少”的抗美援朝之战，拉开社会主义大幕的“一化三改”，掀开新中国石油工业崭新一页的大庆油田，发愤图强搞出的“两弹一星”，二十世纪五六十年代那个轰轰烈烈、群情激昂的创业年代，靠的就是披荆斩棘、自立自强的伟大斗争。改革开放以来，中国共产党面对国际国内复杂局势，苏东剧变、国内政治风波、香港回归艰难谈判、1998年大洪水、1999年北约轰炸我国驻南联盟大使馆、2003年“非典”、2008年大地震……哪一次不是中国共产党带领全国人民经过艰苦斗争渡过难关，取得胜利？

进入新时代，我国总体形势是好的，但是也要清醒地看到“百年未有之大变局”既有机遇也有挑战。2008年国际金融危机以来，世界经济复苏乏力，中国能顶住经济下行的压力，成为世界第二大经济体，离不开斗争精神的发扬。特别是2020年以来，世界遭受新冠肺炎疫情的冲击，我国经济和社会发展受到严重挑战。以美国为首的西方敌对势力一直试图将病毒起源政治化，企图遏制中华民族复兴目标的实现。事实证明，依靠上下一心、迎难而上的伟大斗争，中国成为首批从疫情中恢复过来的国家。2020年，中国经济同比增长2.3%，成为世界主要经济体中率先实现正增长的实体。同新冠肺炎疫情斗争的过程中，中国按计划完成了消除绝对贫困的艰巨任务，创造了又一个彪炳史册的人间奇迹。2021年7月1日，习近平总书记在天安门城楼庄严宣告：“经过全党全国各族人民持续奋斗，我们实现了第一个百年奋斗目标，在中华大地上全面建成了小康社会，历史性地解决了绝对贫困问题，正在意气风发向着全面建成社会主义现代化强国的第二个百年奋斗目标迈进。”①面对国内外的危机与挑战，唯有继续推进具有新历史特点的伟大斗争才能使中国共产党在日益复杂的国内外局势中真正做到“不畏浮云遮望眼”“乱云飞渡仍从容”。

“新的征程上，我们必须增强忧患意识、始终居安思危，贯彻总体国家安全观，统筹发展和安全，统筹中华民族伟大复兴战略全局和世界百年未有之大变局，深刻认识我国社会主要矛盾变化带来的新特征新要求，深刻认识错综复杂的国际环境带来的新矛盾新挑战，敢于斗争，善

① 习近平：《在庆祝中国共产党成立100周年大会上的讲话》，人民出版社2021年版，第2页。

于斗争，逢山开道、遇水架桥，勇于战胜一切风险挑战！”[①] 面对党建、思想、经济、国家安全领域的挑战与危机，唯有坚持发扬斗争精神才能直面矛盾，化解风险，进而在新的伟大斗争中坚持和发展马克思主义。

二、自我革命图大计

> 以史为鉴，开创未来，必须不断推进党的建设新的伟大工程。
>
> ——习近平

政党政治中有一个执政“怪圈”，政党上台前往往励精图治、奋发图强、深受拥护，但随着时间的推移，往往会变得墨守成规、不思进取，最终跳不出“历史的周期率”——下台。那么，如何才能跳出这个执政“怪圈”？谜题决定于这个政党代表谁，为了谁。政党一定是代表特定人群利益的集团，在世界政坛上，多党制、两党制最为常见。也曾经有人提出中国也应该实行多党制，轮流执政。但是，这两种政党制度代表主体的局限性难以覆盖各阶层利益，如此一来便难以得到国家全体成员的拥护。形式上看似民主，实际上却暗藏着许多不稳定因素。2021 年 1 月 6 日，由于不满美国大选结果，美国前总统特朗普的支持者冲进国会大厦，干扰正在举行的确认选举人团票工作。这场闹剧持续了三个多小时，被美官员称为自英国军队在 1814 年战争中烧毁国会大厦以来该建筑所遭受的最大磨难。现实中西方政坛类似的选举闹剧、选举丑闻不胜枚举。中国共产党之所以能充满活力地长久执政，关键在于其坚持了马克思主义的人民性，中国共产党从来不代表任何利益集团、任何权势团体、任何特权阶层的利益，始终代表最广大人民的根本利益。中国共产党这一路走来虽历尽千辛万苦，但初心不改，宗旨不变。事实证明：“中国有了

① 习近平：《在庆祝中国共产党成立 100 周年大会上的讲话》，人民出版社 2021 年版，第 17 页。

中国共产党执政，是中国、中国人民、中华民族的一大幸事。”[①]

党的自身建设事关坚持和加强党的全面领导的根本。强调党的自我革命精神，一以贯之坚定不移推进全面从严治党，是坚持和加强党的全面领导的重要保障。习近平总书记指出：“要兴党强党，保证党永葆生机活力，就必须实事求是、认识和把握自己，以勇于自我革命精神打造和锤炼自己。”[②]强调党的自我革命精神，为正视和解决党的全面领导存在的问题提供了方向，在坚持和加强党的全面领导系统工程中发挥着重要支撑作用。

腐败是关系人心向背的重大问题，也是中国共产党在新赶考路上面临的大挑战。腐败是历史沉疴、社会毒瘤，是无产阶级政党的天敌。腐败问题不解决，就会遗毒无穷、养痈成患，动摇党的执政根基，最终导致亡党亡国。刮骨疗毒以根治党内腐败顽疾，是党的自我革命的重要抓手，可以为坚持和加强党的全面领导提供纪律震慑和作风保障。正是清醒而透彻地认识到党内腐败的严重后果，习近平总书记以“得罪千百人、不负十四亿”的使命担当直面党内腐败顽疾，以巨大自我革命的勇气开展了力度空前的反腐败斗争。2014 年 1 月 14 日，在十八届中央纪委三次全会上，习近平提出要坚持“以零容忍态度惩治腐败”的反腐理念，坚决惩治党内一批高层的腐败分子。同时，“老虎苍蝇一起打”，对从高层到基层的腐败分子坚决清除，对腐败现象坚决打击，使反腐败斗争取得压倒性胜利并全面巩固，消除了党、国家、军队内部存在的严重隐患，党在革命性锻造中更加坚强。2014 年，中央反腐败协调小组还专门设立了国际追逃追赃办公室，建立起国际追逃追赃工作协调机制；中央纪委设立国际合作局，公安部开展“猎狐 2014”专项行动，为的就是与国内“打老虎苍蝇”形成反腐斗争的闭环。截至 2020 年 6 月，“天网行动”共追回外逃人员 7831 人，其中党员和国家工作人员 2075 人，追赃

①《习近平谈治国理政》第二卷，外文出版社 2017 年版，第 20 页。
②《十八大以来重要文献选编》（下），中央文献出版社 2018 年版，第 591 页。

196.54 亿元，“百名红通人员”已有 60 人归案。[1]

尽管反腐败斗争取得压倒性胜利，但是全面从严治党依然任重道远。习近平总书记强调：全面从严治党永远在路上，党的自我革命永远在路上，党的作风建设永远在路上，反腐败斗争永远在路上。中国共产党之所以能夺取反腐败斗争压倒性胜利，离不开自我革命的使命担当，这使得党自我净化、自我完善、自我提高的能力不断增强，得以初步实现不敢腐的目标，不断扎牢不能腐的笼子，构筑不敢腐的堤坝，在人民的拥护支持下，不断取得新赶考路上一个又一个胜利！

三、正气弘扬辨是非

> 意识形态工作是党的一项极端重要的工作，事关党的前途命运，事关国家长治久安，事关民族凝聚力和向心力。
>
> ——习近平

进入 21 世纪，有一种被冠以颜色符号的所谓“颜色革命”，其实这是一种试图颠覆国家政权的祸乱，如乌克兰的“橙色革命”、吉尔吉斯斯坦的“黄色革命”、格鲁吉亚的“玫瑰革命”、突尼斯的“茉莉花革命”等。这些所谓的“革命”，因其性质恶劣，危害极大而臭名昭著，引起了许多国家的高度警惕与防范。“颜色革命”背后隐藏的是意识形态领域的斗争。意识形态具有阶级性，这是马克思主义理论的重要观点。阶级矛盾不可调和，因此意识形态阵地的争夺也必将异常激烈。最典型的案例非苏联解体莫属。1981 年，刚刚当选美国总统的里根带头对苏联发起猛烈的意识形态攻势。他曾信誓旦旦地宣称，希望自由和民主的前进，将使马克思列宁主义被弃置在历史的灰烬中。虽然苏联解体的原因有很多，如军备竞赛、经济体制僵化、特权腐败等，但以美国为首的西方资本主义大国对苏联发起的以经济、军事、宣传多种手段相配合的意识形态的进攻，应

---

① 中共中央宣传部：《习近平新时代中国特色社会主义思想学习问答》，学习出版社、人民出版社 2021 年版，第 221 页。

该说是肢解苏联的最根本原因。中国作为当今世界最大的社会主义国家，马克思主义在意识形态方面处于领导地位，自然会成为西方反华势力发动意识形态战争的头号对象，意识形态领域显示出的复杂性不可低估。

在当代中国，威胁意识形态领导权的因素很多，社会思想意识复杂多样、相互交织。主流意识形态与多样化社会思潮长期并存，其中以历史虚无主义和新自由主义最为活跃，成为意识形态斗争最应防范的敌人之一。改革开放，打开了中国国门，思想解放的同时也触发了人内心的各种欲望。社会主流价值遭遇市场逐利性的挑战。享乐主义、拜金主义、极端个人主义向爱国主义、社会主义、集体主义发起挑战，道德观、价值观建设任重道远。截至2022年，中国网民数量已达近11亿人，中国成为世界第一互联网用户大国。但互联网在成为人民群众不可或缺的生活工具的同时，也改变了媒体格局和舆论生态，其公开性、自发性、无界性、难控性等特点为网络意识形态斗争增加了难度。作为马克思主义政党的中国共产党必须认识到意识形态领域斗争的复杂性和长期性。与此同时，各种敌对势力加紧对我国渗透遏制，我们离民族复兴目标越近，在世界上发挥的作用越重要，敌对势力就越想方设法攻击中国社会主义制度、抹黑中国共产党，加大策动“颜色革命”的力度。香港“占领中环”事件就是一个“颜色革命”的前奏。从某种意义上说，意识形态关乎旗帜、关乎道路、关乎国家政治安全。

党的十八大以来，在以习近平同志为核心的党中央的坚强领导下，从根本上扭转了意识形态领域一度出现的被动局面。习近平多次就意识形态工作发表重要讲话，如2013年8月举行的全国宣传思想工作会议上的重要讲话强调：“意识形态工作是党的一项极端重要的工作。”在党的新闻舆论工作座谈会上进一步强调：“党报党刊一定要无条件地宣传党的主张。”中共中央办公厅先后颁布了《党委（党组）意识形态工作责任制实施办法》《党委（党组）网络意识形态工作责任制实施细则》《中国共产党宣传工作条例》等一系列党内法规，使得党对意识形态工作的重视达到一个新高度，意识形态工作的重要地位进一步凸显。意识形态斗争离不开新闻媒介的辅助，坚持政治家办报、办刊、办台、办新闻网站是党争夺意识形态主导权的关键环节。习近平总书记在视察解放军报社时明确要求《解放军报》必须坚持党报姓党，强调党的新闻舆论媒体工作“都要坚持党性和人民性相统一”，意识形态工作要始终以人民为中心，文艺工作也是如此。意识形态斗争的复杂性、长期性、艰巨性时刻提醒着中国共产党，一定要坚持实事求是的唯物主义历史观，坚持文化自信，面对错误思潮要具有亮剑精神，守住马克思主义的红色阵地，反对充斥着负面影响的黑色领域，转化中间灰色地带，做到意识形态工作既能“风如拔山怒”，又能“润物细无声”。正如党的十九届六中全会通过的《中共中央关于党的百年奋斗重大成就和历史经验的决议》所指出的：“党的十八大以来，我国意识形态领域形势发生全局性、根本性转变，全党全国各族人民文化自信明显增强，全社会凝聚力和向心力极大提升，为新时代开创党和国家事业新局面提供了坚强思想保证和强大精神力量。”

四、扬利弃弊大道通

> 中国共产党始终代表最广大人民根本利益，与人民休戚与共、生死相依，没有任何自己特殊的利益，从来不代表任何利益集团、任何权势团体、任何特权阶层的利益。
>
> ——习近平

韩国三星集团，无人不晓、无人不知。仅一个企业的年营收就占韩国 GDP 的 22%。有人笑称韩国是三星共和国，因为它可以掌控韩国的经济、政治、社会等方方面面。如果说三星及其他四个韩国大财团控制着国家的一切，那么如雷贯耳的罗斯柴尔德家族则可以影响世界。在当今时代，任何利益集团、权势团体、特权阶层其背后都离不开资本。何为资本？资本是经济社会发展的稀缺资源和不可或缺的重要资源，追逐利润最大化是其不变的本性。

习近平在庆祝中国共产党成立 100 百周年大会上讲话中指出：“中国

共产党始终代表最广大人民根本利益，与人民休戚与共、生死相依，没有任何自己特殊的利益，从来不代表任何利益集团、任何权势团体、任何特权阶层的利益。”[①] 这是因为，“马克思主义博大精深，归根到底就是一句话，为人类求解放”。“马克思主义第一次站在人民的立场探求人类自由解放的道路，以科学的理论为最终建立一个没有压迫、没有剥削、人人平等、人人自由的理想社会指明了方向。马克思主义之所以具有跨越国度、跨越时代的影响力，就是因为它植根人民之中，指明了依靠人民推动历史前进的人间正道。”[②] 以民为本是中华民族优良政治传统的核心理念。不管是“民为邦本，本固邦宁”，还是“民为贵，社稷次之，君为轻”，都体现了中华民族自古以来对于社会秩序、国家稳定以及执政规律的深刻认识。中国共产党以马克思主义为指导思想，全心全意为人民服务是其根本宗旨，这也是同资产阶级政党的本质区别。要确保中国共产党做到“不变质、不变色、不变味”，就看能否守得住人民的心。

与此同时，作为马克思主义政党要辩证地看待资本。对于试图无序扩张、搞垄断的资本要严厉打压、毫不手软；对于有利于经济建设的资本，要加以引导、合理利用，不可一概而论。革命导师马克思曾指出资本一有适当的利润，就胆大起来，“……有 50%的利润，它就铤而走险；有 100%的利润，它就敢践踏一切人间法律；有 300%的利润，它就敢犯任何罪行，甚至冒绞首的危险”。列宁提到，“金融寡头统治一切，既控制着报刊，又控制着政府”[③]。自中国共产党执政以来，同不良资本的斗争就没有停止过。从新中国成立之初的“银圆之战”“米棉之战”，到正面迎击 1997 年亚洲金融危机、2008 年国际金融危机，再到打响抵御金融风险攻坚战，党坚决反对资本无序扩张，打击垄断。中国共产党坚决同不良资本进行斗争就是要维护社会的公平正义，维护群众的利益，防止资本野蛮生长，警示其经营活动不能触碰法律红线，不能挑战国家的

---

① 习近平：《在庆祝中国共产党成立 100 周年大会上的讲话》，人民出版社 2021 年版，第 11—12 页。
② 习近平：《在纪念马克思诞辰 200 周年大会上的讲话》，人民出版社 2018 年版，第 8 页。
③《列宁全集》第二十七卷，人民出版社 2017 年版，第 369 页。

监管，更不允许资本凌驾于国家和群众利益之上。

之所以要同不良资本作斗争，其最终目的是实现共同富裕的目标。共同富裕是未来共产主义社会的显著特征。中国共产党在社会主义现代化实践中，立足于社会主义初级阶段发展的实际，依据社会生产的阶段性特征，提出共同富裕的目标和措施，同时也在实践中深化对共同富裕理想的理论认识。邓小平对共同富裕论述得最为精辟：“社会主义不是少数人富起来、大多数人穷，不是那个样子。社会主义最大的优越性就是共同富裕，这是体现社会主义本质的一个东西。”[①] 十八大以来，中国共产党对共同富裕的认识有了新的提升。共同富裕不仅是社会主义本质的要求，还是中国特色社会主义的根本原则。共同富裕不仅是物质的富足，更是精神的富足。为适应人民对美好生活的追求，共同富裕的侧重点从解决“有没有”问题上升到实现“好不好”的问题。实现共同富裕的战略目标也更加明确，到 2035 年，“人民生活更为宽裕，中等收入群体比例明显提高，城乡区域发展差距和居民生活水平差距显著缩小，基本公共服务均等化基本实现，全体人民共同富裕迈出坚实步伐”[②]。

但也必须特别指出，社会主义条件下的私人资本与资本主义条件下的私人资本又有着本质性的区别。从根本上讲，社会主义条件下的一切非公经济都是在党的领导下、受到国家法律、政策、公序良俗等支配和控制的，是社会主义经济的重要组成部分。所以，我们必须坚持社会主义初级阶段的基本经济制度，即公有制为主体，多种所有制经济共同发展；必须坚持毫不动摇地巩固和壮大公有制经济，也毫不动摇地积极支持、鼓励和引导非公经济的发展。

---

①《邓小平文选》第三卷，人民出版社 1993 年版，第 364 页。

② 习近平：《决胜全面建成小康社会　夺取新时代中国特色社会主义伟大胜利——在中国共产党第十九次全国代表大会上的报告》，人民出版社 2017 年版，第 28 页。

第四节　高举旗帜向未来：坚定捍卫“两个确立”、坚决做到“两个维护”

一、而今迈步从头越

> 坚持把马克思主义基本原理同中国具体实际相结合、同中华优秀传统文化相结合，用马克思主义观察时代、把握时代、引领时代。
>
> ——习近平

习近平总书记在庆祝中国共产党成立100周年大会上的重要讲话中指出，“坚持把马克思主义基本原理同中国具体实际相结合、同中华优秀传统文化相结合，用马克思主义观察时代、把握时代、引领时代”。正如党的十九届六中全会通过的《中共中央关于党的百年奋斗重大成就和历史经验的决议》所指出的，这“两个结合”是“党之所以能够领导人民在一次次求索、一次次挫折、一次次开拓中完成中国其他各种政治力量不可能完成的艰巨任务”的根本缘由。以史为鉴、开创未来，继续发展当代中国马克思主义、21世纪马克思主义，就必须始终坚持和发展“两个结合”。

马克思主义之所以“行”，首先是从哲学上为我们提供了正确认识世界的世界观和方法论。人类要改造世界，必先认识世界。围绕“世界的本质是什么？（也就是认识的本源是什么）”“人们怎样认识世界？（思维与存在的关系如何）”“世界是如何发展变化的？”这些不可回避的重大哲学问题，人类几千年来一直在探索，也产生了许多伟大的哲学家、思想家，他们都从不同的方面对正确认识这些问题做出了一定的贡献。但直到马克思主义把唯物主义和辩证法进行了革命性的嫁接，第一次创建了辩证唯物主义，才真正揭示了人类正确认识世界的科学方法。马克思主义坚持唯物主义的基本立场，即崇尚事实，根据客观存在的事物对身边的事情作出合理的解释。而与形而上学唯物主义不同，马克思主义又从不把“事实”看作是僵化的、一成不变的，而是永远用全面的、发展的、联系的眼光来分析事实。

马克思主义之所以“行”，还在于它所创立的马克思主义政治经济学深刻地揭示了资本主义生产方式的产生、发展、灭亡的规律，构成了“马克思主义的主要内容”。马克思主义研究的总问题就是对资本主义的批判，而这种批判首先是建立在对资本主义经济活动的深刻观察和分析之上的。马克思尖锐地指出，在生产资料由资本家私人占有的资本主义社会，迫使没有任何生产资料的工人阶级将自己仅有的劳动力作为商品出卖，而工人获得的工资即劳动力的价值并非工人实际创造的价值。工人的实际劳动价值是由“活劳动”的形式实现的。用“活劳动”创造的价值减去“劳动力价值”就是“剩余价值”。而这种剩余价值完全归属于生产资料的所有者——资本家。这就从根本上“发现了现代资本主义生产方式和它所产生的资产阶级社会的特殊的运动规律。由于剩余价值的发现，这里就豁然开朗了，而先前无论资产阶级经济学家或者社会主义批评家所做的一切研究都只是在黑暗中摸索”。[①] 这就彻底揭露了资本剥削的奥秘，为工人阶级推翻资产阶级统治的必然性和合理性奠定了科学的现实基础。

马克思主义之所以“行”，还在于他们把社会主义从空想变为了科学。其实，社会主义作为一种追求大多数人的利益、公正、平等的社会理念早已有之。翻开人类几千年的历史长卷，自从进入阶级社会以来，从社会产生了人压迫人、人剥削人的现象以来，人们就从来没有停止过对平等、公正等社会理想的追求。角斗士斯巴达克斯的怒吼，震撼了古罗马帝国的宫殿；陈胜、吴广的起义，使秦始皇千秋伟业的梦想二世而亡。两千年来，“天下为公”的世界“大同”始终是受压迫者心底的憧憬。1516 年，英国空想社会主义思想家托马斯·莫尔发表了《乌托邦》，标志着 500 多年社会主义大潮的开启。此后，在资本主义发展的过程中，又相继出现了英国的欧文，法国的圣西门和傅立叶等著名的空想社会主

①《马克思恩格斯选集》第三卷，人民出版社 2012 年版，第 1002 页。

义者。但由于历史和阶级的局限，他们对未来社会的理想追求往往只是从道德和情感出发，从所谓的“正义理性”出发，却未从正面地解答实现社会变革所需要的领导力量、依靠力量、革命途径等，而使他们的社会理想只能落于空想。马克思主义对空想社会主义的超越则在于他们从资本主义生产资料的私人占有和社会化大生产的基本矛盾运动中，揭示了资本主义生产方式必然被打破的历史规律；他们通过建设坚强的有科学理论指导的无产阶级革命政党作为领导，依靠工人阶级和广大劳动人民作为革命的主力军，依靠阶级斗争实现无产阶级专政夺取和巩固政权，通过尽可能快地发展生产力的总量和建设社会主义民主政治及文化来最终将社会主义理想变为现实，精辟地论证了社会主义代替资本主义的历史必然性、领导力量、依靠力量、实现路径等，从而找到了实现社会主义的现实之路，将社会主义理想从空想转变为科学。

马克思主义的唯物史观奠定了中国共产党人最坚定的人民立场。马克思主义是人民的理论，第一次创立了人民实现自身解放的思想体系。马克思明确主张“历史活动是群众的活动”[①]。毛泽东同志不仅明确指出“人民，只有人民，才是创造历史的真正动力”，并且在实践中发展出了一整套群众路线的工作方法。邓小平进一步把人民“拥护不拥护”“赞成不赞成”“高兴不高兴”“答应不答应”作为党制定各项方针的出发点和归宿。党的十八大以来，以习近平同志为核心的党中央把人民至上、以人民为中心作为治国理政的首要核心理念，强调“人民对美好生活的向往，就是我们的奋斗目标”。把坚持在发展中保障和改善民生，保障人民群众的各项基本权益作为基本方略，取得了实现全面建成小康社会、脱贫攻坚的历史性成就，取得了全民“战疫”、保卫人民生命安全的重大胜利。

马克思主义的实践观是中国共产党理论与实践永葆生机的源泉。马克思主义是实践的理论，指引着人民改造世界的行动。正是毛泽东同志在新民主主义革命的实践中首次提出了马克思主义中国化的主张，实现了马克思主义同中国实际的第一次结合，找到了一条中国革命的正确道

①《马克思恩格斯文集》第一卷，人民出版社 2009 年版，第 287 页。

路。也是毛泽东同志在社会主义革命和建设实践中提出，要实现马克思主义同中国实际的第二次结合，开始探索在中国怎样建设社会主义的道路。进入改革开放新时期，邓小平领导和支持了关于“实践是检验真理的唯一标准”的大讨论，首次提出了“建设有中国特色的社会主义”的理论命题。党的十八大以来，以习近平同志为核心的党中央，立足于中国特色社会主义进入新时代的历史方位，确立了分两步走，在21世纪中叶基本实现现代化的总任务；正确分析和阐述了现阶段我国社会新的主要矛盾是人民日益增长的美好生活需要和不平衡不充分的发展之间的矛盾；提出了“五位一体”建设中国特色社会主义的新的总体布局和“四个全面”的战略布局；提出了把党的政治建设放在党的建设首位的新要求等等。中国共产党始终坚持在实践中发现真理、检验真理和发展真理，不断开辟马克思主义中国化的新境界。

马克思主义科学方法是实现“两个结合”的行动指南。要成功推动马克思主义基本原理同中国具体实际相结合、同中华优秀传统文化相结合还必须有科学的方法作为保障。马克思主义的唯物辩证法和唯物史观以及在此基础上形成的各种具体方法，既为中国共产党开展自我革命和社会革命提供了科学方法，又为中国共产党不断顺利推动“两个结合”提供了坚实的方法保证。习近平总书记强调，我们必须坚持马克思主义的科学方法指导，不断创新发展马克思主义的矛盾观、实践观、发展观、世界历史观、国家观等，这是成功推动“两个结合”的根本方法论保障。坚持和践行“两个结合”，必须以马克思主义作为“内核”“硬核”全程参与其中。

二、树高千尺在沃土

文明特别是思想文化是一个国家、一个民族的灵魂。无论哪一个国家、哪一个民族，如果不珍惜自己的思想文化，丢掉了思想文化这个灵魂，这个国家、这个民族是立不起来的。

——习近平

2013年3月，习近平总书记在十二届全国人大一次会议上指出，中国特色社会主义道路“来之不易，它是在改革开放30多年的伟大实践中走出来的，是在中华人民共和国成立60多年的持续探索中走出来的，是在对近代以来170多年中华民族发展历程的深刻总结中走出来的，是在对中华民族5000多年悠久文明的传承中走出来的，具有深厚的历史渊源和广泛的现实基础”。这全面深刻地阐述了中国特色社会主义道路形成发展的历史轨迹。其中，“是在对中华民族5000多年悠久文明的传承中走出来的”论述，则是对中国特色社会主义深厚历史渊源具有独创性意义的重大表述。

中华民族的先祖们，或许从几千年前大禹治水的壮举中就最先领略了部族联合、万众一心的伟力。孔子推崇“大道之行也，天下为公”；孟子渴望建立起“老吾老以及人之老，幼吾幼以及人之幼”的理想社会；“自强不息、厚德载物”成为中国人拼搏奋斗的精神坐标；“国家兴亡，匹夫有责”铭刻于中国人的心底……在中国共产党的奋斗历程中，无数优秀的中华儿女正是以“先天下之忧而忧，后天下之乐而乐”的胸怀，英勇奋斗，流血牺牲，矢志不渝地为中国人民谋幸福、为中华民族谋复兴。这就是中国人民在近代以来选择走上社会主义道路的文化历史渊源。诚如习近平总书记所指出的，中国共产党人的奋斗和理想，始终“积淀着中华民族最深层的精神追求，代表着中华民族独特的精神标识”。

任何民族和国家的发展都不能割裂与历史的联系，都有深厚的文化动因。习近平总书记强调：“没有中华文化繁荣兴盛，就没有中华民族伟大复兴。”因此，他十分重视在坚持和发展中国特色社会主义伟大斗争中弘扬中华优秀传统文化，并把中华优秀传统文化与中国共产党创造的中国革命文化、社会主义先进文化并列为我们必须坚持和弘扬的文化根基，将其上升到坚定不移走中国特色社会主义道路，实现中华民族伟大复兴的战略高度。这深刻地启示我们，在当代中国，弘扬中华优秀传统文化是中华民族既加快发展又保持自身独立性的内在要求，是维护国家文化安全的重要保证。习近平总书记强调，必须“在传承中华优秀传统文化基础上发展社会主义先进文化，加快建设社会主义文化强国”。在习近平总书记一系列重要讲话和著述中，我们能够深切感受到浓郁的中华文化气息、博大的中华文化底蕴、厚重的中华文化品格、丰富的中华文化内涵，这为我们指明了继承和弘扬中华优秀传统文化的正确方向。

刚健有为的奋斗品格。“天行健，君子以自强不息”是中华民族内在的民族品格，也是中华文化的基本价值取向。在中国特色社会主义进入新时代的今天，习近平总书记立足于中华优秀传统文化，更加强调要激发全民族的奋斗精神。他说：“幸福都是奋斗出来的。”不畏艰险、不懈奋斗，已经成为中华民族与生俱来的文化基因。他把“敢于担当”作为评价党员和干部的基本标准之一，也是中华民族刚健有为民族品格的当代体现。从根本上讲，“中华民族生生不息绵延发展、饱受挫折又不断浴火重生，都离不开中华文化的有力支撑”。

敏而善思的学习精神。中华民族是一个善于学习的民族，习近平总书记高度重视学习的作用，他曾经引用孔子的话“知之者不如好之者，好之者不如乐之者”来要求党员干部要做学习上的“乐之者”。他强调“兴趣是激励学习的最好老师”。所谓“乐之者”就是“应该把学习作为一种追求、一种爱好、一种健康的生活方式，做到好学乐学”。如今，广大党员干部带头学习、全民积极学习的良好社会风气正在形成。

心系天下的人民情怀。中国共产党以天下为己任，坚持以人民为中心，是真正传承和践行了中华优秀传统文化“以民为本”思想的政党。在习近平总书记一系列重要论述中，引用最多的古语古训就是关于民心民情民生的内容。他告诫党员干部“政之所兴在顺民心，政之所废在逆民心”，莫忘“治国有常，而利民为本”；他常常惦记的是“衙斋卧听萧萧竹，疑是民间疾苦声”；他以“水能载舟，亦能覆舟”警醒全党时时刻刻都要牢记为人民服务的根本宗旨……正是这些渗透于我们血脉之中的中华优秀传统文化传承，塑造了中国共产党人一心为民的光辉形象。

以德为先的做人风范。中华优秀传统文化从来都注重个人修为，特别是官员的官德修养。习近平总书记特别强调领导干部要以修身为本，坚定理想信念，加强党性修养，提升道德境界，追求高尚情操。他以管仲名言“国有四维，礼义廉耻，四维不张，国乃灭亡”讲个人修为与国家存亡的重大关系。他以“格物、致知、诚意、正心、修身、齐家、治国、平天下”与青年学生共勉。他反复警示各级干部“手莫伸，伸手必被捉”。他还以猛药去疴、重典治乱的决心，以壮士断腕、刮骨疗毒的勇气惩治腐败，老虎苍蝇一起打，赢得了党心民心。

高度自觉的文化自信。正是源远流长的中华文明，为新时代中国特色社会主义注入了深厚的历史底蕴和磅礴的文化力量。习近平总书记指出：“中华文化既坚守本根又不断与时俱进，使中华民族保持了坚定的民族自信和强大的修复能力，培育了共同的情感和价值、共同的理想和精神。”他强调：“我们说要坚定中国特色社会主义道路自信、理论自信、制度自信，说到底是要坚定文化自信。文化自信是更基本、更深沉、更持久的力量。”尤其在中国日益走近世界舞台中央，发挥越来越大的国际影响力的今天，要在世界上有所作为，首先要坚定并增强文化自信。“博大精深的中华优秀传统文化是我们在世界文化激荡中站稳脚跟的根基。”“讲清楚中华优秀传统文化是中华民族的突出优势，是我们最深厚的文化软实力。”

中华文明5000年的悠久历史，创造了独具魅力的中华文化，对世界文明进步做出了不可磨灭的巨大贡献，深深影响了世界历史的进程。习近平总书记特别善于运用中华文明的独特成就来激发我国人民的民族自豪感和民族自信心，也特别善于以中华优秀传统文化的感召力来影响世界人民。他指出：“在每一个历史时期，中华民族都留下了无数不朽作品。从诗经、楚辞、汉赋，到唐诗、宋词、元曲、明清小说等，共同铸就了灿烂的中国文艺历史星河。”“中华文化独一无二的理念、智慧、气度、神韵，增添了中国人民和中华民族内心深处的自信和自豪。”

习近平总书记在许多国际场合都运用中华文化的独特话语和文明成果来阐述我们的重大政策，越来越多地赢得国际社会的理解和尊重。针对西方炮制的所谓“中国威胁论”，他以无可辩驳的史实说明中华民族从来都是爱好和平的民族。“古往今来，中华民族之所以在世界上有地位、有影响力，不是靠穷兵黩武，不是靠对外扩张，而是靠中华文化的强大感召力和吸引力。我们的先人早就认识到‘远人不服，则修文德以来之’

的道理。”他提出的“一带一路”倡议，也是借用了“丝绸之路”的历史佳话，把中华民族睦邻友邦、互利共赢、促进文明发展和交流的历史传统发扬光大，让千年丝路的悠悠驼铃，化为风驰电掣的中欧班列，为当代世界提供了一条完全不同于西方殖民主义、霸权主义的国际合作新途径。2015 年 3 月，他在博鳌亚洲论坛年会开幕式上发表的主旨演讲中引用了中国古代思想家孟子的名言“夫物之不齐，物之情也”，以博大悠远的东方智慧来说明不同文明没有优劣之分，只有特色之别。要促进不同文明不同发展模式交流对话，在竞争比较中取长补短，在交流互鉴中共同发展，让文明交流互鉴成为增进各国人民友谊的桥梁、推动人类社会进步的动力、维护世界和平的纽带。习近平总书记正是以这些形象生动、深蕴中华文化内涵的语言，向世界阐释中华民族禀赋、中华民族特点、中华民族精神，让世界更加了解中国、正确地认识中国，为解决人类问题提供中国智慧。

习近平总书记在新时代文化建设方面的新思想新观点新论断，内涵十分丰富、论述极为深刻，是新时代党领导文化建设实践经验的理论总结，丰富和发展了马克思主义文化理论，构成了习近平新时代中国特色社会主义思想的文化篇，形成了习近平文化思想。

三、砥柱中流是此峰

> 党确立习近平同志党中央的核心、全党的核心地位，确立习近平新时代中国特色社会主义思想的指导地位，反映了全党全军全国各族人民共同心愿，对新时代党和国家事业发展、对推进中华民族伟大复兴历史进程具有决定性意义。
>
> ——《中共中央关于党的百年奋斗重大成就和历史经验的决议》

党的十九届六中全会通过的《中共中央关于党的百年奋斗重大成就和历史经验的决议》所形成的一个重大政治成果就是明确提出了“两个确立”的重要论断，即“党确立习近平同志党中央的核心、全党的核心地位，确立习近平新时代中国特色社会主义思想的指导地位”，它反映了全党全军全国各族人民共同心愿，对新时代党和国家事业发展、对推进中华民族伟大复兴历史进程具有决定性意义。

所谓“核心”，本意是指在一系列事物的相互关系中居于中心和主导的位置。核心的形成和存在，首先是一种规律性的现象。自然界的物质，无论是无机物的原子核，还是有机物的细胞核，都是决定某一物质基本属性的主导物。人类社会在本质上也是一个自然史的历史过程，同样要受到规律的制约和支配。

恩格斯有一句话说得好：“问题是靠权威来解决的。”[①] 历史充分证明，无产阶级革命事业的发展需要坚强的领导核心，也一定会在革命斗争的实践中形成核心。以无产阶级革命领袖为代表的不同历史阶段的核心人物的出现，不是救世主，不是先知先觉的神仙，而是在人民创造历史的实践中由历史选择形成的。正是核心的形成才能使革命事业破浪远航。列宁在领导无产阶级革命运动的艰难历程中也深刻认识到：“在历史上，任何一个阶级，如果不推举出自己善于组织运动和领导运动的政治领袖和先进代表，就不可能取得统治地位。”[②] 在中国共产党的历史上，正是在不同时期形成了毛泽东、邓小平、习近平作为党中央的核心、全党的核心，中国革命、建设和改革才能实现不断跨越的伟大发展。

在1934年王明错误路线差点葬送党和红军的危急关头，党的遵义会议正确地选择了毛泽东。不负众望的毛泽东在接过军事指挥权后四渡赤水、巧渡金沙、强渡乌江、飞夺泸定桥……历史确立了毛主席在全党全军的核心地位，才能使我们党经历血与火的雄关漫道，走出而今迈步的新天地。在经历了“文化大革命”的严重挫折后，有着长期革命和建设经验、曾经“三落三起”的邓小平，又在历史发展的关键时刻，准确地把握了时代发展的趋势，大力倡导解放思想、实事求是，成功开创了中国特色社会主义道路，实现了中国走向富强的伟大变革，成了党的第二

①《马克思恩格斯选集》第三卷，人民出版社2012年版，第275页。
②《列宁选集》第一卷，人民出版社2012年版，第286页。

代领导集体的核心。

党的十八大以来，大量生动具体的事例已经充分表明，习近平总书记作为中央政治局常委会的“班长”，励精图治、敢于担当，在异常复杂的国际国内形势下，准确分析和把握我国经济社会发展的突出问题，善于抓住主要矛盾和矛盾的主要方面，善于以精准的突破口切入来破解矛盾，展现了既高瞻远瞩，又精于操作的领袖风范。

上任伊始，习近平就紧紧抓住从严治党这一办好中国事情的关键，既大刀阔斧，又细致入微，全面从严治党，取得重大成效。习近平就任总书记不到一个月，在2012年12月4日的中共中央政治局会议上提出了改进作风的“八项规定”。这是因为执政党的党风本质上就是党的形象的外在反映。作风的一个显著特性就是“外现性”。人民群众能够从执政党的作风表现，直接感知党的形象。所以，习近平总书记指出：“执政党的党风关系党的形象，关系人心向背，关系党和国家生死存亡。”而八项规定的最大特点就是中央领导首先从约束自身做起，率先垂范。随后几年来，中共中央落实八项规定“一个时间节点一个时间节点地抓、一个典型案例一个典型案例地抓”，以强大的执行力使得八项规定成为约束全党、改进作风的刚性文件。2013年6月，中共中央决定主要针对领导干部开展群众路线教育实践活动。习近平坦率而尖锐地指出，党内脱离群众的现象大量存在，集中表现为形式主义、官僚主义、享乐主义和奢侈之风，要求领导干部要“照镜子、洗洗澡、治治病”。2014年1月，在十八届中央纪委三次会议上，习近平提出了以“零容忍态度惩治腐败”的重大反腐理念，明确了“无禁区、全覆盖、零容忍”的反腐方略，“老虎苍蝇一起打”，铲除了周永康、徐才厚、令计划等一批在党内根基颇深而危害巨大的腐败分子，极大地赢得了党心民心。2015年，党中央在领导干部中进一步开展了“三严三实”专题教育。2016年，根据习近平“党章是党的根本大法”，“从严治党首先就要严格遵从党章”的主张，面向全党进行“两学一做”学习教育，从根本上提升全党的思想政治素质和道德作风。2017年，党的十九大进一步把“两学一做”常态化、制度化写进党章。十九大以后，我们又先后开展了“不忘初心，牢记使命”

主题教育和党史学习教育……这套有章有法的组合拳，符合全面从严治党、自我革命的内在规律，由表到里，由浅入深，由关键少数到全党多数，使得党的面貌发生了全局性、历史性的改变。从这些作为中，我们可以清晰地看到，习近平总书记所表现出的善于组织运动和领导运动的政治智慧和政治担当。

党的十八大以来，以习近平同志为核心的党中央身体力行、率先垂范，坚定推进全面从严治党，坚持思想建党和制度治党紧密结合，集中整饬党风，严厉惩治腐败，净化党内政治生态，党内政治生活展现新气象，赢得了党心民心，为开创党和国家事业新局面提供了重要保证。习近平同志在全党核心地位的形成，是历史使然，是事实使然，是众望所归、党心所向、民心所向。

四、步调一致得胜利

> 政党通常是由最有威信、最有影响、最有经验、被选出担任最重要职务而称为领袖的人们所组成的比较稳定的集团来主持的。[①]
>
> ——列宁

正确认识习近平总书记在全党核心地位的形成是历史的选择，是党和人民的选择，是党和人民事业发展的必然要求，就要在实践中自觉维护习近平的核心地位。每一个共产党员应当具备这样的政治自觉。

维护习近平的核心地位就是维护中国共产党的核心地位。从中国当下的政治领导层面来分析，“核心”可以分为宏观、中观和微观三个不同层面。宏观的核心就是毛泽东同志说过的：领导我们事业的核心力量是中国共产党。中观层面的核心就是党的中央委员会（政治局、政治局常委会）。但核心说到底不能是抽象的，它必然要通过微观层面的具体的

①《列宁选集》第四卷，人民出版社 2012 年版，第 151 页。

领导人来体现。就如同列宁所指出的："至少在现代的文明国家内，阶级是由政党来领导的；政党通常是由最有威信、最有影响、最有经验、被选出担任最重要职务而称为领袖的人们所组成的比较稳定的集团来主持的。"[①] 毫无疑问，习近平同志正是代表着当今中国共产党内最有威信、最有影响、最有经验的领导人。因而，自觉维护习近平同志在全党的核心地位，就是维护中央政治局常委会、政治局和中央委员会的权威，就是维护党的领导的权威地位。

维护习近平的核心地位要正确认识权威与人民群众的关系。维护党的权威和坚持人民创造历史并不矛盾。这是因为，首先，党的领袖本身就是在人民群众的实践活动中，在长期革命工作的考验中由实践检验、群众认同而逐级选拔出来的。卓越的领导人总是来自人民、在人民中成长、接受人民群众的监督和评价，由历史发展的最终结果来作定论的。回顾习近平的成长经历，这一历史轨迹是非常清晰的。但是权威一旦形成，就必须自觉地、坚决地维护权威。只有这样才能最大限度地形成共识、形成合力、步调一致、奋勇前行。完全不承认权威的作用，不是真正的唯物史观。这一点，恩格斯在他的重要著作《论权威》中，有着十分精辟的论证。恩格斯指出："能最清楚地说明需要权威，而且是需要专断的权威的，要算是在汪洋大海上航行的船了。那里，在危急关头，大家的生命能否得救，就要看所有的人能否立即绝对服从一个人的意志。"[②]

维护习近平核心地位的本质是维护党的团结和统一，是维护党的大政方针，确保政令通畅。维护习近平在全党的核心地位不是搞个人崇拜，不是个人专断。事实上，延安时期党的六届六中全会就明确指出：个人服从组织、少数服从多数、下级服从上级、全党服从中央的"四个服从"是党的民主集中制的基本原则之一。而"四个服从"的核心就是全党服从中央。这是我们党的光荣传统和独特优势，任何时候都不能背离。中国现在正处在实现民族复兴的关键时刻，所面临的国内外形势和矛盾异

---

①《列宁全集》第三十九卷，人民出版社 2017 年版，第 21 页。

②《马克思恩格斯选集》第三卷，人民出版社 2012 年版，第 276 页。

常复杂，没有中央的统一政令、没有号令如山的决断和行动，是不可能战胜各种困难和挑战的。纵观人类历史特别是近现代史，有一个十分突出的规律性现象，那就是任何一个大国的崛起之路，都是在一定的权威下实现的。我们今天的领导体制，是建立在民主集中制原则基础之上的，就是说，我们对领导人的选拔是建立在制度性的党内民主和监督机制上的，同时又将这种民主同一定的权威相结合，是民主基础上的集中，是集中指导下的民主。实践证明，这是当今世界最具合理性、最具活力，也最有效率的一种制度。我们应该以最大的自信来坚持和完善这种制度。

毛泽东同志在领导中国革命的过程中，明确提出“领导我们事业的核心力量是中国共产党”，并指出“要知道，一个队伍经常是不大整齐的，所以就要常常喊看齐，向左看齐，向右看齐，向中看齐。我们要向中央基准看齐……”[①]作为党的第二代领导集体核心的邓小平同志，从极为严峻的革命斗争历程中深切总结道：“任何一个领导集体都要有一个核心，没有核心的领导是靠不住的。”[②]他进而强调，只要有了这样的核心，“什么乱子出来都挡得住……国家的命运、党的命运、人民的命运需要有这样一个领导集体”[③]。回顾一百多年来的国际共产主义运动，历史和现实都充分证明，无产阶级革命事业必须要有坚强的核心。在整个革命、建设、改革的历史进程中，是否能形成核心、凝聚核心、维护核心的地位和权威，是党和人民事业成败的关键所在。

在久经磨难的中华民族迎来了从站起来、富起来到强起来的伟大飞跃，迎来了实现中华民族伟大复兴光明前景的重大历史时刻，历史选择了习近平，党和人民选择了习近平。面对当前波谲云诡的国际形势、复杂敏感的周边环境、艰巨繁重的改革发展稳定任务，在中国特色社会主义既定航道上乘风破浪的中国航船，正在经历并还将在未来不断经历无数的艰难险阻，甚至是难以想象的惊涛骇浪。正值攻坚克难、夺关闯隘的紧要时刻，我们需要一位民族的舵手，需要一位稳健的船长，需要一

---

①《毛泽东文集》第三卷，人民出版社 1996 年版，第 297—298 页。
②《邓小平文选》第三卷，人民出版社 1993 年版，第 310 页。
③《邓小平文选》第三卷，人民出版社 1993 年版，第 310 页。

位人民的领袖——习近平。习近平核心地位的形成同样是实践造就、历史选择。生于20世纪50年代的习近平，经历了新中国最为激荡的历史变迁，从乡村到城市，从学生、农民、战士到干部，从最基层的村党支部书记到党的总书记，一步一个脚印，成长为最了解中国国情、最体察民意、最能为人民福祉而奋斗的人民领袖。党的十八大以来，以习近平同志为核心的党中央，以敏锐的问题导向、颇具前瞻性的科学思维、笃定的战略定力，展现了为中国人民谋幸福的坚定理想信念、真挚的人民情怀，高度的自觉自信、无畏的担当精神，协调推动进行伟大斗争、推进伟大事业、实现伟大梦想、建设伟大工程，“解决了许多长期想解决而没有解决的难题，办成了许多过去想办而没有办成的大事，推动党和国家事业发生历史性变革”[①]，赢得了全党和全国各族人民的衷心拥戴。

五、“三个务必”引航程

中国共产党的领导是中国特色社会主义最本质的特征，一个重要内涵就是党所坚持的最根本的价值导向和精神状态，这也是决定社会主义发展方向和整个社会精神状态的内在依据。而这种精神状态的最深刻的概括，就是习近平总书记在党的二十大报告中提出的：“全党同志务必不忘初心、牢记使命，务必谦虚谨慎、艰苦奋斗，务必敢于斗争、善于斗争，坚定历史自信，增强历史主动，谱写新时代中国特色社会主义更加绚丽的华章。”这“三个务必”字字珠玑、内涵丰富、意蕴深远，是相辅相成、彼此联系、有机贯通的整体，集中展现了马克思主义的立场观点方法，体现了历史规律性与自觉能动性的有机统一，体现了我们党时刻保持解决大党独有难题的清醒和坚定。

务必不忘初心、牢记使命是党根本的方向指引。为中国人民谋幸福、为中华民族谋复兴的初心和使命集中体现了我们党的性质宗旨、理想信

① 习近平：《决胜全面建设小康社会　夺取新时代中国特色社会主义伟大胜利——在中国共产党第十九次全国代表大会上的报告》，人民出版社2017年版，第8页。

念和奋斗目标，是激励我们党英勇斗争、不断前进的根本动力，是我们党摆脱以往一切政治力量追求自身特殊利益的局限而赢得人民信任、取得重大成就的根本原因。务必不忘初心、牢记使命，为务必谦虚谨慎、艰苦奋斗和务必敢于斗争、善于斗争坚定了原则立场、明确了前进方向，使全党在日益复杂的斗争中矢志不渝、笃行不怠，不负时代、不负人民。

务必不忘初心、牢记使命，塑造了我们党谦虚谨慎、艰苦奋斗的政治本色和形象特征。我们党走的是前无古人的漫漫征途，是一条漫长而艰辛的“赶考”之路。谦虚谨慎对待伟大梦想和伟大事业，为实现伟大梦想和伟大事业而艰苦奋斗，是我们党的初心和使命的本质要求。党与人民心连心、同呼吸、共命运的百年奋斗史充分证明，取得的成绩越好，越要有“如临深渊、如履薄冰”的谦虚谨慎；距离伟大目标越近，越要发扬“节俭朴素、力戒奢靡”的艰苦奋斗精神。只有在坚定理想信念中始终保持“赶考”的清醒，始终保持胜不骄、败不馁的定力，以谦虚谨慎的态度时刻准备经受风高浪急甚至惊涛骇浪的重大考验，以艰苦奋斗精神破除前进道路上的一切艰难险阻，才能不断创造新的辉煌。

务必不忘初心、牢记使命，滋养了我们党敢于斗争、善于斗争的革命精神和巨大勇气。我们党诞生于国家内忧外患、民族危难之时，一出生就铭刻着斗争的烙印，一路走来就是在斗争中求得生存、获得发展、赢得胜利。新时代以来的十年，面对世界百年未有之大变局的新挑战、国内改革发展稳定任务的新考验和社会主义现代化建设的新要求，我们经历了对党和人民事业具有重大现实意义和深远历史意义的三件大事，取得了历史性胜利，靠的就是我们义无反顾地进行具有许多新的历史特点的伟大斗争。我们党的初心和使命表明我们党不谋私利而谋根本、谋大利，我们敢于斗争、善于斗争的本质是为了实现人民对美好生活的向往、实现中华民族伟大复兴迎难而上、攻坚克难，战胜一切危害党和人民事业的重大风险挑战。

务必谦虚谨慎、艰苦奋斗是党不忘初心、牢记使命的作风保证。作风是一个政党外在形象的根本体现。中国共产党能够赢得人民、赢得胜利，一个重要缘由就是靠在长期艰苦卓绝的斗争中形成的谦虚谨慎、艰苦奋斗的光荣传统和优良作风以及由此塑造出的政党形象。务必谦虚谨慎、艰苦奋斗，也是对毛泽东同志提出的“务必使同志们继续地保持谦虚、谨慎、不骄、不躁的作风，务必使同志们继续地保持艰苦奋斗的作风”的凝练，体现着我们党作为马克思主义政党永葆先进性和纯洁性的时代要求。“九层之台，起于累土。”目标越是伟大、任务越是艰巨，就愈加需要我们务必谦虚谨慎、艰苦奋斗，共同谱写伟大祖国发展的时代新篇章。

务必谦虚谨慎、艰苦奋斗，体现了我们党践行初心、担当使命的清醒和自觉。不忘初心、牢记使命是我们党始终立于不败之地的重要保证。而以什么样的作风和形象践行初心、担当使命，是我们能否走好新的“赶考”之路，取得更大辉煌的关键所在。70多年前，新中国成立前夕，如何使全党同志在胜利面前保持清醒头脑，在夺取全国政权后经受住执政考验，是我们党当时面临的全新历史课题。为此，毛泽东同志在党的七届二中全会上，首次提出“两个务必”对全党同志进行警醒，使我们在面对第一次“赶考”之路时，交出了一张优异的答卷。如今，我们党已走过百年历程，迈上全面建设社会主义现代化国家新的赶考之路。我们的事业越是伟大、任务越是艰巨，越要不忘初心、牢记使命，始终坚持正确的前进方向。只要我们党始终保持谦虚谨慎、艰苦奋斗，就能够团结一切可以团结的力量，将党和人民同心同德的初心恒心落实到实现人民对美好生活的向往的奋斗之中，以咬定青山不放松的执着奋力实现既定目标。

务必谦虚谨慎、艰苦奋斗，孕育了我们党敢于斗争、善于斗争的意志和品格。百年来，敢于斗争、敢于胜利的风骨品质已深深融入我们党的基因血脉，经历了无数次狂风骤雨而岿然不动。唯有谦虚谨慎，党才能时刻保持清醒头脑，认清斗争形势，制定正确的斗争方略；唯有艰苦奋斗，党才能在一切重大风险挑战面前从不畏惧、坚韧不拔去夺取胜利。未来五年是全面建设社会主义现代化国家开局起步的关键时期，我们党面临的各种风险挑战愈加严峻复杂。习近平总书记指出：“奋斗的道路不会一帆风顺，往往荆棘丛生、充满坎坷。”在全面建设社会主义现代化国家、全面推进中华民族伟大复兴新征程上，我们既要弘扬谦虚谨慎、艰苦奋斗的优良作风以克服各种困难，完成各项具体工作和任务，更要以敢于斗争、善于斗争以此防范和应对可能出现的各种风险挑战。

务必敢于斗争、善于斗争是我们党不忘初心、牢记使命的必然要求。敢于斗争、善于斗争，是中华文明传承数千年不衰的底气和智慧，是党和人民不可战胜的强大精神力量。建立中国共产党、成立中华人民共和国、实行改革开放、推进新时代中国特色社会主义事业，都是在斗争中诞生、在斗争中发展、在斗争中壮大的。我们党团结带领全国人民依靠斗争创造了历史，也将依靠斗争赢得未来。只有坚守初心，在胜利面前保持清醒头脑；牢记使命，在成就面前继续笃行不怠；发扬斗争精神，在困难面前敢于斗争、善于斗争，才能团结带领全国各族人民夺取中国特色社会主义新胜利。

务必敢于斗争、善于斗争，是我们党践行初心、担当使命的必然选择。天下之难持者莫如心，天下之易染者莫如欲。做到不忘初心、牢记使命，必须有强烈的自我革命精神，以彻底的自我革命精神守初心、担使命。在全面建设社会主义现代化国家、全面推进中华民族伟大复兴新征程上，要时刻擦亮共产党人的初心本色，不断练就刀刃向内的本领，始终涵养高度的革命自觉，方能刮骨疗毒、去腐生肌。广大党员干部要时刻防范“心中贼”，永葆崇高的革命理想和旺盛的革命斗志，发挥历史自觉和主动精神，抓住和用好历史机遇，发扬斗争精神，增强斗争本领，以强大的自我革命意志做到不变质、不变色、不变味。

务必敢于斗争、善于斗争，是我们党谦虚谨慎、艰苦奋斗的必然逻辑。党的二十大闭幕不到一周，习近平总书记带领中共中央政治局常委专程前往陕西延安，瞻仰延安革命纪念地。习近平总书记特别强调：“全党同志要发扬斗争精神、提高斗争本领，坚决战胜前进道路上的各种困难和挑战，依靠顽强斗争打开事业发展新天地。”中国共产党在延安的13年，是最能体现党谦虚谨慎、艰苦奋斗特征的历史时期，也是最能体现中国共产党同内外敌人进行坚决斗争并善于斗争的历史时期。我们不仅打败了日本侵略者，而且奠定了伟大的人民解放战争胜利的基础，就是充分体现了谦虚谨慎与敢于斗争的统一，艰苦奋斗与善于斗争的统一。

今天，全面建设社会主义现代化国家、全面推进中华民族伟大复兴的宏图伟业已经开启，中国号巨轮也必定会面对更加汹涌澎湃的惊涛骇浪。只有做到“三个务必”，才能科学回答中国之问、世界之问、人民之问、时代之问，才能全力战胜前进道路上各种风险挑战，在新征程中不断攻克一个又一个堡垒、夺取一个又一个新的胜利。

六、人间正道是沧桑

> 党的百年奋斗展示了马克思主义的强大生命力。马克思主义的科学性和真理性在中国得到充分检验，马克思主义的人民性和实践性在中国得到充分贯彻，马克思主义的开放性和时代性在中国得到充分彰显。
>
> ——《中共中央关于党的百年奋斗重大成就和历史经验的决议》

19 世纪德国古典哲学家黑格尔曾经用我们非常熟悉的“水果”作过一个生动的阐释：水果作为一个概念其实并不真的存在，因为我们永远拿不出一个叫作“水果”的水果来，真实的水果只能通过苹果、梨、葡萄等具体的存在而存在。这就揭示了哲学上的一个基本原理，任何一般只能通过个别而存在，即普遍性总是存在于特殊性（事物）中，并通过特殊性表现出来。小小的水果如此，作为人类社会的发展道路和发展模式更是如此。诞生于 19 世纪中叶欧洲的马克思主义，是全世界无产阶级革命的行动指南，这一学说不是书斋里的学问，而是为了改变人民历史命运而创立的，是在人民求解放的实践中形成的，也是在人民求解放的实践中丰富和发展的，为人民认识世界、改造世界提供了强大精神力量。在马克思主义进入中国后，只有坚持把马克思主义与中国革命的实际相结合，用马克思主义之“矢”去射中国革命之“的”，才能真正让这一理论取得实效。马克思主义要超越欧洲的地域范围，远跨重洋在中华大地上生根、开花、结果，就必须不断将其基本原理与中国的具体实际相结合，同中华优秀传统文化相结合，才能真正实现马克思主义的中国化。

马克思主义中国化的本质就是实现“两个结合”。在中国共产党的幼年时期（从建党到遵义会议前），党曾经出现过把马克思主义教条化、把共产国际的指示和苏联经验神圣化的“左”派幼稚病，使中国革命遭受严重挫折。遵义会议以后，确立了毛主席在全党全军的领导地位。毛泽东同志深刻总结中国革命的经验和教训，在 1938 年召开的党的六届六中全会上所作的《论新阶段》报告中首次完整地提出了“马克思主义中国化”的科学命题，明确强调，要“使马克思主义在中国具体化，使之在其每一表现中带着必须有的中国的特性……必须把马克思主义同中国革命实践、中国历史和中国文化结合起来”。正是以此为指导，毛泽东同志创造性地开辟了“农村包围城市、武装夺取政权”的中国革命道路，这是马克思主义中国化最成功的案例。新中国成立后，以毛泽东为代表的中国共产党人没有完全拘泥于苏联模式，提出了正确处理“十大关系”等一系列符合中国国情和实际的政策主张，开始了中国特色社会主义道路的初步探索。1978 年党的十一届三中全会以后，以邓小平为代表的中国共产党人坚持解放思想、实事求是，把党的工作重心转移到经济建设上来，实行改革开放，创立了邓小平理论，开创了建设中国特色社会主义的新道路。

党的十八大以来，习近平总书记根据时代的发展变化，科学统筹中华民族伟大复兴战略全局和世界百年未有之大变局，坚持把马克思主义运用于当代中国，创立了习近平新时代中国特色社会主义思想，提出了许多原创性的理论成果。譬如，习近平总书记从我国经济发展的客观规律出发，作出了中国经济进入“新常态”的重大判断，即随着我国经济总量的不断增大，我们已经呈现出高基数基础上的经济增长，因而不可能始终保持长期的高速增长，中国经济必须找到一条以“稳增长”为主线的发展路线，为此，我们必须贯彻新发展理念、构建新发展格局、实现高质量发展。而贯穿其中的经济发展方略就是以高质量发展为主题，以供给侧结构性改革为重点，以创新启动为第一动力，以满足人民日益增长的美好生活需要为根本目标。同时，也鉴于国际形势发生的深刻变化，特别是随着中华民族进入不可逆转的历史进程，必然招致以美国为首的西方国家的疯狂打压，我们必须充分发挥我国的大国优势，充分利用我国是当今世界具备所有工业产业链和供应链的唯一国家的优势，坚决打破西方的封锁打压，创造出以国内大循环为主体、国内国际双循环相互促进的经济发展新格局。并且，中国不但要继续发展，还要坚决地保护好生态资源，坚持“绿水青山就是金山银山”，大力发展包括核能利用在内的新能源，科学地有步骤地实现“双碳”的降碳目标，不仅为中国也为世界维系好这个美丽的星球……这些就构成了习近平新时代中国特色社会主义经济思想的主要内容，从而为中国经济长期健康稳定的持续增长指明了根本方向。

一部百年党史，就是一部艰难困苦、玉汝于成、提出和不断探索马克思主义中国化的历史。一百年来，马克思主义没有辜负中国，正是在马克思主义的指导下，我们迎来了中华民族从站起来、富起来到强起来的伟大飞跃，迎来了中华民族伟大复兴的光明前景。而中国也没有辜负马克思主义，马克思主义的科学性和真理性在中国得到充分检验，马克思主义的人民性和实践性在中国得到充分贯彻，马克思主义的开放性和时代性在中国得到充分彰显。中国共产党人将把马克思主义推向更加辉煌的未来！